U1017108

大仰韶

黄土高原的文化根脉

王仁湘·著

图书在版编目（CIP）数据

大仰韶：黄土高原的文化根脉 / 王仁湘著. —成都：巴蜀书社, 2021.3

ISBN 978-7-5531-1376-0

Ⅰ. ①大… Ⅱ. ①王… Ⅲ. ①仰韶文化—研究 Ⅳ.①K871.134

中国版本图书馆CIP数据核字（2020）第190171号

DAYANGSHAO:HUANGTUGAOYUAN DE WENHUA GENMAI

大仰韶：黄土高原的文化根脉　　王仁湘　著

责任编辑	吴焕姣
封面设计	张　妮
内文设计	四川胜翔数码印务设计有限公司
出　　版	巴蜀书社
	成都市槐树街2号　邮编：610031
	总编室电话：（028）86259397
网　　址	www.bsbook.com
发　　行	巴蜀书社
	发行科电话：（028）86259422　86259423
经　　销	新华书店
印　　刷	成都蜀通印务有限责任公司
版　　次	2021年3月第1版
印　　次	2021年3月第1次印刷
成品尺寸	170mm × 230mm
彩　　插	1
印　　张	22.75
字　　数	350千
书　　号	ISBN 978-7-5531-1376-0
定　　价	96.00元

本书若出现印装质量问题，请与工厂联系调换

纪念仰韶村遗址发现100周年

仰韶之门

在一个细雨纷飞的时刻
我怀着一种虔诚
轻轻地
推开一扇柴门
蓦然间
我看见面前有一条路
蜿蜒坎坷
连接着古今
向往着未来
这是古老的仰韶之路

自序

仰韶，中国考古学中一个辉煌的名字。

仰韶，在中国史前考古学著述中出现频率最高的名字。

仰韶文化，是在中国考古学家的科学研究中最具魅力的课题。

这是一个确定不移的事实，一个曾经存在过的事实。

可是在很多年以来，中国考古学领域中的仰韶文化研究已经明显进入低潮。田野考古很少有关于仰韶的课题，除了偶尔的情形，从事田野考古发掘的学者们对仰韶文化能否有新的发现，已没有太迫切的期望，好像能够解决的重大课题没有了，一时也寻不出新的课题来，寻求新突破的努力已经不大容易看到了。事实上除了偶尔有仰韶时期个别发现以外，我们确实列举不出近些年还有其他什么重要的新鲜资料了。

不少研究者都感到，仰韶文化已是老生常谈，再作研究难有新意，所以基本上没有人进行专门的探索，专业刊物上很难读到以仰韶文化为题的论文了。这样的状况使我们产生一种不大容易说得清楚的感觉，似乎仰韶文化研究的大潮已经开始消退了。

在从事史前考古研究的实践中，我过去虽然也关注仰韶文化的发现与研究，但在自己的研究工作中对仰韶文化只是偶有涉及，对少数局部性的课题进行过探讨，不曾形成系统的认识。现在大潮已过，我却要介入已经感到有些冷落的仰韶文化研究，在旁人看来，也许显得很有点不识时务。我本心并不想做这个“过时”课题，只是因为承担了一个由领导配给的，而且是不能推脱的相关任务，所以就引发了一些对仰韶文化零零散散的思考。经过了一些思考，在大约20多年前终于决定小题大做，准备制作一个系列，企望阐发对仰韶文化的一些片断的新理解，同时也想对已有的仰韶文化研究作一番梳理。

其实过去的研究，是很有必要作些重新检讨的。自仰韶村遗址发现以来，仰韶文化的研究成绩固然是主要的，但也存在一些明显的问题，我们也做过一些无用之功，发表了一些经不起时间检验的观点，有时甚至使一些本来比较清晰的事物变得模糊起来。

在中国新石器时代考古研究中，仰韶文化和龙山文化曾经是最重要的中心论题，几代学者为之倾注了巨大的热情，我们感谢他们这些拓荒者和建设者，是他们在孜孜不倦的追求中逐渐建构了中国的新石器时代。但毋庸讳言，我们及我们的前人也并没有可能将一切问题都解决得那么圆满，也还留下了一些暂时没能寻求到答案的问题。

就仰韶文化的研究而言，也许是过于专注的缘故，也许还有观念上的抑或是方法上的问题，学者们往往只言仰韶而不及其他，有时难免会有“不识庐山真面目”的遗憾，有时则明显偏离了学术研究正常的轨道，在概念化的公式中徘徊。

经过近一个世纪的努力开拓，现在仰韶文化之外的中国其他新石器文化的发现与研究取得了丰硕成果，这是深化仰韶文化研究的很重要的借鉴，我们可以站在新的角度重新审视过去的研究，看是否能找到一些新的切入点，也看是否能得出一些新认识来。

有鉴于此，经反复思索，有了一个我自己原本不可能有的研究意向，拟作大仰韶研究系列。这里的讨论有时看起来或许只是简单的扫描与回顾，兴许偶尔也能做出探测一些深层问题的努力。这里也许免不了臆断，却并非有意抹杀先辈前哲；这里虽有品头论足，也并非只为评说功过得失。

我希望感兴趣的同行们在从事自己研究的余暇，能对这旧题重说略微关注一下，或许也会萌出多多少少的新认识，适当展开一些讨论，那一定会令我大喜过望。更希望曾经将青春与热情献给仰韶文化研究的前辈们，能清晰回顾起已经逝去的难忘岁月，历数自己亲手为中国新石器时代大厦添加的砖与瓦，为中国新石器时代考古研究，特别是仰韶文化的研究，规划出新的蓝图。

仰韶的发现，一晃就到了100周年的纪念，本书是一个小小的献礼。

仰韶是扎根黄土塬的文化之根，我们要时常谈论它，让它也深深扎根在自己的心中。

目录

CONTENTS

壹

第一章

仰韶的发现与大仰韶体系的建构

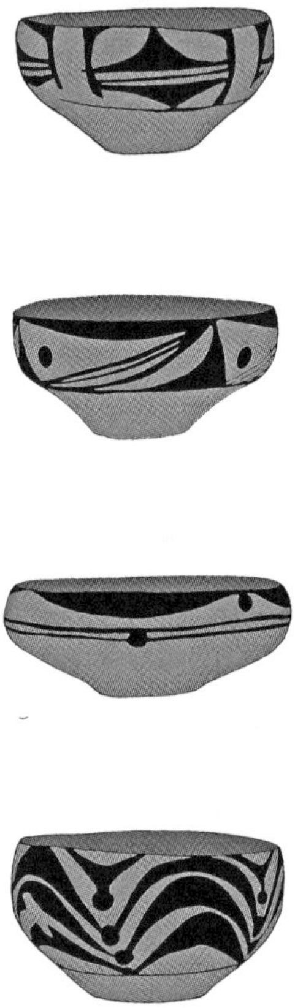

平日里使用陶碗，
碗里盛着饭食，
碗外绘着信仰，
这就是仰韶人的情怀。

世纪求索：从仰韶村开始发现史前中国

仰韶文化是中国田野考古最早发现和确认的新石器时代文化，在中国考古学研究中占有相当重要的地位。

一、安特生与仰韶村

我们知道，仰韶文化的发现和确认，与一个来自瑞典的地质学家安特生（Andersson, Johan Gunnar）的名字联系在一起。

1918年，受聘在北洋政府农商部担任矿政顾问的安特生，听说在河南渑池县有古生物化石发现，便前往采集研究。他所去的地点叫作仰韶村。村子在渑池县城北面 8 公里许，是一个靠近黄河南岸的小村庄，三面环水，面对着一座名为韶山的小山，这村庄也就因此有了“仰韶”这个名字。

此后的1920年冬，他的助手刘长山又在这个村子附近采集化石，并且在村子里搜集到数百件石器，这是比古生物化石更为重要的发现。

安特生非常重视这些新的发现，他在仔细研究了石器标本之后认定，在仰韶村一带肯定存在一处前人所不知晓的史前时代遗址。于是他又一次到了仰韶村，进行了与矿政无关的考察，这是中国历史上一次十分重要的考古调查（图1.1）。

图1.1　安特生

安特生这次去仰韶村进行考古调查的时间，是1921年4月。他在村边冲沟的崖壁上发现了远古时代的文化堆积，采集到一些石器和陶片，包括一些绘有红色或黑色图案的彩陶片。安特生判断这里是一处新石器时代遗址（图1.2），在征得中国政府的同意后，他于这一年的10—12月在仰韶村遗址进行了正式考古发掘。参与这次发掘的还有当时中国地质调查所的5位工作人员，他们共发掘了17个地点，获得了大批珍贵文化遗物①。

仰韶村遗址，位于渑池县城北7.5公里的仰韶村以南、寺沟村北的台地上，面积约36万平方米。1921—1922年间，安特生在发掘仰韶村遗址之后，又在渑池西庄村、不召寨和杨河，及荥阳秦王寨、池沟寨和牛口峪等地点进行了调查或发掘。安特生认为这些地点的发现都属新石器时代末期的同一类遗存，他将黄河中游地区发现的同类遗存命名为“仰韶文化”。又因为这类遗存均以彩陶为明显特征，所以安特生称之为“彩陶文化”（图1.3）。

从此，仰韶文化的研究不仅成为中国近代考古学发端的一个重要标志，也成为中国史前考古学乃至整个中国考古学研究的中心课题之一，而且一直影响到中国现代考古学的发展。

安特生发现了仰韶文化，他接着要解决的问题是仰韶文化的来

① ［瑞典］安特生：《中国远古之文化》，《地质汇报》1923年第5号。

图1.2　20世纪20年代的仰韶村（安特生摄）

图1.3　仰韶村外，我怀着一种虔诚，轻轻打开这一扇柴门。蓦然间我看到了一条连接过去、现在和未来的路，这是仰韶之路（2001年11月4日作者摄于渑池仰韶村）

源。仰韶文化已是相当发达的新石器时代文化，安特生相信还有早于它的文化存在，而且包括他自己在内的一些西方学者抱有彩陶文化西来的认识，于是他把搜索的目光转向中国西北部，他推测那里应存在着一条彩陶传播的通道。

1923—1924年，安特生沿着古老的黄河西行，去追溯仰韶文化的源头。他本来打算只在西北地区考察几个月就返回北京，但在甘肃和青海一带发现了丰富的古文化遗存，这使得他流连忘返，一直在那里待了近两个年头（图1.4）。

图1.4　1924年安特生在甘肃广河齐家坪遗址

在西北地区，安特生发现了不同于河南地区仰韶文化的另五种新考古学文化。他研究后认为这些考古学文化处于新石器时代晚期到向青铜时代过渡期，绝对年代约在公元前3500年到前1500年之间，包括仰韶在内它们代表了6个先后发展阶段，它们是齐家期、仰韶期、马厂期、辛店期、寺洼期和沙井期，这便是他创建的仰韶文化“六期说”[①]。

① ［瑞典］安特生：《甘肃考古记》，农商部地质调查所，1925年。

将齐家期放在仰韶期之前，现在看来是个十分明显的错误，正是这个错误，为仰韶文化和中国文化西来说提供了重要依据。

后来中国考古学界发生了严厉批评安特生的事，我们出于一种强烈的民族情感，对安特生的“仰韶文化西来说”进行了毫不留情地批驳。特别是20世纪50至70年代，国内处于特定的政治历史环境，我们不能容忍安特生与其他一些国外学者的中国文化“西来说”泛滥。

其实对安特生在学术上出现的错误，中国的考古学家们在20世纪50年代以前就彻底纠正了。1937年尹达即撰文指出，龙山文化与仰韶文化为两个不同系统的文化遗存，龙山文化晚于仰韶文化，仰韶村遗址包含有龙山文化遗存，甘肃史前文化的齐家期不一定早于仰韶期[①]。1945年以后，夏鼐通过在甘肃的一系列发掘，澄清了安特生在考古发掘过程中所犯的层位颠倒的错误，他指出甘肃地区史前文化正确的时间顺序应当是仰韶文化、马厂文化、齐家文化，后面的辛店、寺洼、沙井文化已进入青铜时代[②]。

20世纪70年代以后，也就是在安特生发现仰韶文化半个世纪以后，考古工作者在仰韶文化生长的土地上，找到一系列丰富的前仰韶文化遗存，我们从中可以寻得仰韶文化本土起源的确凿证据，这才完全否定了仰韶文化和中国文化西来说的理论，可惜安特生没有等到这一天。

批判与否定之后，我们冷静下来仍然还要赞扬安特生。对安特生的功绩，特别是他对仰韶村遗址的发现和仰韶文化的研究，中国考古学界在后来的评价应当说还是比较公正的。严文明先生认为，安特生

① 尹达：《龙山文化与仰韶文化之分析》，《新石器时代》，生活·读书·新知三联书店，1979年。

② 夏鼐：《临洮寺洼山发掘记》，《中国考古学报》第四册，1949年；《齐家期墓葬的发现及其年代之改定》，《中国考古学报》第三册，1948年。

在仰韶村的发掘，是中国第一次以学术研究为目的的正式发掘，对中国新石器时代考古学的建立和中国近代田野考古学的发展，具有开创之功。他还说，安特生不是有些批评家所说的帝国主义分子①。

我们编撰的《中国大百科全书·考古学》对安特生的评价也是公正的，说他“由于受到方法论和考古资料的局限，曾对中国史前文化的分期问题作过不正确的判断，又曾主张中国文化西来说，但是在中国考古工作的发展上，安特生是有贡献的。后来他对中国文化西来说的观点有所纠正，曾强调中国从仰韶文化经过商代直到今天，在人种和文化上是连续发展的”。苏秉琦先生在为大型图册《中国重大考古发现》所作的前言中，对安特生的功绩有这样的评说：“1921年，安特生与我国地质学家袁复礼先生在河南省渑池县仰韶村的发掘，揭开了近代中国考古学的序幕。”②

陈星灿有专文评价安特生的功过说：1. 安特生并不是帝国主义分子，而是一位正直的学者；2. 他是中国史前考古学和现代田野考古学的开拓者，作出了许多贡献；3. 他1921年发掘的仰韶村是中国第一个史前聚落遗址，由此推翻了中国没有石器时代的论断③。

对安特生来说，这带有平反意味的评价应当说是比较客观的了。

二、再三查考

仰韶村作为一个重要的史前遗址发现以后，不仅给当时的中国学

① 严文明：《纪念仰韶村遗址发现六十五周年》，《仰韶文化研究》，文物出版社，1989年。

② 苏秉琦：《往来成古今——中国重大考古发现》，《华人·龙的传人·中国人——考古寻根记》，辽宁大学出版社，1994年。

③ 陈星灿：《安特生与中国史前考古学的早期研究——为纪念仰韶文化发现70周年而作》，《华夏考古》1992年1期。

术界带来了喜悦与希望，同时也带来了疑难与困惑。一些学者认为安特生当时采用的不科学的发掘方法，导致了一个让他自己无法纠正的错误，是指地层混淆的错误。

正是这样的错误，使得安特生有了如此的结论："仰韶村的全部遗物，实代表着一种以非常丰富多样的陶器为特征的单一的文化期。"[①]

中国考古学家很早就意识到了仰韶村遗址堆积内涵的复杂性，1928年龙山文化遗存的发现，便使一些学者开始重新审视仰韶村的发现。吴金鼎、尹达也都认为仰韶村包含仰韶和龙山两种文化因素，不能混为一谈。

1951年，中国考古工作者对仰韶村进行了第二次发掘[②]，发掘的结果，让发掘者认定仰韶村遗存"是一种仰韶和龙山的混合文化"，当时没有能从地层上将两个不同文化的陶片区分开。

到了1980—1981年，河南省文物研究所的考古工作者又对仰韶村进行了一次较大规模的发掘[③]，发掘面积200多平方米，进一步弄清了遗址堆积的内涵，得知那里不仅有仰韶文化遗存，还包括有安特生当时所不知晓的龙山文化遗存。这次发掘将仰韶村遗址的地层分为4期，1、2期分属于庙底沟和西王村时期，3期属早期龙山文化（庙底沟二期文化），4期为晚期龙山文化。

在仰韶村遗址第三次发掘的20年前，严文明发表了《从王湾看仰韶村》，将安特生等人著录的仰韶村陶器与王湾下层进行了对比研究，认

---

① ［瑞典］安特生：《河南史前遗址》，《远东博物馆馆刊》1947年19期。

② 中国科学院考古所河南调查团：《河南渑池的史前遗址》，《科学通报》1951年2卷9期。

③ 河南省文物研究所等：《渑池仰韶遗址1980—1981年发掘报告》，《史前研究》1983年1期。

为其中的宽带彩纹钵、杯形口尖底瓶、弦纹罐等属于仰韶早期的常见器形，称为“仰韶村一期”，进而判定“仰韶村的新石器时代遗存不是单一的文化期，也不仅仅是两个文化期，而是至少有五个文化期”①。

仰韶村遗址的探索前后经历了约60年的光阴之后，我们才获得了真正准确完整的认识。以此而论，我们没有理由苛求安特生，他没有可能下到这样的功夫。

三、一个世纪的求索

在安特生之后，中国考古学家经过一个世纪的辛勤劳作，开展了许多次大范围的田野考古调查和发掘，仰韶文化及受仰韶文化明显影响的遗址已发现1000多处，它的分布以陕西、河南、山西为中心，文化影响所及，远达青海、湖北、河北和内蒙古边缘地区。

作为中国史前考古学研究的中心课题，仰韶文化的研究经历了近百年的发展过程。严文明先生在《纪念仰韶村遗址发现六十五周年》的演讲中②，对仰韶文化研究概括为四个时期。第一时期为20世纪20年代，开始发现仰韶文化的存在。第二时期为20世纪30年代，通过龙山文化的发现进一步认识仰韶文化。第三时期为20世纪50—60年代之际，若干大型聚落遗址的发掘使得仰韶文化类型与分期的研究取得重要成果。第四时期为20世纪70—80年代，仰韶文化的分期研究和各类专题研究取得重要进展。简单地说，这四个时期的主要成就是：第一时期发现了仰韶遗址，第二时期将龙山文化与仰韶文化区分开来，第三时期确立了仰韶文化的主要类型，第四时期则完成了仰韶文化的分

① 严文明：《从王湾看仰韶村》，《仰韶文化研究》，文物出版社，1989年。
② 严文明：《纪念仰韶村遗址发现六十五周年》，《仰韶文化研究》，文物出版社，1989年。

期研究。

严文明的这个“四期”说，应当说是比较客观的，也是合理的。仰韶文化研究发展的四个时期，经历的是初创、深入、成熟、提高这几个发展阶段，结合严先生的论述，再表述如下。

初创期：时间为20世纪20年代，是开始发现与初步研究阶段，以仰韶村遗址的发现为标志，主要工作由安特生和当时的中国地质调查所完成。这个时期的主要成果是：确认了中国有发达的新石器文化，命名了仰韶文化。由于处在初创阶段，发掘与研究方法都存在明显缺陷，不同时期的文化遗存还未严格甄别，分布范围也不清楚，认识存在明显偏差。

深入期：时间为20世纪30—40年代，是深入认知的研究阶段。前期以1931年后岗三叠层的发现为重要标志，主要工作由中国考古学家梁思永完成。梁思永在安阳后岗首次发现了彩陶、黑陶、灰陶所代表的仰韶、龙山与商文化的地层叠压关系，发表了《小屯、龙山与仰韶》的重要论文[①]。

后来尹达写成《龙山文化与仰韶文化之分析》[②]，非常明确地指出仰韶村遗址包含有龙山文化遗存，安特生所说的仰韶文化混入了龙山文化遗物，龙山文化是晚于仰韶文化的另一体系的文化。这时期的主要成就是：在田野发掘水平提高的基础上，由认知龙山文化而进一步了解仰韶文化，并且确认龙山文化晚于仰韶文化，确立它们为中国新石器时代的两个主要文化体系。后期以1945年夏鼐重新改定齐家与仰韶两期相对年代为标志，中国学者基本否定了安特生判定的中国黄河流域史前文化年代表。

---

① 梁思永：《后岗发掘小记》，《梁思永考古论文集》，科学出版社，1959年；《小屯、龙山与仰韶》，《梁思永考古论文集》，科学出版社，1959年。

② 尹达：《龙山文化与仰韶文化之分析》，《中国考古学报》第二册，1937年。

成熟期：时间为20世纪50—60年代，是进行大规模发掘和全面研究的阶段，以西安半坡和陕县庙底沟等一系列大型遗址的发掘为重要标志。半坡和庙底沟两个遗址的发掘，确立了仰韶文化的半坡和庙底沟两个主要类型，更加明确了仰韶文化的面貌。调查和发掘遗址数量大大增加，仰韶文化的地区与时代特征渐渐分明，类型和分期研究成为研究者们的重要课题。庙底沟二期文化的确认，找到了仰韶文化发展为龙山文化过渡时期的证据。这一时期的专题研究逐渐活跃起来，仰韶文化社会性质的研究特别受到关注。苏秉琦先生的《关于仰韶文化的若干问题》一文①，从类型、分期、年代、分区、文化关系、社会发展阶段各方面对仰韶文化的研究进行了阶段性总结。

提高期：时间为20世纪70—90年代，专题研究蓬勃开展，探源研究成果显著。这一时期发掘的重要遗址有临潼姜寨和郑州大河村等，为探索仰韶文化渊源而发掘的重要遗址主要有秦安大地湾、临潼白家村、渭南北刘、武安磁山和新郑裴李岗等，此外还有宝鸡北首岭的补充发掘。1985年为纪念仰韶村遗址发现65周年，在河南渑池召开了专题学术研讨会，检阅了仰韶文化研究成果②。严文明《仰韶文化研究》文集的出版，是仰韶文化研究重要的阶段性总结③。

近十年来，严文明、张居中和张忠培等又先后提出了“仰韶时代”的概念，将公元前5000—前3000年的新石器文化作为一个大的时段进行了系统研究④。近年郑州西山仰韶城址的发现，为渐趋冷落的仰

① 苏秉琦：《关于仰韶文化的若干问题》，《考古学报》1965年1期。

② 河南省考古学会等：《论仰韶文化——纪念仰韶村遗址发现六十五周年学术讨论会论文集》，《中原文物》1986年特刊。

③ 严文明：《仰韶文化研究》，文物出版社，1989年。

④ 张居中：《仰韶时代文化刍议》，《论仰韶文化——纪念仰韶村遗址发现六十五周年学术讨论会论文集》，《中原文物》1986年特刊；张忠培：《仰韶时代——史前社会的繁荣与向文明时代的转变》，《文物集刊》1997年1期。

韶文化研究注入了新的活力。

在这一研究阶段获得了大批C–14年代数据，绝对年代的研究成为现实。其他自然科学技术的运用，促进了研究的深入发展。专题研究涉及的内容比较广泛，主要有聚落形态、农业起源、生产工具、制陶工艺、彩陶、埋葬制度、社会发展阶段、文化源流等，通过多角度的全面深入研究，对仰韶文化的了解更加全面透彻。

仰韶文化的研究在分区、分期、类型、源流、年代、农耕、彩陶、墓葬制度、聚落形态、生态环境和社会发展阶段、人类体质形态和文化关系方面，都取得了非常重要的成果。在中国新石器时代考古研究中，仰韶文化发现时间最早，发现遗址最多，研究最深入，影响也最广泛。

四、建构中国新石器时代体系

中国有没有新石器时代，这在仰韶村遗址发现之后，就不再是一个疑问了。后来的中国考古学家们就是在安特生之后，用了大约半个世纪的时间，建构起了中国新石器时代较为完整的轮廓。正如严文明在他那篇纪念仰韶村遗址发现65周年的演讲中所说的那样：仰韶村遗址的第一次发掘“是我国新石器时代考古和近代田野考古学的发端。1921年以前，我们还没有确切的证据证明中国有没有新石器时代的遗存。仰韶村遗址及后来一系列遗址的发现和发掘，第一次宣告我国存在着非常发达并且富有自己特色的新石器文化。从那以后，我国的田野考古发掘才逐步开展起来，并且从新石器时代的研究扩展到旧石器时代、青铜时代和铁器时代”。

我们非常欣喜地看到，在这个世纪里，对于中国这块土地上40个世纪以前发生的事情，我们验证了一些旧的知识，更获得了一大批崭新的知识。

我们可以找到今天尚存的许多传统的文化之根，品悟与祖先心有灵犀的那一线悠长亲情。特别是20世纪50年代以来，几乎每过一个十年，考古学家都要带给我们一串惊喜，带给我们耳目一新的感受，带给历史教科书修订补充的契机，同时也带给历史和文献学家以及考古学家自己无穷的新灵感和新话题。

让我们跟着李季的文字再共同回顾一下可称得20世纪性的丰盈收获，也就是说，20世纪结束时，我们对于中国文明起源问题到底比前人多知道了多少①。

知道了这块土地上在几百万年前，猿逐渐变成人类。

人类起源也有可能是多元的，未必像一些西方学者所认为，都来自东非大裂谷。我们发现了从元谋古猿（400多万年前）开始，一步一步演变为人类的证据，如巫山人（200万年前）、元谋人（187万年前）、蓝田公王岭人（110万年前）、蓝田陈家窝人（65万年前）、周口店北京人（46万—23万年前）、本溪庙后山人（24万年前）、陕西大荔人（23万—19万年前）、襄汾丁村人（13万—8万年前）、阳高许家窑人（6万年前）、周口店山顶洞人（距今1.8万—1万年前）。

在我国，漫长的旧石器时代一直持续到距今10000年前，即公元前8000年左右。公元前9000年到公元前7000年间，在南方发现一些人类居住过的洞穴遗址，如广西桂林甑皮岩、江西万年仙人洞等，人们已经会制作陶器，并驯养了家猪，农业可能已经起源。

公元前7000年到公元前5000年间，我国广阔土地上有了一批农业聚落。他们会种植粟、黍和水稻，饲养猪、水牛、狗、鸡等，会制作陶器。

---

① 李季：《千秋索隐百年寻觅——中国文明的起源》，四川教育出版社，1998年。

这时至少能明显看出黄河流域和长江流域的明显区别。

黄河流域的磁山—裴李岗文化（河北、河南）、老官台文化（陕西）、北辛文化（山东），以及辽河流域的兴隆洼文化（内蒙古）等，都是旱地吃小米的文化。

长江流域的城背溪文化（湖北）、彭头山文化（湖南），都是吃稻米的文化。

看来农业起源不仅在世界范围可能是多元的，在中国也不会少于两个源头。

公元前5000年到公元前3500年间，是广义的仰韶文化时代。

这时的黄河流域可分为三个文化圈，甘青地区的马家窑文化、中原的仰韶文化和山东的大汶口文化。辽河流域是一个圈，红山文化。长江流域分两个圈，大溪文化（四川、湖北）和河姆渡—马家浜文化（浙江、江苏）。

这是新石器革命达到最昌盛的时期，人们已经过着相当稳定的定居生活，有比较发达的农业和畜牧业，会制作精美的彩陶或蛋壳陶。一些地方制玉工艺达到较高水平，甚至可能已炼出了铜。

一般认为这时是母系氏族社会，有的地方或者是父系氏族社会。已经有了贫富不均。在聚落的周围有壕沟或木栅栏用于防御，中心地带有专门的祭祀或集会地点，甚至是殿堂、坛、庙、冢一类高规格的宏伟建筑，有了巫师。个别人死后随葬丰厚的物品。有了非常类似甲骨文的符号，也许就是最初的字符。有了最初的冶铜迹象。

公元前3500年到公元前2000年间，是广义的龙山文化时代。

黄河流域马家窑文化最后发展为齐家文化，仰韶文化发展为中原龙山文化，大汶口文化发展为山东龙山文化。辽河流域红山文化发展为小河沿文化。长江流域有大溪文化、屈家岭文化—石家河文化。马家浜文化发展为崧泽—良渚文化。

城市革命，也就是文明起源，就从这个时期萌生。这时已经见到小件青铜制品，有城堡和聚落群分布。成组的玉礼器标志着可能有了专职掌管祭祀的阶层。一般认为此时处于父权制社会，晚期大概进入军事民主制，国家已具雏形。

没有仰韶村的发现，中国新石器时代考古开始的时日可能还会晚一些，中国新石器时代的建构或许是通过另外的途径完成的，“仰韶”这个名称也不会出现在中国考古学史上。我们现在完全可以这样说：史前时代的中国，是从仰韶村遗址的发现而开始发现的，仰韶村也许应当被作为“中国新石器时代考古发祥地”而载入中国考古学史。

五、仰韶情结

没有仰韶村的发现，中国新石器时代考古研究开始的时日可能还会晚一些，在中国最先发现的史前文化一定不是以“仰韶”命名的文化。但是历史是没有假设的，在中国考古学界，尤其是在中国史前考古学研究领域，我们不能没有仰韶村，也不能没有仰韶文化。

我们也应当承认，从现在的发现与研究看，仰韶文化的命名并不是十分允当的，它给我们的研究带来了一些本不应有的难度，引发了许许多多本不应有的争论。

用一种不大恰当的比喻，可以说仰韶文化有种“先天不足”的缺憾，当初的“仰韶”虽然并不那么单纯，可也根本包纳不了现在这么庞杂的内涵。

正因为如此，多年前一些研究者就有了舍弃“仰韶”的动议，命名半坡文化、庙底沟文化等。这是一种勇敢，不仅仅是冲动，我在那之后不久发表的一篇小文中评价说：“仰韶文化研究面临新的挑战。”说实话，在当时我本心是赞成这样的提法的，以为非如此就不能摆脱学术界的诸多分歧①。

将自己的精力献给仰韶文化研究的大多数学者，尤其是年事已高的资深学者，对仰韶文化怀有一种特别的感情，仰韶文化系统、仰韶时代、典型仰韶等词汇，在一定意义上是用于弥补一种不足的。

但是我们也不能不承认，在最初，在安特生的时代，仰韶文化的命名不仅是恰当的、及时的，也是非常必要的。仰韶文化命名伊始，就成了新诞生的中国田野考古学的一面大旗，许多的学者都由这旗下走过，成就了他们的伟业。

现在我认为命名半坡文化、庙底沟文化、西王村文化是适宜的，将它们统领在“仰韶”这面旗帜下也是适宜的，这就是“大仰韶”。

一句话，我们现在还不愿意舍弃“仰韶”，这可以称作几代学者的“仰韶情结”。我敢预言，在未来的世纪，仰韶与仰韶文化，同龙山和龙山时代这样的词汇一样，还将继续是中国考古学中辉煌的名字，还将是中国史前考古学的永恒话题。

---

① 最近查阅日记，1980年初夏随石兴邦先生往华东学术考察，到南京时的6月17日晚与先生谈及“文化命名和划分问题，石先生说50年代我就提出将半坡和庙底沟类型区别开，并列为独立的文化对待，但夏鼐和尹达先生不同意”。

命名：一个头绪纷繁的文化共同体

仰韶文化延续时间很长，分布地域又很广泛，各地的遗存表现出比较明显的差异。20世纪50年代以来，典型遗址发掘在数量上大大增加了，文化的区域性特征更加明显，类型的划分不仅成为必要，而且也成为可能了。

一、纷繁的文化命名

仰韶文化类型的研究，开始于半坡和庙底沟两类型相对年代与性质的讨论。半坡和庙底沟遗址的发掘，确立了仰韶文化的两个主要类型，也奠定了仰韶文化研究的基础。对这两个类型的关系，起初有认为半坡早于庙底沟的[①]，也有认为后者早于前者的[②]，还有认为两者是同时的[③]。一直到20世纪70年代以后，不同意见之间的争论还依然存在，多数意见认为两类型具有一脉相承发展关系，也有人说并不能完

① 石兴邦：《黄河流域原始社会考古研究上的若干问题》，《考古》1959年10期；严文明：《论庙底沟仰韶文化的分期》，《考古学报》1965年2期。

② 中国科学院考古研究所：《庙底沟与三里桥》，科学出版社，1959年；杨建芳：《略论仰韶文化和马家窑文化的分期》，《考古学报》1962年1期。

③ 石兴邦：《有关马家窑文化的一些问题》，《考古》1962年6期；苏秉琦：《关于仰韶文化的若干问题》，《考古学报》1965年1期。

全肯定谁早谁晚，到20世纪80年代的一些权威著作中还认为它们之间的关系并没有完全解决①。现在这两个类型之间的关系已经成了不争的问题，但是又出现了一些新的情况，在两个类型之外又提出了许多新的类型命名，就又有了许多意见上的分歧。

随着发掘资料的不断丰富，表现有仰韶文化某些特点的遗存在更广的范围内有了更多的发现，研究者们认知过程中又提出了许多地区类型的命名。人们将仰韶文化的分布划分为关中—陕南—豫西—晋南区、洛阳—郑州区、豫北—晋南区、丹江区、陇东区、张家口区、河套区等几个大的区域，根据区域特征提出的地方类型命名有：在陕西有半坡类型、史家类型、泉护类型、半坡晚期类型、北首岭类型；在山西有东庄类型、西王村类型、西阴村类型、义井类型；在河南有庙底沟类型、大河村类型、后岗类型、大司空类型、阎村类型、下王岗类型、王湾类型、秦王寨类型；在河北有下潘汪类型、三关类型、钓鱼台类型、南杨庄类型、百家村类型、台口类型；在内蒙古有海生不浪类型；在湖北北部和陇东发现的仰韶遗存，归入豫陕仰韶系统，没有新的类型命名。

从20世纪50年代末期命名半坡和庙底沟类型开始，仰韶文化类型的命名已增加到了现在的二三十个之多，这些纷繁的名称构成了一个庞大的仰韶体系。关于仰韶文化类型的研究，有的比较一致，有的则分歧较大。有的类型的分布，在地域上有较大的跨度，如关中—陕南—豫西—晋南，主要分布的是半坡、庙底沟和西王村类型，在这几个类型的划分上，学术界的意见大体是一致的。稍有不同的是，有的

---

① 严文明：《论半坡类型和庙底沟类型》，《考古与文物》1980年1期；巩启明：《试论仰韶文化》，《史前研究》1983年1期；安志敏：《略论我国新石器时代文化的年代问题》，《考古》1972年6期；中国社会科学院考古研究所：《新中国的考古发现和研究》，文物出版社，1984年。

在半坡之前加上了“北首岭类型”[①]，有的则将庙底沟二期文化也包括在仰韶文化内[②]。对于分布在局部地区的其他一些类型的划分，则不大容易取得一致的意见，如河南地区的仰韶，同一内涵的遗存有时被冠以不同的命名，同一个命名有时又被界定出不相同的内涵。在过去的研究中，比较有意义有影响的仰韶文化类型的命名主要有下列若干个：

1. 半坡类型
2. 庙底沟类型
3. 西王村类型
4. 北首岭类型
5. 后岗类型
6. 大司空类型
7. 大河村类型
8. 下王岗类型
9. 海生不浪类型

有的研究者认为，陇东—关中—晋南—河南的仰韶文化，还可以细划分为三区，即宝鸡至陕县一带的中心区，以半坡和庙底沟的早期遗存为代表；东区为河南中部地区，以大河村和王湾为代表；西区为陇东地区，以大地湾为代表。三区间的模糊分界是崤山和陇山[③]。有些研究者大而化之，认为仰韶文化大致可以分为以渭河流域及其周围地区和以中原地区及其周围地区两个大的区系，前者以半坡—庙底沟类

---

① 安志敏：《裴李岗、磁山和仰韶——试论中原新石器文化的类型和发展》，《考古》1979年4期。

② 严文明：《略论仰韶文化的起源和发展阶段》，《仰韶文化研究》，文物出版社，1989年。

③ 苏秉琦：《纪念仰韶村遗址发现六十五周年》，《论仰韶文化——纪念仰韶村遗址发现六十五周年学术讨论会论文集》，《中原文物》1986年特刊。

型为主，后者以后岗—大河村类型为主①。即便是对河南境内的仰韶文化，在分区研究上也有诸多不同的意见，如有的分为豫西的庙底沟，豫中的大河村，豫北的后岗、大司空，豫西南的下王岗等五个类型；有的则以豫西为庙底沟类型分布区，豫中为大河村文化分布区，豫北为后岗、下潘汪文化分布区，宛襄为下王岗文化分布区②。

不同的研究者对仰韶文化的理解会有明显的差异，关于它的分布范围、年代判断、类型划分、文化性质乃至社会结构，都存在一些不同的看法。仰韶文化的田野考古一定还会有更新的发现，学术研究也会有新的进展，认识上的分歧应当会逐渐统一起来的。现在仰韶文化已成为中国新石器文化一个主要发展阶段的代称，与“龙山时代”相对应，有些研究者名之为“仰韶时代”。在这样一个“大仰韶”的概念形成以后，一些研究者对传统的“仰韶文化”的命名就有了重新的考虑。早在十多年以前，已有研究者提出了“半坡文化”“庙底沟文化”和“大河村文化”的命名，用以取代仰韶文化③。现在看来，这样的命名具有一定的积极意义，有利于仰韶文化研究的更加深入。

我们认为仰韶文化的内涵不宜包罗得过于庞杂，文化特征不宜界定得太宽泛，分布范围不宜划得过大，所以这里阐述的仰韶文化，主要指的是研究者们认定的中心分布区域的仰韶文化，包括半坡文化、庙底沟文化、西王村文化等，这是仰韶文化一脉相承的三个发展阶段。对于中心分布区域之外其他在发展过程中受仰韶文化影响较大而被划入仰韶系统的文化遗存，我们也兼为述及，初拟提出一些新的命

---

① 魏京武：《汉江上游及丹江流域的仰韶文化》，《论仰韶文化——纪念仰韶村遗址发现六十五周年学术讨论会论文集》，《中原文物》1986年特刊。

② 杨育彬：《关于河南地区仰韶文化的两个问题》；张居中：《仰韶时代文化刍议》，《论仰韶文化——纪念仰韶村遗址发现六十五周年学术讨论会论文集》，《中原文物》1986年特刊。

③ 丁清贤：《关于“仰韶文化”的问题》，《史前研究》1985年3期。

名，以利于仰韶文化研究的进一步深入。

二、考古学文化命名原则问题

有讨论认为，夏鼐提出的考古学文化命名原则也存在不足之处。我曾与考古研究所一位资深研究员谈到这个命名原则的缺陷，他明确指出：夏先生忽视了陶器群的量化问题，他没有明确强调一个器物群至少应包括几种器型，是3种或是5种，这一点非常重要。因为如果只论2至3种器物的相似与否，与比较5至6种器物区别是很大的，如果取得太少，那么就有可能会出现将一个文化的范围划得比较宽泛的结果。

张忠培和严文明也都谈论过考古学文化的命名问题。严文明特别强调的原则有这样的几条，约定俗成，不要频繁更改，典型地点最好选取中心分布带的遗址。

后来又有张国硕《论考古学文化的命名方法》一文，对考古学文化的各类命名方式进行了评述，提出了8条具体意见，最重要的一条是：坚持以首次发现的遗址命名，避免以典型遗址命名。条件是这个遗址须经正式科学发掘，而且还应是最早公布的遗址。

我以为应当有一个“命名确认”的程序，研究者除了有提出文化命名的建议权，不能随意使用自己的命名。文化命名的确认要通过全国级的学术机构，如中国考古学会，或是考古学会有可能成立的史前考古学之类的分会。经过确认的考古学文化命名，才可以出现在其他论著或教科书中。这个建议乍一看显得有点荒唐，但确实不失为一种比较稳妥的办法，避免各自为政的重复命名、本位命名等随意命名现象。

仰韶文化类型划分研究，以河南地区的分歧最大。丁清贤曾经提出过一个解决仰韶文化命名的方案[①]，虽是反响不大，却有一定的意义。他说：

现在所谓的仰韶文化，还并不是一个考古学文化。对于这个问题，尹达同志在1963年撰写的《新石器时代研究的回顾和展望》一文中就提出了疑问。尹达同志说：有的人称仰韶文化为彩陶文化，“因之，凡发现含有彩绘陶片的遗址，往往归于仰韶文化之内，目前看来，在广大的地带都曾发现有彩绘陶片的遗址，认真分析，它们之间往往存在着某些差别，仅仅仰韶文化这个概念是否概括得了？这说成为必须考虑的问题了。”同时，尹达同志还说：“仰韶文化，是由仰韶遗址而命名的，这是较早的名称，就约定俗成的沿用下来，但是仰韶村本身所含的内容并没有弄清楚，从新的资料所反映的现象分析，这一名称并不是那么确切，也还有重新研究的必要。”

…………

所谓的仰韶文化，实际上是包含着三支各自具有自己的特征，不同的源流，并分布在不同范围内的原始文化遗存。关中地区的仰韶文化，渊源于李家村、老官台文化，往下发展为客省庄二期文化；河南地区（包括鄂西北，不包括豫西）的仰韶文化，渊源于裴李岗文化，往后发展为当地的龙山文化；河北、豫西、晋南和关中东部地区的仰韶文化，渊源于磁山文化，往下分别发展为后岗二期文化和庙底沟二期文化。

考古学文化，应该是分布在一定地域，存在于一定时间，并有一群具有共同特征（包括石器、陶器、铜器、玉器以及住房等

① 丁清贤：《关于“仰韶文化”的问题》，《史前研究》1985年3期。

方面）的考古遗存。所以，仰韶文化，只能包含分布在豫西、晋南和关中地区的仰韶文化，也可以包括与其同祖、具有密切关系的河北仰韶文化。河南和陕西地区的仰韶文化，应以新的考古学文化命名。鉴于西安半坡遗址和郑州大河村遗址发掘面积大，出土物丰富，分布在两个地区最具有代表性，建议把河南地区的仰韶文化命名为“大河村文化”，把陕西的仰韶文化命名为“半坡文化”。

但是仅只大河村的问题，也并不十分简单。廖永明《大河村遗址的发现与研究》[①]就大河村的归属发表了这样的意见：

关于大河村仰韶文化的类型归属问题，严文明先生认为：大河村一、二期的文化面貌与仰韶文化中期的庙底沟文化有许多相同之处，应算作庙底沟类型的“东方变体”，而三、四期则属仰韶文化晚期的秦王寨类型。……以安志敏先生为代表的学者认为：与“秦王寨类型”相当的大河村三、四期遗存经过正式发掘，有着明确的地层依据，并且较之秦王寨遗址更具有典型性和代表性，所以这类遗存应以“大河村类型”来代替原来的“秦王寨类型”这个名称。而以巩启明先生为代表的学者则认为没有易名的必要，大河村三、四期遗存之间存在着较大差异，最明显的差异是四期遗存具有由仰韶向河南龙山过渡的性质，因而主张把二者区分为两个类型，即三期仍称秦王寨类型，四期另命名为“大河村类型”。

① 廖永明：《大河村遗址的发现与研究》，《中原文物》1989年3期。

对于仰韶文化的命名，安志敏在《试论黄河流域新石器时代文化》一文中说：由于发现的增多，人们认识的仰韶文化的分布范围也逐渐扩大，“以至于把许多与仰韶文化无关的彩陶也联系在一起，因而在文化名称以及定义上都陷于混乱”。比较“彩陶文化”和“仰韶文化”两个命名而言，“我们的意见还是应当采用‘仰韶文化’。这样，不仅可以表现出整个文化的具体内容，同时也符合了考古学上的命名通例”[①]。

我们可以将大仰韶分解为若干个独立的文化将它们一一命名，不过就像我在前文里说过的那样：我敢预言，到了未来的世纪，仰韶与仰韶文化，还将继续是中国考古学中辉煌的名字。

三、一个新建议：维护考古学文化的纯洁性

由于对仰韶文化的界定存在着分歧，所以对于它的分布范围研究者们也有着明显不同的看法。不少研究者都认为仰韶文化的分布范围很广，影响面也很大。文化的分布范围，随着年代的早晚而显现出一定的区别，在分布地域上有由狭到广的变化趋势。调查发现的1000多处仰韶文化遗址，主要分布在陕西、河南、山西这三个省区内，此外在甘肃、湖北、河北和内蒙古临近中原的边缘地区也有分布。仰韶文化早期的分布范围，大体以渭河流域为中心，东起太行山西侧，西至渭河上游，南到汉水中游，北限有人认为已深入河套地区。晚期的分布范围稍有扩大，往东可达太行山东麓至冀北一线，往西已入青海东部。

另外，有些研究者划定的仰韶文化的分布范围还要广大一些，认为是以陕西、河南和晋南为中心，西达河西走廊、东至鲁西地区，

① 安志敏：《试论黄河流域新石器时代文化》，《考古》1959年10期。

北至河套一带、南抵汉水流域。各地遗址的分布，由于地域的不同，可以划分为几个不同的文化区域，包括关中—陕南—豫西—晋南区、洛阳—郑州区、豫北—冀南区、丹江区、陇东区、张家口区、河套区等[①]。

将仰韶文化的内涵扩展得过于繁杂，分布范围划得过于宽泛，实际上使得仰韶文化的特征越来越不明显，这样并不利于仰韶文化的研究。为此必须将仰韶文化的分布范围进行认真界定，仰韶文化主要分布在黄土高原及附近地区，中心分布区是在关中—陕南—豫西—晋南，在这个范围之外的表现有相似特点的文化遗存，是仰韶文化影响的结果，重要的是这些外围遗存的来源与中心区域的仰韶文化并不完全相同。为了与过去的研究相衔接，我们在这里以中心区的叙述为主，也仍然要涉及这些外围遗存。这些外围遗存应当考虑有若干新的文化命名，有的研究者已经提出了一些命名，如“后岗一期文化”“大司空文化”“秦王寨文化”或“大河村文化”“下王岗文化”等。

苏秉琦《燕山南北·长城地带考古工作的新进展——1984年8月在内蒙古西部地区原始文化座谈会上的报告提纲》中指出[②]：

> 尽管我们在实际工作中已经确定了许多具体的考古学文化名称，并且在实际工作中经常使用这些术语概念，但是，我们对于它们各自的时间边际界限，空间运动界限，特征性质的定性、定量分析，以及群体、整体、有机体，它们的发展运动的规律性认识，大都还缺乏认真的科学论证。因此，我们是否可以这样说，我们这门学科还处于它的初期发展阶段，或者说是奠基阶段。

---

① 中国社会科学院考古研究所：《新中国的考古发现和研究》，文物出版社，1984年。

② 苏秉琦：《燕山南北·长城地带考古工作的新进展——1984年8月在内蒙古西部地区原始文化座谈会上的报告提纲》，《内蒙古文物考古》1986年4期。

什么是仰韶文化？在以往学者们的研究中，我们很难读到概述性的文字。苏秉琦在为仰韶村遗址发现65周年纪念文集所写的序言中，有一个非常形象的说法，仰韶文化的基本特征是："两种小口尖底瓶、两种花卉和两种动物图案彩陶。"他明确指出："含有以上三类六种文化特征因素的仰韶文化遗存，分布范围不超过西起宝鸡、东至陕县一带，跨越年代不超过七千至五千年间。仰韶文化中心分布的时间界标大致如是。"[①]1993年，他依然重申了这样的观点："这三组六种因素只在西起宝鸡东到伊、洛间八百里秦川的范围内发展得最充分，显现出从无到有的全过程。八百里秦川才是以三组六种因素新界定的'仰韶文化'的发生、发展的核心地区。"他还说："过去所谓'仰韶文化'覆盖范围北至大漠，南至荆楚，西起甘青，东到鲁西。把如此大范围内有彩陶的遗存都界定为仰韶文化，显然不符合历史真实。"[②]

张之恒认为，磁山文化是后岗类型的前身，大河村类型是裴李岗类型的发展，仰韶文化的半坡类型是在老官台文化的基础上发展起来的。他明确指出，"将后岗类型、大河村类型和秦王寨类型归属仰韶文化系统是不妥当的"，"新石器时代，决定一个文化性质的是每个文化自身发展所形成的文化特征。只能以每个文化的自身发展形成的文化特征及其来龙去脉来划分文化系统；不同文化之间互相影响和交流所形成的一些共同因素，不能作为归属同一文化的依据。在黄河流域既不能把时代较早的以红陶和彩陶为特征的新石器文化，全部归属为仰韶文化，也不能把时代较晚的以灰陶和黑陶为特征的新石器文

① 苏秉琦：《纪念仰韶村遗址发现六十五周年》，《论仰韶文化——纪念仰韶村遗址发现六十五周年学术讨论会论文集》，《中原文物》1986年特刊。

② 苏秉琦：《迎接中国考古学的新世纪》，《华人·龙的传人·中国人——考古寻根记》，辽宁大学出版社，1994年。

化，全部归属为龙山文化。‘大一统’的仰韶文化和‘大一统’的龙山文化，都是不符合黄河流域新石器文化的实际情况”[①]。

类似的讨论还有很多，多数意见是仰韶圈子不能划得太大，内涵不能太复杂。这样一来，半坡、庙底沟和西王村类型的确立，对于认识仰韶又有了一个大家认同的起点，大仰韶显得纯洁纯粹了。

① 张之恒：《磁山·裴李岗文化与黄河流域同时代诸文化的关系》，《磁山文化论集》，河北人民出版社，1989年。

追溯源头：一步三回首

近百年来关于仰韶文化起源问题的研究，从安特生等西方学者的西来说，到我们自己创立的本土说和多源说，都没有或没有完全解决问题。

西来说认为仰韶文化与域外文化的传播有关，出发点是彩陶技术始源于中东地区。本土说仅对否定“西来说”具有意义，并没有解决实质问题。多源说是本土说的具体化，若干个文化源头——老官台、李家村、磁山、裴李岗文化，孕育了一个大仰韶，而这个大仰韶东西南北面貌各异，多源而实际上又并不同流。分源说最切实际，明确主流，确定主源，然后理清其他源流关系。分源说认为山西河南仰韶的起源与关中不同，其源头应是裴李岗文化或其他同期文化。关中及附近地区的仰韶文化，大而言之是起源于白家村（老官台、大地湾）文化。仰韶文化最直接的源头起初有认为是北首岭下层文化的，后来又进一步被认定是零口文化。仰韶文化的真正起源，我们现在并没有找到。

寻找仰韶文化渊源的探索，我们似乎已经到了接近破解谜底的最后关头，但在已经结束的20世纪我们还没有来得及完全解决这个世纪难题。

仰韶文化的研究不仅成为中国考古学的中心课题，也是一些考古学家治学立业的基础。仰韶文化研究所取得的成就，我们可以列举出许多，这是20世纪中国史前考古灿烂的篇章。可以说，没有仰韶文化的研究，也就没有中国史前考古的今天。当然出现在学者们笔下的纷争也不算少，学术上也留下一些没能完全解决的世纪难题。关于仰韶文化来源的研究就是突出的难题之一，虽然不少学者尽了许多努力，一步步向着目标接近，但至今我们依然还是没能获得理想的结论。

在追寻仰韶文化源头的过程中，研究者经历了许多的曲折，有失败也有成功，不断有后来者发现新证，否定旧说。回顾这个探索的过程，是一件很有意义的事情。

一、确定仰韶文化源头的历程

对一个考古学文化的研究，除了对这个文化的内涵进行阐释外，研究者还要考察它的源流。一个文化的源头与流向，应当有非常明确的轨迹可寻。当然追寻这种文化轨迹并不是一件轻而易举的事，因为这种轨迹并不是在一开始就那么清晰可辨。对仰韶文化源头的研究，就经历了一个相当漫长的过程，而且时至今日我们还不能说这个问题已经完全解决了，探索仍在继续。

在仰韶文化刚刚确立不久，人们就开始关注它的来源问题。起初安特生将河南与甘肃发现的彩陶，同中亚土库曼的安诺文化彩陶进行比较研究，认为两者有密切的联系，提出了仰韶文化西来说的观点，为演绎中国文化西来说作了很大努力。安特生根据英国考古学家、大英博物馆霍布森（R.L.Hobson）的意见，认为彩陶技术的始源地是巴比伦，仰韶彩陶技术是由中东传来的。他还据此推定仰韶文化的年代在公元前3000年左右，它早于夏代而晚于近东最早出现彩陶的公元前

3500年[①]。

为着证明这个推论的真实性，安特生在发现仰韶以后，便一头扎到中国西北，认为仰韶文化最近的源头在那里，因为那里应当是中东彩陶东传的必由之路。经过几次田野考察，安特生觉得努力有了成效，他在甘青一带发现了许多彩陶遗址，也见到一些少有彩陶的遗址，他真的以为找到了仰韶文化的源头，以为解决了这个问题。安特生1925年在所撰《甘肃考古记》中，根据自己的调查，对甘肃史前文化提出了所谓仰韶文化“六期说”[②]。这六期从早到晚依次是齐家、仰韶、马厂、辛店、寺洼和沙井，前三期划归新石器时代和铜石并用时代，后三期则归入早期铜器时代。列出这样的分期表，是为了明确地表述“仰韶期”来源于“齐家期”，因为齐家期少见彩陶，安特生认为它的年代较早。可惜的是，他把远古世界的年轮弄颠倒了，结果得到的是本末倒置的结论。

当时中国学者对安特生提出的仰韶文化年代表，有着各不相同的看法。1931年梁思永先生发现了安阳后岗“三叠层”，在依据地层证据研究仰韶与龙山文化相对年代关系的基础上，在仰韶期之前增加了一个后岗期[③]。尹达先生1939年在延安写成的《中国新石器时代》[④]，将仰韶分为后岗、仰韶和辛店三期。中国学者当时的研究，无异于是说仰韶期是在后岗期的基础上发展而来的，他们想借此否定伤害了中国人民族感情的“中国文化西来说”。

安特生1943年又发表了《中国史前史研究》[⑤]，将仰韶文化的绝对

① ［瑞典］安特生：《中华远古之文化》，《地质汇报》第五号，1923年。
② ［瑞典］安特生：《甘肃考古记》，农商部地质调查所，1925年。
③ 梁思永：《小屯、龙山与仰韶》，《梁思永考古论文集》，科学出版社，1959年。
④ 尹达：《中国新石器时代》，《新石器时代》，生活·读书·新知三联书店，1955年。
⑤ ［瑞典］安特生：《中国史前史研究》，1943年。

年代作了较大改变，但并没有改变各期的相对年代关系。中国学者对这个新的年代表已没有太大的兴趣，他们通过自己的实践一步步否定了安特生的结论，当时取得的最重要的研究成果是将齐家期从仰韶分离出来，独立命名为齐家文化，而且从地层关系上明确它的年代晚于仰韶文化，彻底否定了安特生的"六期说"①。尹达先生曾多次撰文批评安特生在仰韶文化分期及绝对年代判定方面的种种误说，他1955年发表的《论中国新石器时代的分期问题》则是全面分析安特生错误根源的一个系统总结。他认为安特生对于中国新石器时代分期问题上的基本论点，是所谓单色陶器早于彩色陶器，这个错误的理论使他对中国新石器文化的相对年代的估计出现了严重问题②。当然，安特生的这个错误，也直接影响了他研究仰韶文化起源的正确性。

安特生的学说在维持了约20年的时间后，就完全成了历史。仰韶文化"西来说"被中国学者纠正了，过去倒置的相对年代关系造成了安特生的错误。虽然仰韶文化西来说的观点被否定了，但学术界并没有立即解决它的来源问题，在很长的时间里，黄河流域都没有发现年代更早的新石器文化遗存。正如陈星灿先生所说的那样，"安特生等考古学家所以把中国史前文化的渊源指向西方的一个主要原因，是早于仰韶的史前文化的缺失"③。

20世纪50年代以后黄河中游地区田野考古工作蓬勃开展，中国学者很快建立起了一个新的仰韶文化体系，对仰韶文化来源的研究也有

---

① 夏鼐：《临洮寺洼山发掘记》，《中国考古学报》第四册，1949年；《齐家期墓葬的发现及其年代之改定》，《中国考古学报》第三册，1948年；裴文中：《甘肃考古报告》，《裴文中史前考古学论文集》，文物出版社，1987年。

② 尹达：《论中国新石器时代的分期问题——关于安特生中国新石器时代的分期问题》，《考古学报》第九册，1955年。

③ 陈星灿：《中国史前考古学史研究（1895—1949）》，生活·读书·新知三联书店，1997年。

了全新的认识。20世纪50—60年代之际，仰韶文化研究的主要成就是确立了半坡和庙底沟两个文化类型，正是这两个类型体现了仰韶文化的主要内涵，学术界对仰韶文化的研究也就有了新的起点。虽然取得了如此辉煌的成绩，研究者之间在认识上却又出现了新的差距，他们对这两个类型内涵的认识有大体相似的意见，但对它们之间的关系却难以有一致的说明。有的意见认为半坡早于庙底沟，有的则正相反，有的又认为两者大体同时。这样一来，究竟是由半坡还是由庙底沟去寻找仰韶文化的源头都难以确定下来。

进入20世纪50年代末期以后，随着陕西境内北首岭、老官台和李家村遗址的相继发掘，发现了不同于仰韶文化的新一类遗存，在许多人还不知道应当怎样看待这些发现的时候，敏锐的研究者很快认定它们与仰韶文化存在渊源关系，这让学术界看到了新的希望[①]。这一类遗存，后来被有的研究者命名为“老官台文化”和李家村文化等。从此以后，研究者在讨论仰韶文化的起源时，很自然地把眼光放到了这些目标上。这与安特生的研究相比，可以说是令人耳目一新了。

对于这样的新发现，夏鼐先生一直都比较冷静，他仅在1964年时的一篇论文中提及西乡李家村、宝鸡北首岭和元君庙下层遗存比仰韶文化时代更早而且具有密切关系，“是探索仰韶文化前身的一个较为可靠的线索”[②]。在1977年发表的《碳-14测定年代和中国史前考古学》一文中，他也只论及半坡类型和庙底沟类型的年代早晚关系，没有能具体讨论仰韶文化的来源问题，因为早期的年代数据还没有测定出来[③]。他在1979年所写的《三十年来的中国考古学》和其他论文中，

---

① 苏秉琦：《关于仰韶文化的若干问题》，《考古学报》1965年1期。

② 夏鼐：《六十年代前期的考古新收获》，《夏鼐文集》，社会科学文献出版社，2000年。

③ 夏鼐：《碳-14测定年代和中国史前考古学》，《考古》1977年4期。

虽然提到了磁山和裴李岗文化，仅说它们早于仰韶，没有说明是否有渊源关系。直到后来1983年在日本演讲《中国文明的起源》，也仍是没有明确提及仰韶文化的源头在哪里①。

最早对仰韶文化来源问题进行实质性研究的是苏秉琦先生，他在1965年发表的《关于仰韶文化的若干问题》中，已经注意到宝鸡北首岭和华县元君庙下层与仰韶文化之间的渊源关系②。20世纪80年代以后，年代早于半坡类型的遗存在渭河流域有较多新的发现，经过正式发掘的地点有秦安大地湾、临潼白家村、渭南北刘、天水师赵村和西山坪等处，有的研究者又将它们重新命名为“大地湾文化”或“白家村文化”，从而进一步确认了它们与同地区仰韶文化之间的渊源关系。苏秉琦先生1981年在讨论姜寨遗址发掘意义时说，仰韶文化一期的代表遗存有2个：秦安大地湾一期和宝鸡北首岭一期。他是将当时所知前半坡遗存都划归仰韶早期③。几年之后的1986年，在不同的场合，苏先生都讲到前仰韶问题。在兰州的“大地湾会”上，他明确表示赞同将大地湾一期作为前仰韶看待，认为同类遗存与仰韶文化关系密切④。苏秉琦先生曾特别提及北首岭遗址底层或许代表中心区典型的“前仰韶”文化遗存⑤，也就是说它有可能是仰韶最近的渊源。

几乎与此同时，在河北和河南地区也发现了一批早于后岗类型仰韶文化的遗存，这就是很快确认的磁山文化与裴李岗文化。它们与同地区的“仰韶文化”也被认为具有明显的渊源关系。

---

① 见《夏鼐文集》，社会科学文献出版社，2000年。

② 苏秉琦：《关于仰韶文化的若干问题》，《考古学报》1965年1期。

③ 苏秉琦：《姜寨遗址发掘的意义》，《考古与文物》1981年2期。

④ 苏秉琦：《“大地湾会”讲话（提要）》，《华人·龙的传人·中国人——考古寻根记》，辽宁大学出版社，1994年。

⑤ 苏秉琦：《纪念仰韶村遗址发现六十五周年》，《论仰韶文化——纪念仰韶村遗址发现六十五周年学术讨论会论文集》，《中原文物》1986年特刊。

这些发现表明，至少在陕西和河南两大区域内，传统上认识的仰韶文化并不是只有一个来源。学术界在为这些新发现感到高兴的同时，也显得有些不知所措。这一种多源现象开始令研究者迷惑不解，一些为仰韶文化释源的研究成了当时中国新石器考古研究的一个很重要的成果。有研究者指出，从发展序列看裴李岗和磁山两个文化早于仰韶文化，它们的某些因素又见于仰韶文化的早期遗存中，这为仰韶文化起源研究提供了新证。虽然如此，当时对仰韶文化同以裴李岗、磁山为代表的文化遗存之间究竟是直接承袭，还是交错存在而互有影响，并不是很清楚。

有的研究者将一般认定的“老官台”和“北首岭下层”遗存归纳为仰韶文化的“北首岭类型”，所以不能明确豫、晋、陕一带仰韶文化的起源是怎样的[①]。没有多久人们肯定了磁山、裴李岗和老官台文化都属于仰韶文化的先驱，强调仰韶文化是黄河流域的主要遗存，它继承的是早期的裴李岗文化和磁山文化，下接龙山文化，起着承前启后的作用，表明中原文化基本上是一脉相承的[②]。后来研究者又以“北首岭类型”为基础，提出了“大地湾文化”的命名[③]，并且将它与裴李岗和磁山文化相提并论，都归入早期新石器文化范畴，不再作为仰韶文化看待，认为裴李岗文化、磁山文化和大地湾文化代表着中原地区三种较早的遗存，与仰韶文化的早期阶段有着密切的联系[④]。

在20世纪的80年代，学术界已经达成的共识是：在仰韶文化分布地域内陆续发现了老官台文化、磁山文化和裴李岗文化，仰韶文化直接脱胎于这三种早期新石器文化，是在这三种文化的基础上发生发展

① 安志敏：《裴李岗、磁山和仰韶——试论中原新石器文化的类型和发展》，《考古》1979年4期。

② 安志敏：《略论三十年来我国的新石器时代考古》，《考古》1979年5期。

③ 安志敏：《关于裴李岗文化的性质和年代》，《社会科学战线》1982年1期。

④ 安志敏：《略论中原的早期新石器文化》，《磁山文化论集》，河北人民出版社，1989年。

起来的。老官台等三种早期新石器文化的发现，从事实上和理论上都解决了仰韶文化的渊源问题[①]。

20世纪末，由于陕西临潼零口、山西垣曲古城东关和枣园等遗址的发现，在介乎老官台和仰韶文化之间又确立了一种新的遗存。它的相对年代虽然比较容易确认，但对它的性质却是议论纷纷，有说它是半坡最近的源头，也有说它是庙底沟源头。对此，我们在后面还要讨论。这样一来，庙底沟类型的讨论又成了新的热点，这就重新提出了一个旧的问题：庙底沟类型的形成如果真的与半坡类型没有任何关系，仰韶文化体系的讨论须得推倒重来，那么它的来源问题岂不是也要从头论起？

我们将上述论点综合起来，发现学者们先后认定的仰韶文化祖源有下列若干个：

1. 齐家期
2. 后岗期
3. 老官台文化（或称大地湾、白家村文化）
4. 李家村文化
5. 北首岭下层文化
6. 磁山文化
7. 裴李岗文化
8. 零口文化

仰韶文化的源头，就是这样的无法确定。随着新资料不断涌现，研究者们的认识经历了不断充实和逐渐修正的漫长过程。我们今天也许很容易对其中的认识做出一个十分明确的评判，可以很容易地指认哪一种认识最接近正确，要知道我们能够达到今天这样的程度，该是有多少学者用了多少时间的努力才得来的！

---

① 巩启明：《试论仰韶文化》，《史前研究》1983年1期。

二、从多源观到一源观

对于仰韶文化来源的研究，出现的争论很多，其中一源与多源认识的不同，就是很突出的一个分歧。而“分源”问题的提出，则是研究上取得的重要突破。

从20世纪70年代末开始，仰韶文化探源的研究出现了新局面。发现一多，研究者就有了更多的思考余地，研究的深度也大为扩展了。关于仰韶文化的源头，有一源观，也有多源观。多源的说法一般较为笼统，研究者大多是将仰韶文化分布区内更早的遗存都列为源头，认为仰韶是起源于老官台、李家村、裴李岗和磁山文化的。这样的说法虽然相当含糊，但学术界还是接受的，并没有觉得有何不妥。一源说则明确指出仰韶是源出老官台文化，或是源出裴李岗文化。严文明和张忠培先生几乎同时发表了相似的“分源”观点，将仰韶文化起源研究向前推进了一大步。

严文明先生1979年提出老官台文化命名，指出它是半坡类型的前身。他认为“由老官台文化发展为半坡类型，再由半坡类型发展为庙底沟类型以及更晚的一些文化类型，这条线索是比较清楚的”，仰韶文化中的“后岗类型是在继承了磁山文化的许多因素的基础上发展起来的”，“由磁山文化发展为后岗类型，再发展为钓鱼台类型和大司空类型的线索也比较清楚”。他同时还认为红山文化和青莲岗文化也继承了磁山文化的一些因素如篦纹陶、直筒罐和圜底钵等[①]。严先生在这里提到很重要的一点，就是从这种文化来源不同的感觉出发，建议将仰韶文化“一分为二”，将后岗—大司空和半坡—庙底沟作为两个不同的系统区分开来。

① 严文明：《黄河流域新石器时代早期文化的新发现》，《考古》1979年1期。

张忠培先生在1979年也提出了老官台文化的命名，认为由老官台发展为半坡类型[①]。两年后他又专论老官台文化，不同意将它纳入仰韶文化范畴，明确指出“仰韶文化是包括了不同时代、不同地区乃至不同系列的许多种文化的庞大概念。因之，分布在一定地区的老官台文化只是仰韶文化的半坡类型的前身”。他还指出，磁山和裴李岗文化的后继者是后岗类型[②]。

魏京武先生也提出了“分源”问题，他讨论了老官台、李家村、裴李岗文化的内涵、命名和年代，认为是老官台和李家村发展到半坡，裴李岗发展到后岗[③]。张瑞岭先生根据陕西渭南北刘遗址的发掘，也得出了同魏京武先生相同的认识，他们都注意到不能笼统地谈论仰韶文化的起源[④]。发掘了甘肃秦安大地湾遗址的郎树德和赵建龙先生，在肯定了老官台文化与半坡类型有着一脉相承的因袭关系以后，认为笼统地说老官台、磁山、裴李岗文化发展为仰韶文化是不正确的。具体来说，“半坡的彩陶之所以比后岗发达，后岗的鼎类器物之所以较半坡多见，后岗的素面陶比例之所以超过半坡，是因为两者继承的不是一个文化，换言之，两者不是一个文化源头”[⑤]。

丁清贤先生也觉察到了其中的不妥，他在1985年发表的《关于“仰韶文化”的问题》一文，对各地划归仰韶文化系统的遗存进行粗略分析，认为仰韶文化实际上包含着三支各具特征、不同源流、分布在不同范围内的原始文化遗存。关中地区的仰韶文化，渊源于李家

---

① 张忠培：《试论东庄村和西王村遗存的文化性质》，《考古》1979年1期。

② 张忠培：《关于老官台文化的几个问题》，《社会科学战线》1981年2期。

③ 魏京武：《李家村、老官台、裴李岗——关于黄河中游地区新石器时代早期文化的几个问题》，《考古与文物》1981年4期。

④ 张瑞岭：《渭水流域新石器早期遗存的文化性质与年代》，《考古与文物》1982年4期。

⑤ 郎树德、赵建龙：《关于老官台文化的新认识》，《考古与文物》1984年6期。

村、老官台文化，发展为客省庄二期文化；河南地区（包括鄂西北，不包括豫西）的仰韶文化，渊源于裴李岗文化，发展为当地的龙山文化；河北、豫西、晋南和关中东部的仰韶文化，渊源于磁山文化，分别发展为后岗二期文化和庙底沟二期文化。他认为仰韶文化只能包括分布在关中、豫西和晋南的遗存，建议将河南的仰韶遗存命名为大河村文化，而陕西的仰韶遗存则命名为半坡文化①。

苏秉琦先生将仰韶文化划分为中心区（以半坡和庙底沟的早期遗存为代表）、东区（以大河村和王湾为代表）和西区（以大地湾为代表）三个区，他说寻找不同区系的仰韶文化的源头，需要分别进行，“当我们着手探索它们的渊源问题时，不得不分头进行，而不能设想可以一揽子地解决，一劳永逸”。他认为北首岭遗址底层或许代表中心区典型的“前仰韶”文化遗存，“至于东西两区系自己的‘前仰韶’遗存是什么，迄今我们还没有看到类似北首岭提供的条件，暂无从猜测”②。

石兴邦先生1986年有一篇专论前仰韶文化的论文，也提出“分源”问题，明确指出半坡类型源自白家—李家村文化传统，而后岗和下王岗一期文化则是由磁山—裴李岗文化发展而来③。

到了20世纪80年代末期，“分源”的认识已成主流，对于仰韶文化渊源统而论之的说法已不大容易见到了。如杨亚长先生论南郑龙岗寺“前仰韶”遗存，便直言龙岗寺李家村类型是半坡类型的直接渊源④。李友谋先生1989年作《裴李岗文化发现十年》⑤，认为裴李岗

---

① 丁清贤：《关于“仰韶文化”的问题》，《史前研究》1985年3期。

② 苏秉琦：《纪念仰韶村遗址发现六十五周年》，《论仰韶文化——纪念仰韶村遗址发现六十五周年学术讨论会论文集》，《中原文物》1986年特刊。

③ 石兴邦：《前仰韶文化的发现及意义》，《中国考古学研究》（二），科学出版社，1986年。

④ 杨亚长：《龙岗寺“前仰韶”遗存有关问题初探》，《考古与文物》1988年5、6期。

⑤ 李友谋：《裴李岗文化发现十年》，《中原文物》1989年3期。

文化直接为仰韶文化所继承，但裴李岗文化和仰韶时期的半坡类型文化，并没有直接的渊源关系，半坡类型文化的来源是老官台文化。

裴李岗文化与后岗类型文化似乎也没有渊源，后者有可能是来源于磁山文化。裴李岗文化应该是归宿于大河村类型仰韶文化，石固遗址叠压在裴李岗文化层之上的仰韶遗存，接近于大河村的一、二期遗存，属于大河村文化系统，裴李岗文化的直接继承者当为大河村类型仰韶文化。曹桂岑先生在《裴李岗文化的发现与研究》一文中[①]，也表述了相似的观点。他说在新郑唐户、长葛石固、汝州中山寨等遗址，都发现“仰韶文化”层叠压在裴李岗文化层之上，在豫中地区两者的分布地域大致重合，在文化面貌上也有明显的承袭关系，“裴李岗文化直接发展为豫中地区的仰韶文化（大河村类型），仰韶文化找到了源头”。

从其他许多学者的论著中，我们知道“分源”说已为学术界普遍接受。可以说，在仰韶文化发现近60年的时候，研究者关于仰韶渊源的探索有了较多的共识。这期间最主要的收获是，不同地区的“仰韶”有着不同的来源。这个认识是在20世纪80年代之初开始形成的，至20世纪90年代以后，基本为学术界接受了。杨肇清先生总结20世纪仰韶文化的发现与研究，说“仰韶文化的源与流的问题也已大致搞清，仰韶文化早期各类型各有其来源”，具体说明半坡类型源自大地湾一期文化，大河村类型源自裴李岗文化，后岗类型源自北辛、磁山等文化[②]。

由以上的叙述，我们看到了对仰韶文化研究有过重大建树和发挥过重要作用的许多学者们的论说，从中我们可以得知获取正确的认识是多么的不容易。考古学家是最具备实事求是胸怀的，他们能及时修正自己

① 曹桂岑：《裴李岗文化的发现与研究》，《考古文物研究——纪念西北大学考古专业成立四十周年文集》，三秦出版社，1996年。

② 杨肇清：《20世纪仰韶文化的重要发现与研究》，《四川大学考古专业创建四十周年暨冯汉骥教授百年诞辰纪念文集》，四川大学出版社，2001年。

的认识。当然在研究过程中由于资料局限形成一些不成熟的认识，应当说是不可避免的，也是可以体谅的，我们终究是越来越接近正确。

三、关于仰韶文化与仰韶体系

随着仰韶文化内涵的不断外延，它的分布范围越划越大，类型越定越多，它的源头也就由本来的游移不定而变得越来越多。来源不同的文化，本来具有一些独到的特点，长期以来却被看作是同一个文化，研究者们没有觉得这里面有没有费解的地方。用一个比喻说来理解，这就好像是几条溪流汇进了一条大川，而大川之中的水流又都各不相干，它们各自流到了不同方向，又变成了一条条溪流。不用说，自然界是没有这样的大川和溪流的。

研究仰韶文化的来源，必须追本，才能穷源，追本最为切要。仰韶文化之本是什么？

如果我们现在要求给仰韶文化下一个定义，不同学者之间的分歧肯定是不小的。在这样一个根本出发点存在分歧的情况下，也就是人们在什么是仰韶这个问题上还没有达成共识的时候，要确切地谈论仰韶的来源是不现实的。我们惯常说仰韶文化延续时间很长，分布地域又很广泛，各地的遗存表现出的差异比较明显。为了区分这些差异，类型的划分成了热点课题。仰韶文化类型的研究，开始对于半坡和庙底沟两类型相对年代与性质的讨论。半坡和庙底沟遗址的发掘，确立了仰韶文化的两个主要类型，也奠定了仰韶文化研究的新基础。对这两个类型的关系，起初有认为半坡早于庙底沟的①，也有认为后者早于

① 石兴邦：《黄河流域原始社会考古研究上的若干问题》，《考古》1959年10期；严文明：《论庙底沟仰韶文化的分期》，《考古学报》1965年2期。

前者的[①]，还有认为两者是同时的[②]。一直到两类型确立十多年后的70年代以后，不同意见之间的争论还依然存在，多数意见认为两类型具有一脉相承发展关系，也有人说并不能完全肯定谁早谁晚，到20世纪80年代的一些权威著作中还认为它们之间的关系并没有完全解决[③]。现在这两个类型之间关系的讨论还在继续[④]，同时也出现了一些新的情况，在两个类型之外又提出了一些新的类型命名，又有了许多认识上的分歧。

随着发掘资料的不断丰富，表现有仰韶文化某些特点的遗存在更广的范围内有了更多的发现，研究者将仰韶文化的分布划分为关中—陕南—豫西—晋南区、洛阳—郑州区、豫北—晋南区、丹江区、陇东区、张家口区、河套区等几个大的区域，根据区域特征提出的地方类型命名有：在陕西有半坡、史家、泉护、半坡晚期、北首岭类型；在山西有东庄、西王村、西阴村、义井类型；在河南有庙底沟、大河村、后岗、大司空、阎村、下王岗、王湾、秦王寨类型；在河北有下潘汪、三关、钓鱼台、南杨庄、百家村、台口类型；在内蒙古有海生不浪类型；在湖北北部和陇东发现的仰韶遗存，分别归入豫、陕仰韶系统，没有新的类型命名。

从命名半坡和庙底沟类型开始，仰韶文化类型的命名已增加到了

① 中国科学院考古研究所：《庙底沟与三里桥》，科学出版社，1959年；杨建芳：《略论仰韶文化和马家窑文化的分期》，《考古学报》1962年1期。

② 石兴邦：《有关马家窑文化的一些问题》，《考古》1962年6期；苏秉琦：《关于仰韶文化的若干问题》，《考古学报》1965年1期。

③ 严文明：《论半坡类型和庙底沟类型》，《考古与文物》1980年1期；巩启明：《试论仰韶文化》，《史前研究》1983年1期；安志敏：《略论中国新石器时代文化的年代问题》，《考古》1972年6期；中国社会科学院考古研究所：《新中国的考古发现和研究》，文物出版社，1984年。

④ 戴向明：《试论庙底沟文化的起源》，《青果集：吉林大学考古系建系十周年纪念文集》，知识出版社，1998年。

现在的二三十个之多，这些纷繁的名称构成了一个庞大的仰韶体系。有的研究者认为，陇东—关中—晋南—河南的仰韶文化，还可以细划分为三区，即宝鸡至陕县一带的中心区，以半坡和庙底沟的早期遗存为代表；东区为河南中部地区，以大河村和王湾为代表；西区为陇东地区，以大地湾为代表。三区间的模糊分界是崤山和陇山[①]。有些研究者大而化之，认为仰韶文化大致可以分为以渭河流域及其周围地区和以中原地区及其周围地区两个大的区系，前者以半坡—庙底沟类型为主，后者以后岗—大河村类型为主[②]。即便是对河南境内的仰韶文化，在分区研究上也有诸多不同的意见，如有的分为豫西的庙底沟，豫中的大河村，豫北的后岗、大司空，豫西南的下王岗等五个类型；有的则以豫西为庙底沟类型分布区，豫中为大河村文化分布区，豫北为后岗、下潘汪文化分布区，宛襄为下王岗文化分布区[③]。

这些研究表明，现在构建的大仰韶体系内涵并不是单一的，不仅有中心分布区与周边分布区的不同，还有内涵上的不同和源流上的不同。根据这些区别和近年来学术界的研究倾向，我们建议将分布在陇东—关中—陕南—豫西中心区的仰韶文化，分别命名为半坡文化、庙底沟文化和西王村文化，它们或可合称为典型仰韶文化，具有一脉相承的渊源关系；将这个区域一度划属仰韶早期的北首岭下层类型归入前仰韶文化；将周边分布区与仰韶文化关系密切年代相当的遗存，与中心区明确区别开来，分别命名为后岗（一期）文化、大司空文化、

---

① 苏秉琦：《纪念仰韶村遗址发现六十五周年》，《论仰韶文化——纪念仰韶村遗址发现六十五周年学术讨论会论文集》，《中原文物》1986年特刊。

② 魏京武：《汉江上游及丹江流域的仰韶文化》，《论仰韶文化——纪念仰韶村遗址发现六十五周年学术讨论会论文集》，《中原文物》1986年特刊。

③ 杨育彬：《关于河南地区仰韶文化的两个问题》；张居中：《仰韶时代文化刍议》，《论仰韶文化——纪念仰韶村遗址发现六十五周年学术讨论会论文集》，《中原文物》1986年特刊。

大河村文化和下王岗文化等。我们希望经过这样的整理，能使仰韶文化的面貌更加清晰一些。

在以往一些研究者的论著中，将仰韶文化的内涵不加限制地扩展，致使仰韶文化的一般特征丧失，所以我们在这些论著中不容易见到关于仰韶文化一般特征的描述。我们以半坡、庙底沟和西王村类型作为仰韶文化的主干，作了这样的限定以后，仰韶文化的总体特征可以作这样的概括：在定居的农耕村落基础上出现了大型环壕聚落，聚落中的居址构成几级社会结构。居址以圆形和方形半地穴式建筑为主，建筑方式主要为木骨草拌泥墙、红烧土地面。居址附近有大规模公共墓地，成人以单人一次葬为主，一度流行二次合葬，幼儿多采用瓮棺葬。随葬品以实用陶器为主，也有一定数量的生产工具和装饰品。日常生活用具主要为陶器，早期以红陶为主，器表装饰多见粗细绳纹，也有弦纹等，有一定数量的彩陶，器形有罐、瓮、尖底瓶、碗、钵、盆，多为平底器；中期灰陶比例增大，新增器形有釜、灶、鼎和豆，彩陶纹饰有所变化。生产工具有石器、骨器、陶器，以石器和骨器为主。早期有一定数量的打制石器，磨制石器主要有斧、锛、凿、铲和长方形小石刀。骨器大多磨制较精，多见镞、锥和针等。装饰品有骨珠、骨笄、陶笄和陶环等。

这便是仰韶文化的本。我们要探求的源头，应当就是这个“本”的来源。而这个本的早期阶段，是半坡文化。简而言之，寻找仰韶的源头，就是寻找半坡文化的源头。半坡文化以原来的半坡类型为基础命名，因陕西西安半坡遗址的发掘而得名。也有人将它的后半段独立出来，以渭南史家村墓地为典型地点，命名为“史家类型”[①]。半坡

① 巩启明：《试论仰韶文化》，《史前研究》1983年1期；王小庆：《论仰韶文化史家类型》，《考古学报》1993年4期。

文化陶器为手制，质地多为夹砂和泥质红陶，有少量黑、灰色陶器。器形主要有圜底和小平底钵与盆、深腹盆、细颈大腹壶、小口尖底瓶、深腹罐，多圜底、平底和尖底器，少圈足器，无三足器。晚期出现葫芦瓶、带盖平底小罐和高领罐。纹饰有绳纹、细绳纹、弦纹、锥刺纹和黑彩图案，彩绘纹样有宽带纹、三角、折线等几何纹，和网纹、鱼纹、人面纹、鹿纹、鸟纹等象生图案，常见内彩，有些钵盆类陶器见有不同的刻符。生产工具中的石器以磨制的为主，也有打制的，主要器类有斧、铲、锛、刀、凿和磨盘等，以一种两侧带缺口的石刀最有特色。还有大量精细磨制的骨器，器形为镞、针、锥三类。工具中还常见有陶锉。

半坡文化居民建有大型环壕村落，居址排列有序，以圆形半地穴为主要建筑形式。村边有公共窑场，村外有公共墓地，墓穴排列整齐，早期多单人葬，晚期流行多人二次合葬。儿童多使用瓮棺埋葬，一般埋葬在居址附近。

半坡文化主要分布在关中、陕南、陇东与晋南地区。寻找仰韶文化的来源，就是确定半坡文化的来源。按一般规则，半坡文化的祖源应当在它的分布区域内寻找。可是发现和研究也有半个世纪之久的半坡文化，它的源头至今却并不那么明晰。就中国史前考古研究走过的探索之路看，寻找半坡文化的起源，也未见得会更容易！

四、前半坡的来源问题

我们不能否认，许多学者在探索仰韶文化来源问题时，他们实际上也是在探索半坡文化的起源。寻找前仰韶文化，实际上就是寻找前半坡文化。虽然目标已经缩小了许多，但我们现在却还是只能说，前半坡依然是踪影不明。

1984年通过发掘临潼白家村遗址的实践，我与另外几个同行合写了一篇论文[①]，也论及仰韶文化的起源，提出前仰韶文化研究还有一些尚待解决的问题，主要有白家村一类文化遗存与仰韶文化早期的关系，以及白家村一类文化遗存的分期问题。还特别指出白家村一类文化遗存与早期仰韶文化之间还存在缺环，白家村文化（大地湾、老官台文化）并不是仰韶文化的直接来源。在《临潼白家村》的结论中，作为发掘者，我们一方面指出由白家村文化向仰韶文化发展的趋势，而另一方面还特别强调了二者之间的区别，这区别表现在10个方面。特别是陶器形制，白家村文化的碗、钵、罐多为三足、圜底或圈足，至半坡时期却全部消失，器物群完全不同了[②]。

1987年甘肃天水西山坪遗址发现白家村文化与北首岭下层类型的地层叠压关系，使得相关的认识又有了深化，觉得“北首岭类型”似乎是白家村文化向仰韶文化过渡的一个中间类型，是已知的仰韶文化最近的渊源。不过北首岭类型究竟如何过渡到仰韶文化，并没有充足的论据进行证明，在北首岭类型和仰韶文化半坡类型之间还有一段不小的缺环。从绝对年代数据看，也可证实这一点。半坡类型最早的碳测数据是用北首岭中层标本测出的，为距今6140±120年（ZK—516），其校正年代为距今6790±145年，与北首岭类型的年代有约300年的间隔。这两个文化（白家村文化和北首岭类型）发展阶段尽管都属前仰韶时期，却又并不是仰韶文化最直接的渊源，在它们与仰韶文化——主要是指半坡类型——之间，可能还存在一个不知道的过渡发展阶段[③]。在当时已然觉得仰韶起源早就解决的时候，这样说显然有些

① 吴加安、吴耀利、王仁湘：《汉水上游和渭河流域“前仰韶”新石器文化的性质问题》，《考古》1984年11期。

② 中国社会科学院考古研究所：《临潼白家村》，巴蜀书社，1994年。

③ 王仁湘：《论渭河流域早期新石器文化发展的两个阶段》，《考古》1989年1期。

不合时宜。

一些专门研究半坡文化的论文，在讨论它的起源时，依然维系着原有的认识。一些研究者认为老官台文化在年代上早于半坡，分布地域也重合，只有它最可能是半坡文化的前身①。当然也有人指出陕南区与泾渭区的半坡文化可能有着不尽相同的文化渊源，前者主要来源于陕南的北首岭文化，后者则与泾渭区的北首岭文化有关②。有的研究者特别强调，在老官台文化、北首岭文化和半坡文化之间，先后承继的文化关系表现得最为明显。这里所指的"北首岭文化"，主要是宝鸡福临堡、陕南龙岗寺和北首岭遗址的早期遗存③。也有研究者将北首岭早期作为老官台文化的一个类型，认为是它演变发展为仰韶早期的半坡文化④。

近年来，探索仰韶文化渊源的研究取得了突破性进展。山西垣曲古城东关遗址发现的"仰韶文化早期遗存"中，发掘到了数量不少于3个的标准的陶鼎，鼎体为圜底罐形，有高高的锥状足，口径在14厘米—16厘米之间，高超不过20厘米。据发掘者判断，这个遗址的时代与半坡遗址的早期是接近的，内涵也有相似之处，主要区别在于这里没有半坡文化常见的尖底瓶和富有特点的彩陶，而环状口小平底瓶、假圈足盆、缸、盔形器盖、尖锥足鼎、弦纹罐等，却不见于半坡文化的其他遗址。认为它的一些特点有承自裴李岗文化的因素，也就是说它明显接受了东来文化的影响⑤。类似的发现在晋南地区还有更多，如翼城枣

① 赵宾福：《半坡文化研究》，《华夏考古》1992年2期。

② 孙祖初：《半坡文化再研究》，《考古学报》1998年4期。

③ 孙祖初：《中原地区新石器时代中期向晚期的过渡》，《华夏考古》1997年4期。

④ 戴向明：《黄河流域新石器时代文化格局之演变》，《考古学报》1998年4期。

⑤ 中国历史博物馆考古部等：《山西省垣曲县古城东关遗址Ⅳ区仰韶早期遗存的新发现》，《文物》1995年7期；中国历史博物馆考古部等：《垣曲古城东关》，科学出版社，2001年。

园[①]、垣曲东关古城、万荣西解等遗址[②]，都见到相似的文化遗存。

值得注意的是，类似遗存在关中地区也有发现，1994年在面积约2万平方米的临潼零口遗址，发现了前仰韶、半坡和西王村文化的连续堆积，而且在半坡文化层之下，还有一个介于前仰韶和半坡文化之间的中间层堆积。这个中间层的陶系以泥质红陶为主，其次为夹砂红陶，主要器形有环形口小平底瓶、假圈足钵、深腹钵、器座、弦纹罐等，器表装饰多素面少彩绘，它被暂时称为“零口遗存”[③]。零口遗存确与垣曲古城东关遗存相似，而且其层位是在前仰韶和半坡文化之间，将它作为半坡文化最近的渊源所在，也就是典型仰韶文化的起源所在，自在道理之中。

零口遗址的简报近年已正式发表，按照发掘者的研究，“零口文化”可能是仰韶文化半坡类型的直接前身，而且与庙底沟类型表现有一定的渊源关系[④]。发掘者还特别指出，零口文化的形成曾受到裴李岗文化的影响，表明半坡和庙底沟文化应当是同祖同源并行发展的[⑤]。普遍的认识是，这一类遗存在时代上早于半坡文化，有的说它直接发展为半坡文化，也有的说它直接发展为庙底沟文化，有的则直接将它列入仰韶文化早期[⑥]。

不可否认，关中和晋南地区零口一类前仰韶文化遗存的发现，让人们看到了仰韶文化探源研究的新希望。但是在这个希望面前，我们

① 山西省考古研究所：《山西翼城枣园新石器时代早期遗址调查报告》，《文物季刊》1992年2期。

② 陈斌：《万荣西解遗存的发现及其在仰韶文化中的位置》，《中国历史博物馆馆刊》1989年11期。

③ 周言：《专家论证零口遗存》，《考古与文物》1995年6期。

④ 陕西省考古研究所：《陕西临潼零口遗址第二期遗存发掘简报》，《考古与文物》1999年6期。

⑤ 阎毓民：《零口遗存初探》，《远望集》，陕西人民美术出版社，1998年。

⑥ 中国历史博物馆考古部等：《垣曲古城东关》，科学出版社，2001年。

还是应当谨慎一些，直觉告诉我们，仰韶的源头可能还有疑惑。且不说研究者对零口一类遗存的归属尚有分歧，冷静一点看，这类遗存其实不论与半坡还是与庙底沟之间，距离都是很大的，现在将它作为半坡或是作为庙底沟文化的源头，都还显得有些为时过早。果不其然，最近又有人发表了新的意见，认为就是零口遗存本身，内涵也并不单纯，它既包含有老官台和北首岭下层遗物，也有仰韶文化早中晚不同阶段的遗存，不能笼统命名一个文化。更不能由此得出“仰韶文化的半坡类型和庙底沟类型同祖同源、两者并行发展”的结论①。

我们在此想作一点简单的个案研究。我们先关注一下三足器。半坡人是绝对拒绝使用三足器的，正是由于这个原因，半坡人中断了黄河中游史前居民用鼎的传统。如果从这个角度认识，半坡的这个传统应当来自关中以外的其他地区而不是它的东方，因为东方及关中都有使用三足器的传统，前仰韶时期的白家人、裴李岗人、磁山人、北辛人，都大量制作和使用三足器。魏京武先生1981年虽认为老官台、李家村和裴李岗是仰韶文化的源头，但同时也曾提出了这样的疑问：作为早期陶器特点的三足器和圈足器怎样会发展为仰韶文化的平底器和尖底器？②由前仰韶盛行三足器，到半坡不见三足器，两者之间实在看不到有什么一脉相承的关系。这么说来，用鼎的零口文化居民虽然生活的时代与半坡文化居民相当接近，却也并不是一回事，说半坡文化发轫于零口文化，还需要斟酌。

还有仰韶的尖底瓶。尖底瓶的意义主要可能还不在于它是一种欹器，不在于它在汲水时表现出的特别的力学特征，而主要在于它的小口，可以保存盛水不致蒸发或荡溢，这是干旱少水地区的特有水器，

① 吉笃学：《“零口文化”试析》，《考古与文物》2002年3期。

② 魏京武：《李家村、老官台、裴李岗——关于黄河中游地区新石器时代早期文化的几个问题》，《考古与文物》1981年4期。

它分布的范围最能说明问题。尖底瓶的起源并不清楚，虽然在零口文化中见到小口瓶，它能否演变为后来的尖底瓶，现在也还没有定论。

另外还有绳纹问题。半坡文化主要以各类绳纹作装饰，它的绳纹并不直接承自白家村文化的传统，前者主要采用斜绳纹，而后者则以交错的网状绳纹为特征。更重要的是，处在两者之间的零口文化发现绳纹极少，并不以绳纹作为陶器的主要装饰。仅此一点，就可以证明半坡文化不会直接源于零口文化，当然更不会是直接源于白家村文化了。

我们不能否认，零口文化的出现非常突然，它切断了建立在学者们论著中的仰韶与前仰韶之间的联系。也就是说，我们以前用心探求的前仰韶，它的传统并没有为仰韶文化所继承。这个事实对我们的打击显得太残酷了一些，它致使我们过去精心构筑的仰韶文化源流体系几近瓦解，也似乎让我们过去这方面的所有研究顿时没了什么实际意义。

但是，零口文化的发现具有重要价值，它的价值不仅在使仰韶文化探源研究增加了新的难度，而且可能还透露了一个重要的远古文化变革信息。对此，我还准备另立课题进行深入研究，这里不拟展开讨论。

半坡人的传统显然来自干旱的黄土高原，这传统很让人怀疑其可能生长在甘肃青海地区，仰韶文化的正源，似乎要从关中以西的地区去寻找。这似乎有点不合常理，又与安特生当年的想法相似，他在发现仰韶村遗址后不久就去了甘青，指望在那里寻找到仰韶的源头。现在我们旧事重提，与安特生的出发点和立足点有根本性的不同。

五、前仰韶：20世纪没有完全破解的谜

自仰韶文化发现之日起，学者们就为探寻它的起源付出了许多的辛劳。从安特生等西方学者的西来说，到我们自己创立的本土说和多

源说，都没有或没有完全解决问题。

西来说认为仰韶文化与域外文化的传播有关，这个认识的出发点是，彩陶技术始源于中东地区。我们已经发现了前仰韶文化时期的原始彩陶，说明黄河中游地区也是世界上的一个彩陶起源区域。人们有理由认定，中国的彩陶技术可能并不是由域外传来，那仰韶文化起源的西来说也就不可能成立了。

西来说的另一个重要前提，是当初黄河中游地区没有见到年代更早的古文化遗存。在仰韶文化分布区内大量前仰韶文化遗存发现以后，在前仰韶与仰韶文化之间，研究者可以找到许多亲缘关系，仰韶的出现，有本土的父本母本。这是本土说的重要根据，西来说由此彻底瓦解。当然本土说只是一种笼统的说法，仅对否定“西来说”具有意义，并没有解决实质问题。

多源说是本土说的具体化，也是一种很不严格的观点。若干个文化源头——老官台、李家村、磁山、裴李岗文化，孕育了一个大仰韶，而这个大仰韶东西南北面貌各异，多源而实际上又并不同流。这种多源说不仅在文化内涵的演变上讨论不充分，在逻辑上也得不到论证，它实际上只是一种非常不成熟的过渡性观点。

分源说最切实际，明确主流，确定主源，然后理清其他源流关系。分源说认为山西河南仰韶的起源与关中不同，其源头应是裴李岗文化或其他同期文化。关中及附近地区的仰韶文化，大而言之是起源于白家村（老官台、大地湾）文化，这也就是狭义的“前仰韶”，是专指典型仰韶文化的源头，也即是半坡类型文化的源头。半坡文化最直接的源头起初有认为是北首岭下层文化的，后来又进一步被认定是零口文化。但是，由于所获资料毕竟有限，问题的解决还不能说“完全”。现在所知的在半坡文化分布区内的最晚的前仰韶遗存是零口文化，还不能说它一定就是前半坡文化，同样也不能十分明确地认定它就是前庙底沟文化。

寻找源头，是个很费力的工作。不要以为是一条大河，源头一定会十分彰明。长江和黄河的源头就不是一下子确定下来的，历史上经历了多次认错源头的事情。对于仰韶文化的研究也是如此，我们的前人没有找准源头也是很自然的事，后来的学者一步步接近正确，都有前人的辛劳。探求一条河流的源头，是往河流最远的延伸方向横向寻找。探求一个考古学文化的源头，却是往这个文化早期发展的最近方向纵向寻找。这两种探源各有特点，相比而言，考古学文化的探源可能会更为困难一些。干流上有千万条支流，那条主源其实与许多的支流非常相像，人们会误将某条较大的支流认作源头，特别是在主源还没有进入视线的时候，这是不可避免的。一个考古学文化的层积的下面，不同地点会有不同时期的文化堆积，我们先见到了A期文化，会很自然地将它认作渊源之所在。后来又见到B期、C期文化，因为年代更为接近，于是又会一次再次地重新认定这个考古学文化的渊源。当年代最相当的新的D期文化发现时，也许我们会恍然大悟，寻它千百度，真正的渊源原来在这里。不过我们也要谨防历史设下的一个陷阱，如果这D期文化是一个意外的迁徙体，那它又怎么能充当源头呢？如果再设想得复杂一点，我们所研究的这个考古学文化兴许本身就是一个外来体，那么在它扎根生长的地方恐怕也就永远寻找不到渊源了。

寻找仰韶文化渊源的探索，我们似乎已经到了接近破解谜底的最后关头，但是20世纪已经结束，学者们在旧世纪来不及完全解决这个世纪难题。我们寄希望于新世纪，曙光应当就在前头。

辨识：文化分布范围的变化

由于对仰韶文化的界定存在着分歧，所以对于它的分布范围，研究者们也有着明显不同的看法。不少研究者认为仰韶文化的分布范围很广，影响面也很大，文化的分布范围随着年代的早晚而显现出一定的区别，在分布地域上有由狭到广的变化趋势。调查发现的1000多处仰韶文化遗址，主要分布在陕西、河南、山西这三个省区内，此外在甘肃、湖北、河北和内蒙古临近中原的边缘地区也有分布。

一、典型遗址的发掘

仰韶文化早期的分布范围，大体以渭河流域为中心，东起太行山西侧，西至渭河上游，南到汉水中游，北限有人认为已深入河套地区。

晚期的分布范围稍有扩大，往东可达太行山东麓至冀北一线，往西已入青海东部。另外有些研究者划定的仰韶文化的分布范围还要广大一些，认为是以陕西、河南和晋南为中心，西达河西走廊、东至鲁西地区，北至河套一带、南抵汉水流域。各地遗址的分布，由于地域的不同，又划分为几个不同的文化区域，包括关中—陕南—豫西—晋南区、洛阳—郑州区、豫北—冀南区、丹江区、陇东区、张家口区、河套区等[1]。

将仰韶文化的内涵扩展得过于繁杂，分布范围划得过于宽泛，实际上使得仰韶文化的特征越来越不明显，这样并不利于仰韶文化的研究。为此必须将仰韶文化的分布范围进行认真界定，仰韶文化主要分布在黄土高原及附近地区，中心分布区是在关中—陕南—豫西—晋南，在这个范围之外的表现有相似特点的文化遗存，是仰韶文化影响的结果，重要的是这些外围遗存的来源与中心区域的仰韶文化并不完全相同。为了与过去的研究相衔接，我们在这里以中心区的叙述为主，也仍然要涉及这些外围遗存。这些外围遗存应当考虑有若干新的文化命名，有的研究者已经提出了一些命名，如“后岗一期文化”“大司空文化”“秦王寨文化”或“大河村文化”“下王岗文化”等。

仰韶文化及相关的外围遗存的典型遗址，有陕西的西安半坡、宝鸡北首岭、福临堡、扶风案板村、彬县下孟村、临潼姜寨、华县元君庙、泉护村、华阴横阵村、渭南史家村、铜川吕家崖[2]、李家沟[3]、瓦窑沟、西乡何家湾、南郑龙岗寺、商县紫荆，山西的夏县西阴村、芮城东庄村、西王村、翼城北橄，河南的陕县庙底沟、三里桥、渑池仰韶村、洛阳王湾、秦王寨、郑州大河村、荥阳点军台、淅川下王岗、安阳后岗、大司空、大正集、濮阳西水坡，河北的磁县下潘汪、界段营、正定南杨庄，内蒙古的包头阿善、托克托县海生不浪[4]，甘肃的秦安大地湾、王

---

① 中国社会科学院考古研究所：《新中国的考古发现和研究》，文物出版社，1984年。

② 陕西省考古研究所等：《陕西铜川吕家崖新石器时代遗址试掘简报》，《考古与文物》1993年6期。

③ 西安半坡博物馆：《铜川李家沟新石器时代遗址发掘报告》，《考古与文物》1984年1期。

④ 吉发习：《内蒙古托克托县新石器时代遗址调查》，《考古》1978年6期；北京大学考古系等：《内蒙古托克托县海生不浪遗址发掘报告》，《考古学研究》（三），科学出版社，1997年。

家阴洼，湖北的郧县大寺等。其中最重要的典型遗址和曾经作为仰韶文化研究的重点遗址和墓地，主要有下列20多处。

北首岭遗址：面积约6万平方米，由中国社会科学院考古研究所等在1958—1960年和1977—1987年间进行了7次发掘，发掘面积约5000平方米。发现房屋居址50座，墓葬451座，还有陶窑和排水沟等遗迹，出土大量陶器、石器和装饰品。遗址的堆积中期为半坡文化，晚期为西王村文化，早期为前仰韶的“北首岭类型”。早中期都有墓地，晚期为村落遗址[①]。

福临堡遗址：面积18万平方米，1984—1985年由宝鸡市考古工作队和陕西省考古研究所宝鸡工作站联合发掘，发掘面积1344平方米，揭露的遗迹有房址、陶窑、灰坑和墓葬。遗址分属庙底沟和西王村文化，还发现了一个介乎二者之间的过渡层次，45座墓葬属半坡文化[②]。

下孟村遗址：面积15万平方米，1959—1963年由陕西省考古研究所和西北大学联合发掘。遗址主要堆积分属于半坡和庙底沟时期，最下面还发现前仰韶文化遗物。清理的遗迹有房址、窖穴和陶窑，出土不少陶器和骨器等文化遗物[③]。

瓦窑沟遗址：面积5万平方米，1991年由陕西省考古研究所发掘，发掘面积8000平方米。遗址主要为半坡文化堆积，清理23座房址、70座墓葬和46座瓮棺葬，发现有小围沟圈起来的儿童瓮棺葬墓地。这里也是一处有环壕的聚落遗址[④]。

案板村遗址：面积70万平方米，1984—1987年由西北大学历史系发掘，发掘面积1625平方米。上层为龙山文化堆积，仰韶文化堆积分

---

① 中国社会科学院考古研究所：《宝鸡北首岭》，文物出版社，1983年。
② 宝鸡市考古工作队等：《宝鸡福临堡》，文物出版社，1993年。
③ 陕西考古所泾水队：《陕西彬县下孟村遗址发掘报告》，《考古》1960年1期。
④ 王炜林：《瓦窑沟史前遗址发掘取得重要成果》，《中国文物报》1995年5月21日。

属庙底沟和西王村时期，发现有作为祭仪使用的大型房址，出土的陶塑人像很有特色[①]。

半坡遗址：面积约5万平方米，在1954—1957年间中国科学院考古研究所进行了5次发掘，发掘面积1万平方米，1971年西安半坡博物馆又进行过小规模发掘。这是一个具有完整布局的村落遗址，揭露房址46座、墓葬247座、陶窑6座，出土了包括陶器、石器和骨器在内的大量文化遗物，还有丰富的农作物和包括家畜在内的动物遗存[②]。

姜寨遗址：面积约5万平方米，西安半坡博物馆等在1972—1979年间进行了11次发掘，发掘面积1.7万余平方米。文化堆积包含仰韶文化的半坡、庙底沟、西王村几个主要阶段的遗存，发掘揭露出一座包括居住区、窑场和墓地的半坡时期大型聚落址，出土大量文化遗物[③]。

元君庙墓地：面积600平方米，1958—1959年由黄河水库考古工作队发掘，整个墓地已全面揭露。清理半坡时期墓葬57座，多数为多人二次合葬，墓穴排列整齐有序，合葬有一定的规则。随葬品有生产工具、陶器、装饰品和食物，以日用陶器为主[④]。

泉护村遗址：面积60万平方米，1958—1959年由黄河水库考古队发掘，发掘面积6000余平方米。遗址的仰韶层堆积属庙底沟时期，发现有半地穴方形房屋基址和成组的陶窑群，出土的花卉与鸟纹图案彩

---

① 西北大学历史系考古专业八一级实习队：《陕西扶风县案板遗址1984年试掘的主要收获》，《西北大学学报》1985年2期；西北大学历史系考古专业：《陕西扶风县案板遗址第二次发掘》，《考古》1987年10期；西北大学历史系考古专业实习队：《陕西扶风县案板遗址第三、四次发掘》，《考古与文物》1988年5、6期；西北大学文博学院考古专业：《陕西扶风案板遗址第五次发掘》，《文物》1992年11期；西北大学文博学院考古专业：《案板遗址仰韶时期大型房址的发掘》，《文物》1996年6期。

② 中国科学院考古研究所等：《西安半坡》，科学出版社，1963年。

③ 西安半坡博物馆等：《姜寨》，文物出版社，1988年。

④ 北京大学历史系考古教研室：《元君庙仰韶墓地》，文物出版社，1983年。

陶为庙底沟时期彩陶图案的典型代表[①]。

横阵村墓地：面积12万平方米，1958—1959年由黄河水库考古工作队发掘，发掘面积1000平方米，揭露了一处较为完整的半坡时期墓地，清理墓葬24座，还有灰坑葬，另见瓮棺葬5座。墓葬以多人二次合葬为主，其中3座大坑套小坑的大合葬最引人注目，合葬者多达40多人，许多研究者都认为这是复原仰韶时期家族制度的重要资料[②]。

史家村墓地：面积约2万平方米，1976年由西安半坡博物馆进行发掘，发掘面积250平方米，揭露出一处半坡时期墓地。清理墓葬43座，40座为多人二次合葬，每墓合葬者一般为20人左右，最多的达51人。多数墓中都发现了以陶器为主的随葬品，也见到少量的生产工具。史家村墓地的文化性质体现有半坡和庙底沟时期的双重特点，有的研究者或将它归入“半坡类型”，或单独命名为“史家类型”[③]。

何家湾遗址：面积约1万平方米，1980—1982年由陕西省考古研究所进行发掘，发掘面积1475平方米。遗址文化堆积下层为李家村文化，上层为半坡文化。发现半坡时期居址35座，墓葬156座，瓮棺葬21座。这是分布在汉水流域的典型半坡文化遗存，出土不少精致的文化遗物[④]。

龙岗寺遗址：面积约7500平方米，陕西省考古研究所于1983—1984年进行发掘，发掘面积1800余平方米。遗址文化堆积与何家湾相似，下层为李家村文化，上层为半坡文化。发现半坡时期墓葬423座，其中土坑墓409座，瓮棺葬14座。土坑墓以单人葬为主，有11座二人以

---

① 黄河水库考古队华县队：《陕西华县柳子镇考古发掘简报》，《考古》1959年2期；《陕西华县柳子镇第二次发掘主要收获》，《考古》1959年11期。

② 中国社会科学院考古研究所陕西工作队：《陕西华阴横阵遗址发掘报告》，《考古学集刊》第4期，中国社会科学出版社，1984年。

③ 西安半坡博物馆等：《陕西渭南史家新石器时代遗址》，《考古》1978年1期。

④ 陕西省考古研究所等：《陕南考古报告集》，三秦出版社，1994年。

上的多人二次合葬，也发现大坑套小坑的合葬形式[①]。

西阴村遗址：面积30万平方米，1926年由李济主持进行首次发掘，发掘面积约40平方米；1994年山西省考古研究所进行了第二次发掘，发掘面积576平方米。主要堆积属庙底沟文化，还有少量西王村文化和庙底沟二期文化堆积。发现庙底沟时期房址和壕沟，未见完整聚落址，出土大量彩陶等文化遗物[②]。

东庄村和西王村遗址：两处相距20多公里，由中国科学院考古研究所在1958—1960年间发掘。东庄村遗址面积12万平方米，发掘面积1180平方米。遗址的仰韶层属半坡时期，发现有多人二次合葬墓和数座陶窑遗迹。西王村遗址面积10万平方米，发掘面积近400平方米。仰韶文化堆积的下层属庙底沟时期，上层面貌有明显不同，具有与半坡和庙底沟时期相区别的陶器群，如浅腹盆、小平底碗、深腹瓮、镂孔豆和长颈尖底瓶等，所以在后来提出了“西王村类型”的命名[③]。

北橄遗址：面积40万平方米，山西省考古研究所在1990—1991年间进行了两次发掘，发掘面积775平方米。下层为与半坡文化相似的堆积，发现房址6座、墓葬7座，其中6座为儿童墓葬，埋葬在房址附近，但没用瓮棺。上层为庙底沟文化堆积，发掘到数量不多的房址和墓葬[④]。

庙底沟遗址：面积约24万平方米，1956—1957年由中国科学院考古研究所进行发掘，发掘面积近4500平方米，下层堆积为庙底沟文

---

① 陕西省考古研究所：《龙岗寺》，文物出版社，1990年。

② 李济：《西阴村史前的遗存》，清华学校研究院丛书第三种，1927年；山西省考古研究所：《西阴村史前遗存第二次发掘》，《三晋考古》第二辑，山西人民出版社，1996年。

③ 中国科学院考古研究所山西工作队：《山西芮城东庄村和西王村遗址的发掘》，《考古学报》1973年1期。

④ 山西省考古研究所：《山西翼城北橄遗址发掘报告》，《文物季刊》1993年4期。

化，发现遗迹不多，但出土陶器等文化遗物十分丰富，彩陶曲腹钵与曲腹盆、双唇尖底瓶、鼓腹罐、釜、灶为代表的陶器群具有明显的特色，使它成为仰韶文化繁荣时期的代表性遗址①。

王湾遗址：面积8000平方米，北京大学历史系考古专业在1959—1960年间进行了两次发掘，发掘面积3350平方米。下层为仰韶文化堆积，发现房址7座、墓葬25座、瓮棺葬43个。遗址的第二期文化堆积介于仰韶和龙山之间，研究者一般还是将它归入仰韶晚期，曾将它命名为“王湾类型”②。

大河村遗址：面积达30万平方米，文化堆积厚达7米。1972—1987年间进行了21次发掘，发掘面积约5000平方米。遗址前四期堆积原被划属仰韶文化，一、二期相当于王湾一期文化，三、四期则与庙底沟文化比较接近，以三、四期的遗迹遗物最为丰富。三、四期发现单间和连间的房址20多座、瓮棺葬70多座，出土大量文化遗物。遗址还发现有更早的文化堆积，详细资料尚未发表③。不少研究者认为大河村遗址的前龙山遗存与仰韶文化关系密切而又另具特点，所以同类遗存可以命名为“大河村文化”。

后岗遗址：面积10万平方米，于1931年进行了首次发掘，后来又发掘过多次，主要由中国科学院考古研究所承担，发掘面积在600平方米以上。遗址因最初发现“仰韶—龙山—商文化三叠层”而著名，第一期文化遗迹现象只见到一些保存不好的房址和墓葬，出土文化遗物比较丰富。它因与半坡文化表现出有相似因素而被称为仰韶文化的

① 中国科学院考古研究所：《庙底沟与三里桥》，科学出版社，1959年。

② 中国科学院考古研究所山西工作队：《山西芮城东庄村和西王村遗址的发掘》，《考古学报》1973年1期。

③ 郑州市博物馆：《郑州大河村遗址发掘报告》，《考古学报》1979年3期；郑州市文物工作队等：《郑州大河村遗址1983、1987年仰韶文化遗存发掘报告》，《考古》1995年6期。

“后岗类型”，后来对它的认识又有了变化，认为是与仰韶不同谱系的另一个文化，所以命名为“后岗一期文化”[①]。

西水坡遗址：面积5万平方米，于1987—1988年进行发掘，发掘面积5000余平方米，主要堆积被划属仰韶文化的“后岗类型”。1988年发掘墓葬148座，瓮棺葬38座，另有少量陶窑和房址。这里最引人注目的发现是发现了多组蚌塑龙虎等动物图形，揭示了史前宗教与艺术的深刻主题[②]。

下王岗遗址：面积6000平方米，由河南省博物馆文物工作队于1971—1974年进行发掘，发掘面积2300余平方米。遗址下层发现居住址43座，墓葬575座，瓮棺葬22座，揭露的晚期大型长屋居址最为重要[③]。下层堆积原被划属仰韶文化，近年已有命名为下王岗文化的动议。

大寺遗址：面积5000平方米，1958—1964年由中国科学院考古研究所长江工作队进行了5次发掘，发掘面积345平方米。下层属仰韶文化，中上层为屈家岭和龙山文化。仰韶层的时代与半坡文化接近，内涵与下王岗文化早期一致，发现墓葬10座，其中包括多人二次合葬3座[④]。

大地湾遗址：面积12万平方米，甘肃省文物工作队于1978—1984年进行多次发掘，发掘面积1.37万平方米。遗址下层为前仰韶文化堆积，其次为仰韶文化和早期龙山文化堆积，仰韶层包括了半坡、庙底

---

① 中国科学院考古研究所安阳发掘队：《1958—1959年殷墟发掘简报》，《考古》1961年2期；中国社会科学院考古研究所安阳工作队：《1971年安阳后岗发掘简报》，《考古》1972年3期；《1972年春安阳后岗发掘简报》，《考古》1972年5期；《安阳后岗新石器时代遗址的发掘》，《考古》1982年6期；张忠培、乔梁：《后岗一期文化研究》，《考古学报》1992年3期。

② 濮阳市文物管理委员会等：《河南濮阳西水坡遗址发掘简报》，《文物》1988年3期；濮阳西水坡遗址考古队：《1988年河南濮阳西水坡遗址发掘简报》，《考古》1989年12期。

③ 河南省文物研究所等：《淅川下王岗》，文物出版社，1989年。

④ 中国社会科学院考古研究所：《青龙泉与大寺》，科学出版社，1991年。

沟和西王村三个时期的遗存，发现有墓葬和大型建筑遗迹①。

王家阴洼遗址：这是正式发掘的分布在西限的一处山地仰韶文化遗址，1991年由甘肃省博物馆发掘，发掘面积600多平方米。主要遗存属半坡文化晚期，清理墓葬63座，以单人葬为主，多数墓葬的方向与其他同期的仰韶遗址不同②。

二、分区与类型

仰韶文化延续时间很长，分布地域又很广泛，各地的遗存表现出比较明显的差异。20世纪50年代以来，典型遗址发掘在数量上大大增加了，文化的区域性特征更加明显，类型的划分不仅成为必要，而且也成为可能了。

仰韶文化类型的研究，开始于半坡和庙底沟两类型相对年代与性质的讨论。随着发掘资料的不断丰富，表现有仰韶文化某些特点的遗存在更广的范围内有了更多的发现，研究者们认知过程中又提出了许多地区类型的命名。人们将仰韶文化的分布划分为关中—陕南—豫西—晋南区、洛阳—郑州区、豫北—晋南区、丹江区、陇东区、张家口区、河套区等几个大的区域，根据区域特征提出许多地方类型命名（图1.5）。

有的研究者认为，陇东—关中—晋南—河南的仰韶文化，还可以细划分为三区，即宝鸡至陕县一带的中心区，以半坡和庙底沟的早期

---

① 甘肃省博物馆文物工作队：《甘肃秦安大地湾第九区发掘简报》《秦安大地湾405号新石器时代房屋遗址》《甘肃秦安大地湾遗址1978至1982年发掘的主要收获》，《文物》1983年11期；甘肃省文物工作队：《甘肃秦安大地湾901号房址发掘简报》，《文物》1986年2期；郎树德：《大地湾考古对仰韶文化研究的贡献》，《论仰韶文化——纪念仰韶村遗址发现六十五周年学术讨论会论文集》，《中原文物》1986年特刊。

② 甘肃省博物馆大地湾发掘小组：《甘肃秦安王家阴洼仰韶文化遗址的发掘》，《考古与文物》1984年2期。

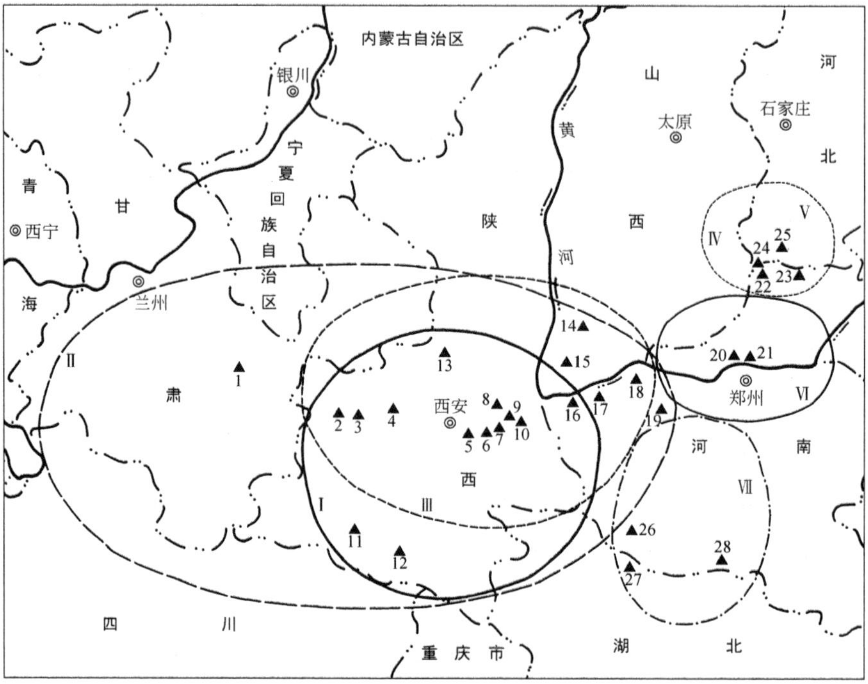

图1.5　仰韶文化群及主要遗址分布示意图

Ⅰ.半坡文化　Ⅱ.庙底沟文化　Ⅲ.西王村文化　Ⅳ.后岗一期文化　Ⅴ.大司空文化　Ⅵ.大河村文化　Ⅶ.下王岗文化　1.秦安大地湾　2.宝鸡北首岭　3.宝鸡福临堡　4.扶风案板村　5.西安半坡　6.临潼姜寨　7.渭南史家村　8.华县泉护村　9.华县元君庙　10.华阴横阵村　11.南郑龙岗寺　12.西乡何家湾　13.铜川瓦窑沟　14.夏县西阴村　15.芮城东庄村和西王村　16.陕县庙底沟　17.渑池仰韶村　18.洛阳王湾　19.汝洲阎村　20.荥阳秦王寨　21.郑州大河村　22.安阳后岗　23.濮阳西水坡　24.安阳大司空　25.磁县下潘汪　26.淅川下王岗　27.郧县大寺　28.邓州八里岗

遗存为代表；东区为河南中部地区，以大河村和王湾为代表；西区为陇东地区，以大地湾为代表。三区间的模糊分界是崤山和陇山[①]。有些研究者大而化之，认为仰韶文化大致可以分为以渭河流域及其周围地区和以中原地区及其周围地区两个大的区系，前者以半坡—庙底沟类

① 苏秉琦：《纪念仰韶村遗址发现六十五周年》，《论仰韶文化——纪念仰韶村遗址发现六十五周年学术讨论会论文集》，《中原文物》1986年特刊。

型为主，后者以后岗—大河村类型为主[1]。即便是对河南境内的仰韶文化，在分区研究上也有诸多不同的意见，如有的分为豫西的庙底沟，豫中的大河村，豫北的后岗、大司空，豫西南的下王岗等五个类型；有的则以豫西为庙底沟类型分布区，豫中为大河村文化分布区，豫北为后岗、下潘汪文化分布区，宛襄为下王岗文化分布区[2]。

这些研究表明，现在构建的大仰韶体系内涵并不是单一的，不仅有中心分布区与周边分布区的不同，还有内涵上的不同和源流上的不同。根据这些区别和近年来学术界的研究倾向，我们将分布在陇东—关中—陕南—豫西中心区的仰韶文化，分别命名为半坡文化、庙底沟文化和西王村文化，它们或可称作典型仰韶文化，具有一脉相承的渊源关系；将这个区域一度划属仰韶早期的北首岭下层类型归入前仰韶文化；将周边分布区与仰韶文化关系密切的遗存，与中心区明确区别开来，分别命名为后岗文化、大司空文化、大河村文化、下王岗文化。各文化的特征如下：

1. 半坡文化

以原来的半坡类型为基础命名，因陕西西安半坡遗址的发掘而得名。也有人将它的后半段独立出来，以渭南史家村墓地为典型地点，命名为"史家类型"[3]。

半坡文化陶器为手制，质地多为夹砂和泥质红陶，有少量黑、灰

---

① 魏京武：《汉江上游及丹江流域的仰韶文化》，《论仰韶文化——纪念仰韶村遗址发现六十五周年学术讨论会论文集》，《中原文物》1986年特刊。

② 杨育彬：《关于河南地区仰韶文化的两个问题》；张居中：《仰韶时代文化刍议》，《论仰韶文化——纪念仰韶村遗址发现六十五周年学术讨论会论文集》，《中原文物》1986年特刊。

③ 巩启明：《试论仰韶文化》，《史前研究》1983年1期；王小庆：《论仰韶文化史家类型》，《考古学报》1993年4期。

色陶器。器形主要有圜底和小平底钵与盆、深腹盆、细颈大腹壶、小口尖底瓶、深腹罐，多圜底、平底和尖底器，少圈足器，无三足器。晚期出现葫芦瓶、带盖平底小罐和高领罐（图1.6）。纹饰有绳纹、细绳纹、弦纹、锥刺纹和黑彩图案，彩绘纹样有宽带纹、三角、折线等几何纹，和网纹、鱼纹、人面纹、鹿纹、鸟纹等象生图案，常见内彩，有些钵盆类陶器见有不同的刻符。生产工具中的石器以磨制的为主，也有打制的，主要器类有斧、铲、锛、刀、凿和磨盘等，以一种两侧带缺口的石刀最有特色。还有大量精细磨制的骨器，器形为镞、针、锥三类。工具中还常见有陶锉。

半坡文化居民建有大型环壕村落，居址排列有序，以圆形半地

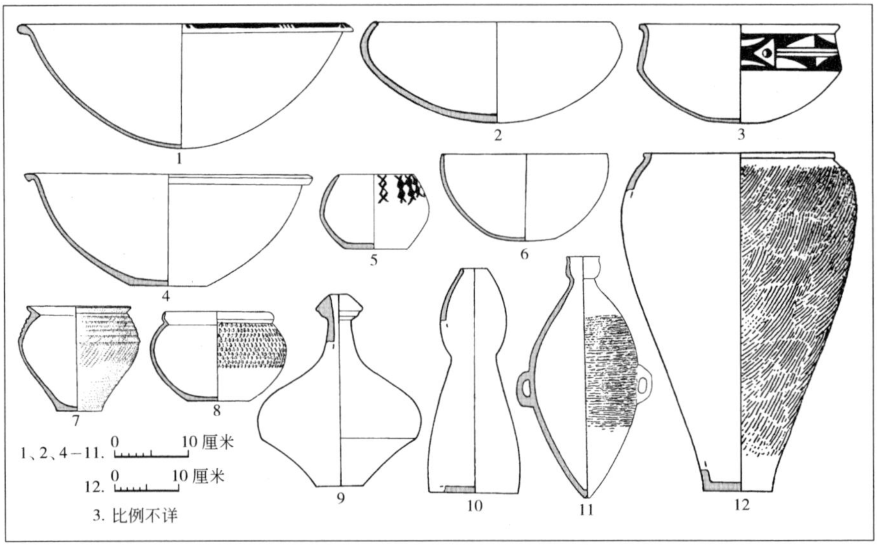

图1.6　半坡文化陶器

1.盆（半坡P.4696）　2.钵（半坡P.1299）　3.彩陶盆（半坡P.1162）　4.盆（半坡P.4691）　5.彩陶罐（半坡P.1129）　6.钵（半坡P.4653）　7.罐（半坡P.4712）　8.罐（半坡P.1135）　9.壶（半坡P.4674）　10.壶（半坡P.4673）　11.尖底瓶（半坡P.4652）　12.瓮（半坡P.1329）

穴为主要建筑形式。村边有公共窑场，村外有公共墓地，墓穴排列整齐，早期多单人葬，晚期流行多人二次合葬。儿童多使用瓮棺埋葬，一般埋葬在居址附近。

半坡文化主要分布在关中、陕南、陇东与晋南地区，典型遗址还有秦安大地湾、秦安王家阴洼、临潼姜寨、华县元君庙、华阴横阵村、渭南史家村、郴县下孟村、南郑龙岗寺、西乡何家湾、商县紫荆、芮城东庄村等。

2. 庙底沟文化

以原来的庙底沟类型为基础命名，庙底沟类型因陕县庙底沟遗址的发掘而得名。有的研究者或以内涵相同的夏县西阴村遗址命名为"西阴村类型"或"西阴文化"[①]。

庙底沟文化陶器以夹砂和泥质的红陶为主，主要器形有卷沿和敛口曲腹盆、敛口曲腹钵、重唇小口尖底瓶、葫芦口平底瓶、敛口深腹瓮、深腹罐、釜灶等（图1.7）。纹饰主要是线纹、绳纹和彩绘，彩陶除了黑彩，还有红彩和白衣彩陶，纹样有写实的鸟纹、蛙纹，大量见到的是由圆点、勾叶、弧边三角组成的花卉形几何图案，均绘于器外，不见内彩。生产工具中的石器以磨制为主，普遍采用了钻孔技术，主要器形有斧、锛、铲、刀和纺轮等。陶刀和陶纺轮也是常见的工具。

庙底沟文化的居住建筑多数仍为半地穴式，出现了一定数量的地面建筑，平面有方形的，也有圆形的。居址面积较大，立柱开始使用柱础。墓葬发现不多，成人采用单人仰身直肢葬式，很少有随葬品。

---

① 杨建芳：《略论仰韶文化与马家窑文化的分期》，《考古学报》1962年1期；山西省考古研究所：《西阴村史前遗存第二次发掘》，《三晋考古》第二辑，山西人民出版社，1996年；张忠培：《仰韶时代——史前社会的繁荣与向文明时代的转变》，《文物季刊》1997年1期。

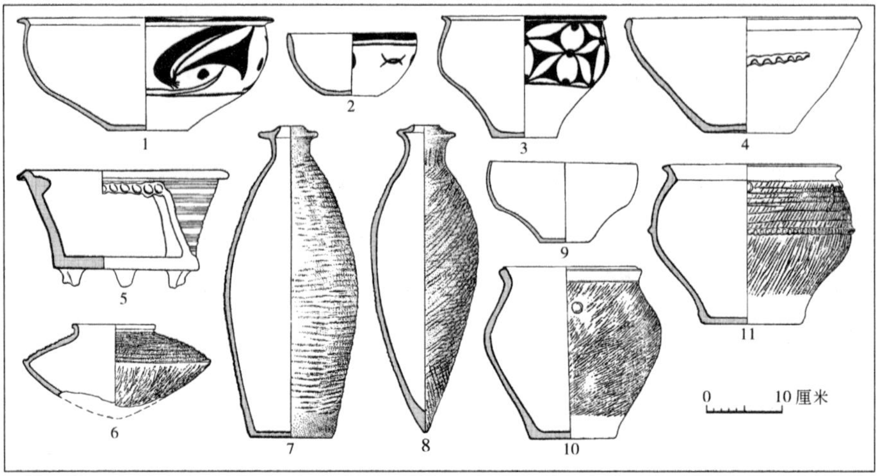

图1.7　庙底沟文化陶器

1.彩陶盆（庙底沟H379：86）　2.彩陶钵（庙底沟H15：49）　3.彩陶盆（庙底沟H11：75）　4.钵（庙底沟H340：11）　5.灶（庙底沟H47：34）　6.釜（庙底沟H12：112）　7.平底瓶（庙底沟H338：10）　8.尖底瓶（庙底沟T203：43）　9.碗（庙底沟T21：03）　10.罐（庙底沟T203：46）　11.罐（庙底沟H322：66）

不见多人二次合葬，儿童用瓮棺埋葬，葬具组合较多变化，有的是专门的瓮棺，有的是日用陶器。

庙底沟文化分布范围较半坡文化稍大，典型遗址还有宝鸡福临堡、扶风案板村、华县泉护村、华阴西关堡、彬县下孟村、芮城西王村、夏县西阴村、河津固镇①、秦安大地湾等。

3. 西王村文化

以原来的西王村类型为基础命名，西王村类型因山西芮城西王村

① 山西省考古研究所：《山西河津固镇遗址发掘报告》，《三晋考古》第二辑，山西人民出版社，1996年。

遗址的发掘而得名[①]。西王村遗址的上层为这个类型的代表，西王村类型有时被称为“半坡上层类型”或“半坡晚期类型”[②]。

西王村文化的陶器以红陶为主，灰陶也有较大比例，器口普遍采用轮修技术。主要器形有宽沿折腹盆、曲腹钵、长颈束腰尖底瓶、深腹平底罐、筒形瓮和镂孔圈足豆等（图1.8）。纹饰常见绳纹、附加堆纹，其次是篮纹、细绳纹和少量的方格纹与彩绘。彩陶纹饰简约，只见条纹、圆点和波折纹等几何纹饰。石器绝大多数为磨制，器形仍以斧、锛、铲、刀多见，新见的有穿孔刀和镰。

西王村文化的房屋建筑技术有进一步提高，居址面积较大，以地面木构建筑为主要形式，出现了分间式大型房子。埋葬方式与庙底沟文化区别不明显，成人采用单人仰身直肢葬，儿童用瓮棺埋葬。

西王村文化分布在晋西南、关中和陇东地区，典型遗址还有宝鸡福临堡、扶风案板村、半坡上层、姜寨四期、蓝田泄湖、北首岭上层、大地湾上层等。

4. 后岗文化

因安阳后岗下层遗存命名，或又称为“南杨庄类型”[③]。近年来已有研究者建议将“后岗类型”从仰韶文化中分离出来，命名为后岗一期文化，这个意见是可取的，建议直接命名为“后岗文化”。

后岗文化陶器以泥质和夹砂红陶为主，多素面陶，纹饰有弦纹、线纹、附加堆纹等，有数量不多的彩陶，为红黑彩的竖线、宽带、三

---

① 安志敏：《裴李岗、磁山和仰韶——试论中原新石器文化的类型和发展》，《考古》1979年4期；张天恩：《浅论西王村类型几个问题》，《考古与文物》1994年2期。

② 梁星彭：《关中仰韶文化的几个问题》，《考古》1979年4期；严文明：《半坡仰韶文化的分期与类型问题》，《考古》1977年3期。

③ 唐云明：《试论有关河北仰韶文化中的一些问题》，《考古》1964年9期。

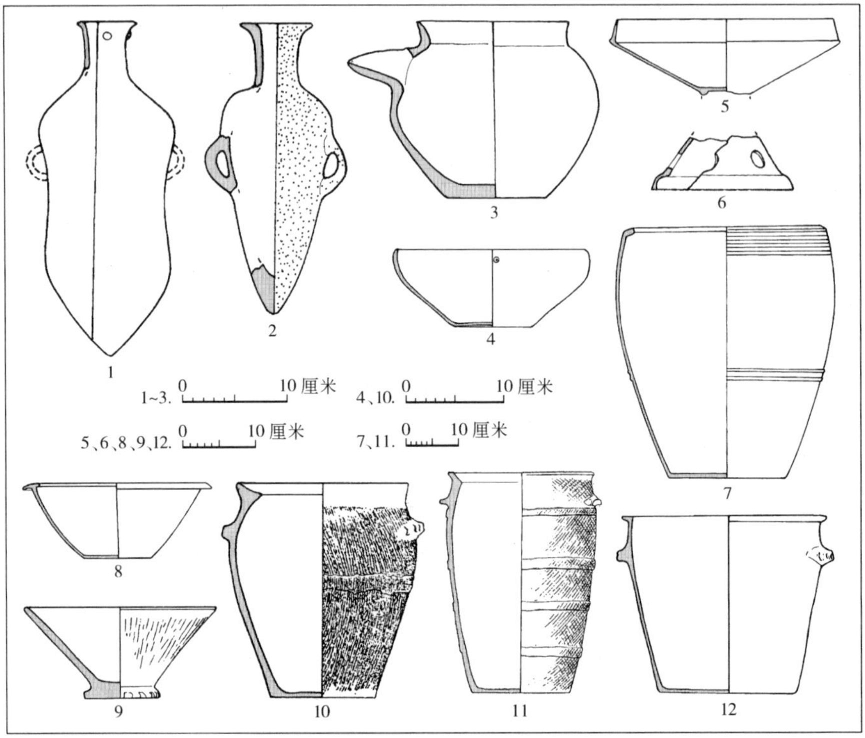

图1.8 西王村文化陶器

1.尖底瓶（半坡P.1109） 2.尖底瓶（半坡P.1107） 3.罐（半坡P.1153） 4.碗（西王村T2：3：15） 5.豆（西王村H4：2：14） 6.豆（西王村H29：2：15） 7.罐（西王村H4：2：17） 8.盆（西王村H4：2：7） 9.碗（半坡P.1179） 10.罐（半坡P.4680） 11.瓮（西王村M2：1） 12.盆（西王村H8：1：2）

角、网格等几何纹。器形有圆腹鼎、圜底釜、灶、弦纹罐、深腹平底钵、红顶碗、小口细颈壶、大口圜底缸等，流行圜底器，不见圈足器（图1.9）。石器有斧、铲、凿、锛、刀和磨盘等，其中石铲数量较多，以磨制为主。

后岗文化居住遗迹少有发现，它的建筑技术水平还缺乏了解，所见居址多为圆形半地穴式，有木骨泥墙。墓葬为土坑葬，葬式有仰身直肢葬、俯身葬和多人二次葬，一般都没有随葬品，儿童也采用瓮棺

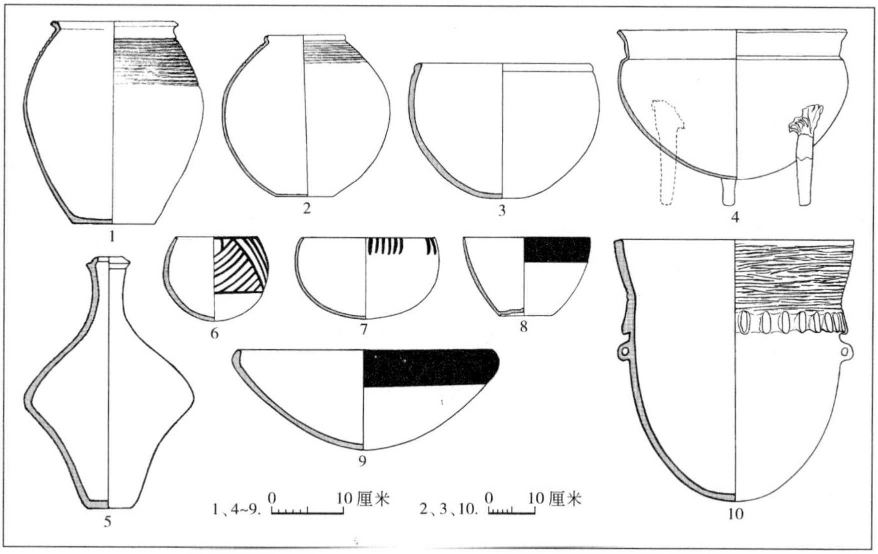

图1.9　后岗一期文化陶器

1.罐（后岗H5：6）　2.罐（后岗H2：2）　3.瓮（后岗T3：3）　4.鼎（后岗H5：6）　5.瓶（后岗）　6.彩陶钵（后岗H2：1）　7.彩陶钵（后岗H8：4）　8.彩陶碗（后岗H3：3）　9.彩陶盆（后岗H8：1）　10.缸（后岗H8：5）

埋葬。在濮阳西水坡成人墓中清理出几组用蚌壳摆塑的龙虎图形，是非常重要的发现。

后岗文化主要分布于豫北冀南及附近地区，或认为“它并非居停于豫北冀南的狭小地带，而是以河套及山东半岛为犄角、广布于整个黄河下游地区的独立的考古学文化遗存”①。典型遗址还有正定南杨庄②、濮阳西水坡③，甚至还包括山东泰安大汶口和滕州北辛遗址的部分遗存等。

① 张忠培：《原始农业考古的几个问题》，《农业考古》1984年2期；张忠培、乔梁：《后岗一期文化研究》，《考古学报》1992年3期。

② 河北省文物管理处：《正定南杨庄遗址试掘记》，《中原文物》1981年1期。

③ 濮阳市文管会等：《河南濮阳西水坡遗址发掘简报》，《文物》1988年3期。

5. 大司空文化

大司空文化以大司空类型为基础命名，因安阳大司空村遗址的发掘而得名[①]。它曾被归入"秦王寨类型"[②]，又称为"百家村类型"[③]，还有的研究者命名为"大司空类型"[④]或"大司空文化"[⑤]。

大司空文化陶器陶色以灰陶为主，其次为红陶，还有极少的黑陶。器表装饰以篮纹为主，也有绳纹和方格纹等，有一定数量的彩陶。彩陶以红褐色为主，少见黑色，纹饰有弧边三角纹、曲线纹、波纹、平行线纹等，结构简单，构图洗练。器形以敛口平底钵、直口平底碗、折腹盆、高领罐多见，还有釜、灶和鼎等（图1.10）。生产工具有石质和骨质的刀、铲，还有蚌质的刀与镰等。

大司空文化的居址很少发现，可以确定也是以半地穴式为主要建筑形式。墓葬资料也很少发现，埋葬制度不明。

大司空文化主要分布在豫北冀南地区，典型遗址还有安阳鲍家堂[⑥]、大寒南岗、大正集老磨岗[⑦]、新乡洛丝潭[⑧]、磁县下潘汪和界段

① 中国科学院考古研究所安阳发掘队：《1958—1959年殷墟发掘简报》，《考古》1961年2期。

② 杨建芳：《略论仰韶文化与马家窑文化的分期》，《考古学报》1962年1期。

③ 唐云明：《试论有关河北仰韶文化中的一些问题》，《考古》1964年9期。

④ 丁清贤：《磁山·下潘汪·大司空——从下潘汪遗址仰韶文化的第二类型的性质谈起》，《史前研究》1983年1期；乔登云：《仰韶文化下潘汪类型初探——关于下潘汪类型文化内涵、年代及来龙去脉的讨论》，《河北省考古学会第一次年会论文集》，1985年。

⑤ 河南省文物研究所：《河南考古四十年》，河南人民出版社，1994年。

⑥ 中国社会科学院考古研究所安阳发掘队：《安阳鲍家堂仰韶文化遗址》，《考古学报》1988年2期。

⑦ 中国社会科学院考古研究所安阳发掘队：《安阳洹河流域几个遗址的试掘》，《考古》1965年7期。

⑧ 新乡地区文管会等：《河南新乡县洛丝潭遗址发掘简报》,《考古》1985年2期。

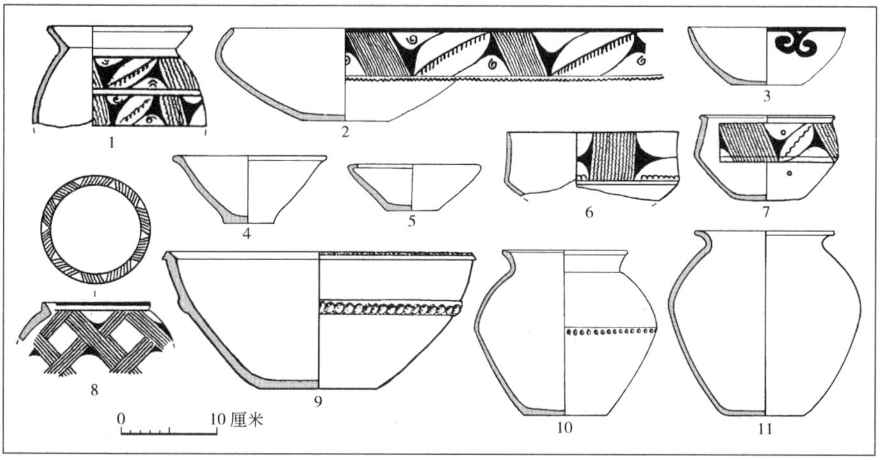

图1.10　大司空文化陶器

1.彩陶罐（界段营H10：8）　2.彩陶钵（界段营H35：4）　3.彩陶钵（界段营H21：1）　4.碗（界段营H17：2）　5.钵（界段营T13④：3）　6.彩陶盆（下潘汪H99：5）　7.彩陶盆（下潘汪H99：2）　8.彩陶罐（下潘汪T32④：36）　9.盆（界段营H35：2）　10.罐（界段营H10：4）　11.罐（下潘汪H70：2）

营[①]、邯郸百家村等[②]。

6. 大河村文化

在以郑州大河村遗址为代表遗存命名的“大河村类型”基础上命名为大河村文化，它最早是以大河村遗址三、四期文化为代表而命名“大河村类型”[③]，又曾被命名为秦王寨类型[④]，还有的研究者将郑洛

① 河北省文物管理处：《磁县下潘汪遗址发掘报告》，《考古学报》1975年1期；《磁县界段营发掘简报》，《考古》1972年5期。

② 罗平：《河北邯郸百家村新石器时代遗址》，《考古》1965年4期。

③ 安志敏：《裴李岗、磁山和仰韶——试论中原新石器文化的类型和发展》，《考古》1979年4期。

④ 杨建芳：《略论仰韶文化与马家窑文化的分期》，《考古学报》1962年1期；巩启明：《试论仰韶文化》，《史前研究》1983年1期；李昌韬：《试论秦王寨类型和大河村类型》，《史前研究》1985年3期。

地区一部分较早的遗存命名为“阎村类型”[①]。

大河村文化陶器以泥质红陶和夹砂灰陶为主，晚期流行轮制技术。纹饰多附加堆纹、方格纹、篮纹和镂孔，彩陶有复彩和白衣彩，图案有弧边三角纹、月牙纹、太阳纹、方格纹、六角星纹，有些专门制作的瓮棺绘有各种寓意画面。陶器器形主要有鼎、豆、碗、罐和盆等，代表性器形有釜形鼎、罐形鼎、小口尖底瓶、大口尖底缸、折腹盆、曲腹盆（图1.11）。工具多石铲、刀、镰、陶刀等。

大河村文化房屋建筑技术比较进步，居址平面有长方形、方形和圆形三种，有单体建筑，也有多间连建和套间地面建筑。墓葬多单人仰身一次葬，少见二次葬和多人合葬，部分地区盛行成人瓮棺葬，随葬品不多。

大河村文化分布在以嵩山为中心的伊洛郑州地区，也有一种意见将豫中、豫北和豫西南的晚于裴李岗文化和早于龙山文化的遗存多数都归入“大河村文化”[②]，又显得过于庞杂了一些，还是限定在以嵩山为中心的豫中区域为妥。大河村文化典型遗址还有郑州林山寨[③]、长葛石固[④]、荥阳点军台[⑤]、青台[⑥]、禹县谷水河[⑦]、洛阳王湾[⑧]、汝州中山

---

① 严文明：《略论仰韶文化的起源和发展阶段》，《仰韶文化研究》，文物出版社，1989年；袁广阔：《阎村类型研究》，《考古学报》1996年3期。

② 河南省文物研究所编：《河南考古四十年》，河南人民出版社，1994年。

③ 河南省文化局文物工作队：《郑州西郊仰韶文化遗址发掘简报》，《考古》1958年2期。

④ 河南省文物研究所：《长葛石固遗址发掘报告》，《华夏考古》1987年1期。

⑤ 郑州市博物馆：《荥阳点军台遗址1980年发掘报告》，《中原文物》1980年4期。

⑥ 郑州市文物工作队：《青台仰韶文化遗址1981年上半年发掘简报》，《中原文物》1987年1期。

⑦ 河南省博物馆：《河南禹县谷水河遗址发掘简报》，《考古》1979年4期。

⑧ 北京大学考古实习队：《洛阳王湾遗址发掘简报》，《考古》1961年4期。

寨①、洪山庙②、大张③和阎村等处④。

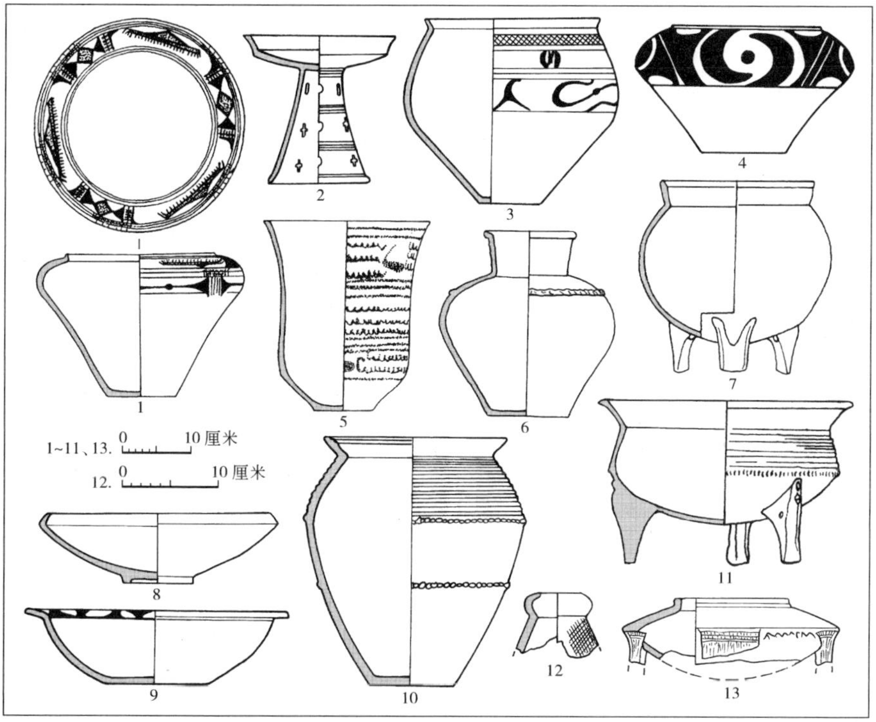

图1.11 大河村文化陶器

1.彩陶钵（大河村F19：1） 2.豆（大河村F20：5） 3.彩陶罐（大河村F19：5） 4.彩陶钵（大河村采：56） 5.彩陶盆（大河村W8：2） 6.壶（大河村T1④：5） 7.鼎（大河村W150：1） 8.碗（大河村T3④：27） 9.彩陶盆（大河村T11⑥D：111） 10.罐（大河村W7付1：2） 11.鼎（大河村T21⑤：18） 12.尖底瓶（大河村T11⑥B：114） 13.鼎（大河村T11⑤A：75）

---

① 中国社会科学院考古研究所河南一队：《河南汝州中山寨遗址》，《考古学报》1991年1期。

② 河南省文物考古研究所：《汝州洪山庙》，中州古籍出版社，1995年。

③ 河南省文化局文物工作队：《河南临汝大张新石器时代遗址发掘简报》，《考古》1960年6期。

④ 临汝县文化馆：《临汝阎村新石器时代遗址调查》，《中原文物》1981年1期。

7. 下王岗文化

因淅川下王岗遗址的发掘命名的下王岗类型①，是一支受仰韶文化强烈影响的区域文化，可以直接命名为下王岗文化。

下王岗文化陶器以泥质红陶和夹砂褐陶为主，也有一定数量的灰陶与黑陶，有少量彩陶。主要器形有罐形、盆形和釜形鼎、夹砂罐、细颈折腹瓶、小口壶、平底钵、圈足盘、镂孔豆等（图1.12）。石器有铲、镰、刀、镞、斧、锛、凿和磨盘等，以磨制为主，穿孔技术出现较早。

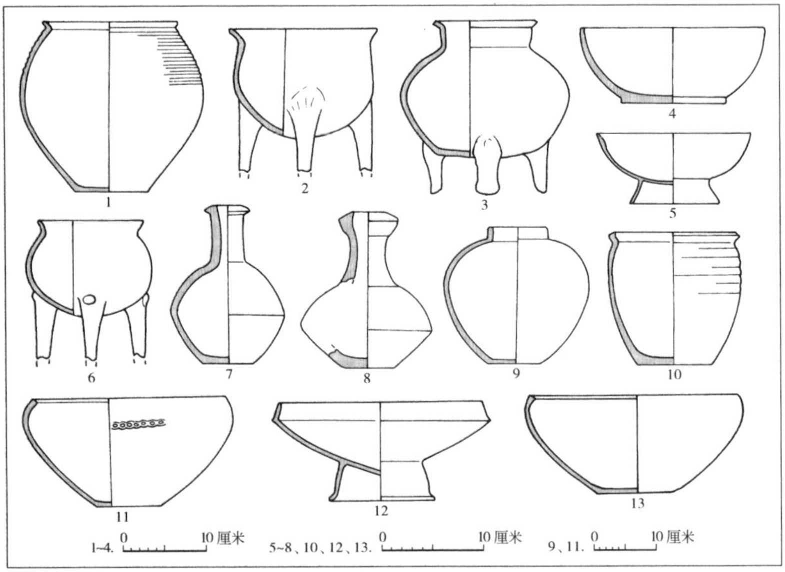

图1.12　下王岗文化陶器

1.罐（下王岗W131：1）　2.鼎（下王岗M57：1）　3.鼎（下王岗F39：2）　4.盆（下王岗T15⑦：342）　5.豆（下王岗T23⑥：102）　6.鼎（下王岗M404：1）　7.瓶（下王岗M111：1）　8.瓶（下王岗M698：1）　9.罐（下王岗W571：1）　10.罐（下王岗M66：1）　11.盆（下王岗F39：4）　12.豆（下王岗F39：3）　13.钵（下王岗F39：10）

① 丁清贤：《鄂西北、豫西南仰韶文化的性质与分期》，《中原文物》1982年4期；靳松安、任伟：《略论汉水中游地区的仰韶文化》，《中原文物》1984年4期。

下王岗文化房屋以地面建筑为主，早期平面多为圆形，晚期多方形，晚期出现多间连建的房屋和近30间居室合成一排的长屋，屋内一般设有火灶。地面建筑房屋有中央立柱，挖有墙基，在基槽内栽柱筑墙，居住面以火烘烤，有的采用了推拉门技术。下王岗人有大型公共墓地，早期墓葬以单人仰身直肢葬为主，多数头向西南，一般有1件陶器作随葬品，少数墓随葬有龟和狗。中期墓有明显分区，亦以单人葬为主，二次葬所占比例较大，有一定数量的多人二次合葬。多数墓都有几件随葬品，个别墓的随葬品多到数十件，都以专门制作的陶质冥器为主，以罐、钵和碗为主要组合。

下王岗文化主要分布在汉水中游地区，典型遗址还有淅川下集①、黄楝树②、镇平赵湾③、郧县青龙泉、大寺④、均县乱石滩⑤、朱家台⑥、枣阳雕龙碑等处⑦。

这样一来，中心分布地带的仰韶文化包括了半坡文化、庙底沟文化和西王村文化，我们将后岗文化、大司空文化、大河村文化、下王岗文化作为仰韶文化的外围文化。我们希望经过这样的整理，能使仰韶文化的面貌更加清晰一些。

---

① 长办考古队河南分队：《河南淅川下集新石器时代遗址发掘报告》，《中原文物》1989年1期。

② 长办考古队河南分队：《河南淅川黄楝树遗址发掘报告》，《华夏考古》1990年3期。

③ 河南省文化局文物工作队：《河南镇平赵湾新石器时代遗址发掘报告》，《考古》1962年1期。

④ 中国社会科学院考古研究所：《青龙泉与大寺》，科学出版社，1991年。

⑤ 中国社会科学院考古研究所长江工作队：《湖北均县乱石滩遗址发掘报告》，《考古》1986年7期。

⑥ 中国社会科学院考古研究所长江工作队：《湖北均县朱家台遗址》，《考古学报》1989年1期。

⑦ 中国社会科学院考古研究所湖北队：《湖北枣阳雕龙碑新石器时代遗址试掘简报》，《考古》1992年7期。

仰韶三段论：半坡·庙底沟·西王村

仰韶文化发展阶段的研究，是中国新石器时代考古研究的重要课题。安特生和梁思永都曾进行分期和年代学研究，囿于资料的局限，他们没有收到明显成效。对仰韶文化进行比较成功的分期研究，是由西安半坡遗址的发掘开始的。起初发掘者将半坡的仰韶文化堆积划分为早晚两期，后来又有人将半坡的堆积划分为三期或四期，甚至甄别出来不同的文化遗存，提出了一期属老官台文化、二期为半坡类型、三期为庙底沟类型、四期为半坡晚期类型的认识[①]。后来发掘的一些面积较大的遗址，都比较重视分期研究，尤其是这些分期研究有了类型学研究作基础，比较容易取得一致的意见。

半坡、庙底沟、西王村文化的相对年代关系，意见有以下几种：

苏秉琦一直坚持半坡与庙底沟同时，从1965年的《关于仰韶文化的若干问题》到1981年的《姜寨遗址发掘的意义》。1981年的说法："西从甘肃天水，东到郑州一带是半坡、庙底沟两类型交错存在

① 严文明：《半坡仰韶文化的分期和类型问题》，《考古》1977年3期；张忠培：《论东庄村与西王村遗存的文化性质》，《考古》1977年1期。

的主要范围，也是仰韶文化人们主要活动的地区，而宝鸡—华阴间则是这个地区当时最活跃的重心。在这个重心范围内，两种类型的相互关系、相互作用则是这一时期和这一地区社会发展的一个重要方面。”[①]1994年他还是认为庙底沟文化并非源自半坡文化[②]。

仰韶文化典型遗址显示的地层关系，在关中地区的北首岭、北刘、零口，陕南地区的何家湾、阮家坝、马家营、龙岗寺、紫荆和陇东地区的大地湾等遗址，最下层为前仰韶文化堆积，上面为仰韶文化堆积；而在福临堡、半坡、姜寨、李家沟、泄湖、紫荆和大地湾等遗址，都包含了仰韶文化早中晚不同时期的遗存，地层堆积由下至上依次为半坡文化、庙底沟文化和西王村文化；在其他堆积欠完整的遗址，不同时期的仰韶文化也明确表现为半坡早、庙底沟和西王村文化晚的相对年代关系。

仰韶文化中心分布地区的有关遗址一致的地层关系是：最下层为“前仰韶文化”，再往上依次为半坡文化、庙底沟文化、西王村文化、“后仰韶文化”。这里笼统说的后仰韶文化，早期是指庙底沟二期及其相当的文化，晚期则指广义的龙山时代文化。

从安特生仰韶文化“六期说”被否定以后，对仰韶文化真正全面进行分期研究开始于20世纪70年代，到20世纪80年代学术界已有了较为一致的看法。有的文章将仰韶文化划分为四期，一、二期以半坡、庙底沟类型为代表，三期以半坡晚期、西王村三期和秦王寨类型为代表，四期以庙底沟二期文化为代表[③]。有的研究者将延续发展达2000年

---

① 苏秉琦：《姜寨遗址发掘的意义》，《考古与文物》1981年2期。

② 田建文等：《晋南新石器考古学文化的新认识》，《文物季刊》1992年2期；海金乐：《大同马家小村遗存试析》，《文物季刊》1992年4期。

③ 严文明：《略论仰韶文化的起源和发展阶段》，《仰韶文化研究》，文物出版社，1989年。

上下的仰韶文化划分为三个阶段，距今6700—5900年前为早期阶段，距今5900—5300年前为中期阶段，距今5300—4800年前为晚期阶段[①]。有些研究者明确建议将半坡、庙底沟和西王村为代表的遗存，分别作为仰韶文化早中晚三期[②]。还有的学者将仰韶文化划分为前期和后期两大段，前期属新石器时代，后期划归铜石并用时代[③]。这种划分原则上是可取的。前期是仰韶文化构成的主体，后期则发展为若干地方文化类型。

中心分布区的仰韶文化大体可以划分为三期：半坡文化为早期，庙底沟文化为中期，西王村文化为晚期。近年来除了少数研究者坚持认为庙底沟文化并非源自半坡文化外[④]，多数研究者都认定早中晚三期具有连续发展的关系，这三期的发展变化主要表现在以下几个方面：

1. 房屋建筑形式与技术。半坡文化为半地穴式，一般为单间，无墙，平面有圆形和方形两种；庙底沟文化仍以半地穴式为主，出现地面建筑，发明了柱础和木骨泥墙技术，平面以方形为主，面积较大；西王村文化以地面建筑为主，出现分间和套间建筑，有成熟的筑墙技术，可以营建大型公共建筑。

2. 石器工具制作。半坡文化打制石器稍多，多数磨制石器仅磨光刃缘，通体磨光的不多，器体缺乏棱角，器形以斧锛多见；庙底沟文化石器以磨制的为主，一般都通体磨光，钻孔技术运用普遍，新出现的器形有大石铲和石刀；西王村文化打制石器极少，绝大多数为磨制

---

① 梁星彭、孙关龙：《黄河文化·仰韶文化》，华艺出版社，1994年。

② 巩启明：《陕西新石器时代考古工作与研究》，《考古与文物》1988年5、6期合刊；中国社会科学院考古所陕西六队：《陕西蓝田泄湖遗址》，《考古学报》1991年4期。

③ 苏秉琦主编：《中国通史》第二卷《远古时代》，上海人民出版社，1994年。

④ 田建文等：《晋南新石器考古学文化的新认识》，《文物季刊》1992年2期；海金乐：《大同马家小村遗存试析》，《文物季刊》1992年4期。

石器，器体棱角分明，出现石镰和穿孔石刀。

3. 陶窑与制陶技术。半坡文化陶窑以横穴窑为主，有个别竖穴窑，结构比较简单，容量也较小；陶器全部采用手制，少数器口采用了慢轮修整技术。庙底沟文化陶窑结构有了明显进步，横穴窑筑有环形火道，火道上设箅子和火眼，使窑火得到有效控制；陶器以手制为主，器口较多地采用了慢轮修整技术。西王村文化陶窑火膛缩短，出现多股火道，窑室容量增大；广泛采用慢轮修整技术，陶器修整的部位也不只限于口沿部位了。

4. 主体陶器群。半坡文化陶色以红陶为主，晚期有少量灰陶，陶胎较厚，陶器群为钵、盆、罐、瓶、瓮和壶，器物造型比较简单，口沿变化不大，直口器为大宗。流行圜底器，器体以圆弧形为主，没有明显的棱角。庙底沟文化陶色与半坡时期接近，陶胎较半坡文化的薄，陶器群为碗、盆、钵、瓶、罐、杯、盘、甑、釜和灶。西王村文化陶色仍以红陶为主，灰陶比例增大，陶器群为盆、钵、碗、瓶、杯、盘、豆、罐和缸。

5. 典型陶器的演变。以尖底瓶和钵为例，半坡文化钵为直口或微敛的圆腹圜底，尖底瓶为双耳杯形口短颈鼓腹或溜肩瘦腹。庙底沟文化钵为曲腹或折腹敛口平底，尖底瓶为双唇口瘦腹无耳。西王村文化钵为斜腹平底或假圈足，尖底瓶为喇叭口束腰双耳或无耳。

6. 陶器装饰风格。半坡文化陶质分细泥和夹砂两种。夹砂陶部分为素面，很多都拍印有不太清晰的绳纹，少部分饰弦纹。泥质陶一般内外都经打磨，表面光滑平整，有的绘黑彩或饰戳印纹。半坡文化陶器纹饰主要为绳纹、线纹、弦纹、锥刺纹；庙底沟文化夹砂陶饰较清晰的线纹，还有弦纹和附加堆纹，不见半坡文化的戳印纹和粗绳纹，泥质陶多饰线纹，细泥陶一般打磨光滑，有数量较多的彩陶，也有的饰弦纹。半坡文化陶器纹饰主要有绳纹、线纹、划纹和附加堆纹；西王村文化陶器主要有绳纹、附加堆纹、篮纹，还有方格形和镂孔。

7. 彩陶纹饰母题。半坡文化彩陶图案简单朴素，以红彩为主，有鱼、鹿、蛙和人面纹，几何纹多由直线、折线、三角和圆点组成；西王村文化彩陶极少，有红彩和白彩，图案非常简单，有条纹、折线和圆点等。

8. 埋葬制度。半坡文化以单人仰身直肢葬为主，儿童采用瓮棺埋葬，晚期流行多人二次合葬；庙底沟和西王村文化多单人仰身直肢葬，儿童也用瓮棺埋葬。

半坡、庙底沟和西王村三个文化各自也可以划分为几期，代表各自的早晚发展阶段。如半坡文化可分为半坡期和史家期，庙底沟文化可分为东庄村期和庙底沟期，西王村文化可分为大地湾期（或福临堡期）和西王村期。

在以往一些研究者的论著中，将仰韶文化的内涵不加限制地扩展，常常将只表现有个别仰韶文化特点的遗存都纳入仰韶文化的范围内，致使仰韶文化的一般特征丧失，所以我们在这些论著中不容易见到关于仰韶文化一般特征的描述。我们以过去划定的半坡、庙底沟和西王村类型作为仰韶文化的主干，它们被有些研究者称为“典型仰韶文化”，主要分布在中国的黄土地带及邻近地区，做了这样的限定以后，仰韶文化的总体特征是：

在定居的农耕村落基础上出现了大型环壕聚落，聚落中的居址构成几级社会结构。居址以圆形和方形半地穴式建筑为主，建筑方式主要为木骨草拌泥墙、红烧土地面。居址附近有大规模公共墓地，成人以单人一次葬为主，一度流行二次合葬，幼儿多采用瓮棺葬。随葬品以实用陶器为主，也有一定数量的生产工具和装饰品。日常生活用具主要为陶器，早期以红陶为主，器表装饰多见粗细绳纹，也有弦纹等，有一定数量的彩陶，器形有罐、瓮、尖底瓶、碗、钵、盆，多为平底器；中期灰陶比例增大，新增器形有釜、灶、鼎和豆，彩陶纹饰有所变化。生产工具有石器、骨器、陶器，以石器和骨器为主。早期有一定数量的打制石器，磨制石器主要有斧、锛、凿、铲和长方形小石刀。骨器大多磨制较精，多见镞、锥和针等。装饰品有骨珠、骨笄、陶笄和陶环等。

仰韶文化几个主要方面的分类特征是这样的：

聚落多在靠近水源的地方，有面积达数万至上百万平方米的大型村落，建有环绕的壕沟，村落附近有制陶的窑场和公共墓地。居址排列有序，在早期以圆形与方形半地穴式单间建筑为主，逐渐发展为平地起建的方形单间和套间建筑，建筑面积也有明显扩大。室内建有火灶，火灶由瓢形和圆形穴状灶坑向平地起围的火塘演变。房屋的建筑方式基本为木骨草拌泥墙、烧土地面，晚期居住面使用了混合土抹浆技术。

埋葬有规范的制度，公共墓地设在村落附近，死者按一定的规则埋葬在各自的墓区。对成人流行使用土坑葬，以单人一次葬为主，死者多数头向西或西北。早期偏晚阶段一度流行二次合葬，合葬者数人、数十人不等。随葬品早期略为丰富，以实用陶器为主。幼儿多采用瓮棺葬，葬具用瓮与钵、盆套合而成，晚期也有用鼎、豆和尖底瓶作葬具的。

陶器为手制，主要采用泥条盘筑的制法。早期以红陶和红褐陶为主，灰陶与黑陶呈增加的趋势。主要器形中的罐、瓮、尖底瓶、碗、钵、盆，分别作为炊器、盛器、水器和食器使用，后来出现的一定数量的釜、灶和豆，主要用作炊器和食器。陶器纹饰早期以有粗有细的绳纹、弦纹和锥刺纹为主，逐渐出现线纹、篮纹和附加堆纹，弦纹减少，锥刺纹消失。早晚都有一定数量的彩陶，由红、黑色的单色彩发展为带白衣或红衣的多色复彩，再变化为单色彩。彩陶纹饰由以象生类图案和直边几何图形多见，发展为以弧边几何图案为主，构图表现出由简而繁继而趋简的特点。彩陶的代表性图案早期是鱼纹、人面鱼纹、直边几何纹，中期开始是鸟纹、花瓣纹和弧边几何纹。

生产工具中石器和骨器发挥着主要作用，也有一些陶质器具。早期打制石器占较大比重，石器主要类别有斧、锛、铲、刀、盘状器、纺轮等，中期打制石器比例下降，出现窄条穿孔铲，长方形穿孔小石刀在数量上有明显增加的趋势，还见到大量陶刀。骨器主要类型为镞、锥、针等，多为狩猎和手工制作使用的尖刺类器具。

虽然我们做了一些地域上的限定，仰韶文化的分布范围仍然不小，在文化内涵的某些方面也表现出明显的区域特征。半坡、庙底沟、西王村作为前后相接续的三个文化，基本上代表了仰韶文化早中晚三个发展阶段，这三个文化也具有自己的个体特征。

贰

第二章

仰韶文化的年代

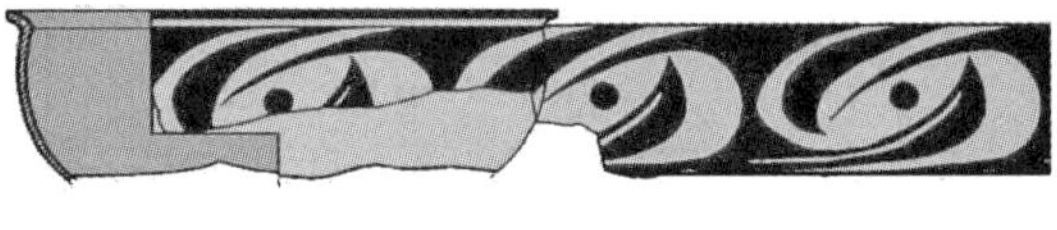

最是神秘的，
是这些旋动的谜团。
天左旋地右动，
这里绘出的也许就是仰韶人的宇宙图景。

先后之争：半坡和庙底沟的早晚

在仰韶文化的研究中，有一个问题困扰了我们半个多世纪，它就是半坡与庙底沟类型的关系问题。现在学界已普遍认可将这两个类型独立命名为两个文化，但对于两者的文化关系却并没有完全解决，而且论争还有愈加复杂化的趋势。是半坡早，还是庙底沟早，或是同时并存，这样的争论自两个类型确立开始就始终存在。争辩的各方使用了地层学和类型学这样的方法，路径相同，论据确凿，结论却大相径庭。为何出现这样的局面，问题的症结究竟在哪里，怎样解决，现在似乎还并没有到回答这些问题的时候。不过回顾仰韶文化中这个文化关系问题的探索过程，回首近半个世纪以来中国考古学走过的这段路程，探讨解决这类问题的可能途径，应当会是一件有意义的事情。

一、争论的起点：半坡与庙底沟类型的确立

一个考古学文化确立以后，研究者要通过对它的分期研究，来探明它的发展过程。在仰韶文化发现以后不久，安特生根据自己的调查对甘肃史前文化进行了分期，提出了仰韶文化“六期说”[①]。这六期从

① ［瑞典］安特生：《甘肃考古记》，农商部地质调查所，1925年。

早到晚依次是齐家、仰韶、马厂、辛店、寺洼和沙井，年代推定在公元前3500—1700年之间。在我们今天看来，这虽然早已是个明显的错误认识，但安特生最早采用的分期的方法论意义还是不可抹杀的，我们后来纠正他的错误乃至建立新的分期表，也都是采用的这种分期研究方法。

在安特生发现仰韶文化近30年后，即20世纪50—60年代之际，仰韶文化的研究进入一个新阶段。这一时期学者们已不满足于考古学文化外部的分期定位，开始用“类型”一词描述同一文化内部的时空框架，虽然当时并不清楚这种区别所表现的时空概念是怎样的。对于这样一个变化，1965年严文明先生曾作过评述，他说：“类型或文化类型这个词，过去很少见到有人使用，只是近年来许多人都用它，并且很快成为大家已经接受的一个术语了。但是究竟它的确切含义是什么，却很少有人进行解释。”[①]当时学术界在提出类型这样的概念时，确实没有一个很明确的定义，但是研究者似乎又都很理解，能够感觉到类型指的就是考古学文化的一种亚文化状态，它强调分辨亚文化的特点，这特点可以是指时间上的，也可以是指地域性的。这是考古学文化研究向细腻化进步的一个趋势，是一种必然趋势，只是因为学术界在理论上准备还不充分，所以这种趋势发展并不怎么平稳。

我们知道，在20世纪50年代黄河中游地区发掘了两个重要的考古遗址，即西安半坡和陕县庙底沟，它们的主要文化堆积都属传统上所论的仰韶文化范畴。这两个遗址的发掘奠定了仰韶文化研究的新基础，也奠定了中国新石器考古的新基础。我们还注意到，是这两个遗址发掘的主持者石兴邦和安志敏先生，在1959年几乎是同时提出了仰韶文化的类型划分问题，而且都是建议划分半坡和庙底沟两个类型，他们的论文同时发表在当年的第10期《考古》杂志上。我们也注意

① 严文明：《论庙底沟仰韶文化的分期》，《考古学报》1965年2期。

到，也是在1959年出版的《庙底沟与三里桥》中，安志敏先生强调了在仰韶文化中划分类型的必要性。现在看来，这个研究方法的提出不仅使得仰韶文化的研究获得了强大的动力，而且深深影响了此后数十年的中国新石器时代考古研究。

对于仰韶文化的研究来说，现在提出的类型命名已多至数十个，不过最初确立的只是半坡和庙底沟两个文化类型，人们通过这两个类型重新认识了仰韶文化。研究者对这两个类型内涵的认识有大体相似的意见，但对它们之间关系的认识却有很大不同。对这两个类型的关系，起初有认为半坡早于庙底沟的，也有认为后者早于前者的，还有认为两者是同时的。虽然三种说法都言之凿凿，但是在最初主观臆测的成分很大，都不曾有充足的论据，也不可能展开充分的讨论。三种观点的提出，后文还有详说。到了后来，许多研究者都试图用这两个类型来指称仰韶文化先后承续发展的两个阶段，即半坡在前，庙底沟在后，这在很大程度上成为学术界的主流观点。

严文明先生在仰韶文化发现65年之际，对仰韶文化的类型划分曾有这样的评说：

> 对仰韶文化真正进行分期研究，是从五十年代后期划分类型的工作开始的，首先划分的是半坡类型和庙底沟类型。……有的说半坡类型比庙底沟类型早，有的说庙底沟类型比半坡类型早，有的说两个类型同时存在，并行发展。只有这三种可能性，每种都有一些拥护者。原因是作为类型的代表性遗址本身没有分析清楚，用它们作标尺就难以做到十分准确，而两个类型的直接地层关系又还没有普遍发现；个别的虽已发现，又没有被识别出来。

这就难怪得不出一致的结论[①]。

在资料还不算十分充足的时候，起初的考古学文化类型研究在证据上可能都显得有些不够充分，出现这样的分歧也是可以理解的。两个类型可能存在的关系，确实也不外乎这三种情况，在当时人们很难作出正确的判断，但也会对三取一有明显的倾向性看法，所以三种说法都有一定数量的拥护者。

一直到两类型确立十多年后的20世纪70年代以后，不同意见之间的争论还依然存在，多数意见认为两类型具有一脉相承的发展关系，也有人说并不能完全肯定谁早谁晚，到20世纪80年代的一些权威著作中还认为它们之间的关系并没有完全解决。现在一些研究者又将这两个类型独立命名为两个文化，它们之间关系的讨论还在继续，又有了一些认识上的分歧。有些研究者特别提出，半坡与庙底沟作为两个独立的文化，它们之间并没有直接的渊源关系，也即是说，它们各有自己的来源，并不属于同一文化体系。

二、庙底沟稍早：最初的简单论证

河南陕县庙底沟遗址1956—1957年间发掘，发掘报告于1959年刊出。发掘主持者安志敏先生在报告中初步提出了仰韶文化的类型划分问题，他说："在仰韶文化遗址中从文化性质上可以分成不同的若干类型，彼此之间也是有所区别的，如庙底沟和三里桥便可以各代表一种类型。"他同时还提到，三里桥仰韶文化遗存应当是早于庙底沟

---

① 严文明：《仰韶文化研究中几个值得重视的问题》，《论仰韶文化——纪念仰韶村遗址发现六十五周年学术讨论会论文集》，《中原文物》1986年特刊。

的[①]。我们知道当时学术界是把前者作为半坡的同类遗存来认识的，所以按安志敏先生的初步观点，庙底沟仰韶遗存是早于半坡的。

安志敏先生在1959年发表的另两篇论文中，更明确申明了这个观点。一篇刊载在《文物》上的论文说，仰韶文化可以划分为半坡和庙底沟两个类型，认为庙底沟类型代表的时间较早，半坡类型稍晚，不过论文中对此没有列举任何论据[②]。他在另一篇刊载在《考古》上的论文中，则在主张划分两个类型的同时，列举了一些两个类型早晚关系的论据，他认为两个类型的主要区别是半坡彩陶数量少且花纹比较简单，圜底器也多；庙底沟类型彩陶多花纹也比较复杂，不见圜底器，曲壁器多。他依据这些区别认为庙底沟类型“较原始”，可能代表的时间稍早[③]。他虽然没有明确点明，不过可以从这个论说中找出这样的根据，那就是彩陶简单、圜底器多属于时代较晚的特征，反之则较早。后来一些研究者正是围绕这些论据展开激烈争论的，有的甚至得出了相反的结论。

1961年马承源先生发表《略论仰韶文化和马家窑文化的问题》[④]，他提出仰韶文化的半坡和庙底沟类型之外，还存在其他的类型，而且由彩陶的发现看，庙底沟类型应当是早于半坡类型的。他说：

> 关于半坡遗址，我们以为不是仰韶文化早期的类型。这种类型的遗址是具有一定地域性，并且是经过长期发展的。半坡类型的陶器无论与庙底沟或其他仰韶遗址的陶器相比较，显得有很大的不同。最引人注意的敛口小钵和细颈小口平底瓶及葫芦形瓶等，这是非常独特的东西。……半坡一类陶器的纹饰结构及其所

① 中国科学院考古研究所：《庙底沟与三里桥》，科学出版社，1959年。
② 安志敏：《中国新石器时代考古学上的主要成就》，《文物》1959年10期。
③ 安志敏：《试论黄河流域新石器时代文化》，《考古》1959年10期。
④ 马承源：《略论仰韶文化和马家窑文化的问题》，《考古》1961年第7期。

体现的风格缺乏蓬勃的气象，一般地说是比较草率的，尽管纹饰的种类还比较多，但纹饰个体是简单的，与庙底沟、荆村、西阴村等相比较，显然有一种行将衰落的景象，有人以为这是早期纹饰的表现，我们不敢同意这种见解，……它的遗物与庙底沟类型的遗物在另一方面具有非常密切的联系，存在时间可能稍晚于庙底沟，也有可能在一个时期内交错地存在，而其下限则较晚。

马先生在这里也主要以彩陶纹饰的繁简为依据，初步认定庙底沟类型早于半坡类型，认为后者纹饰简单，是衰败的迹象，但为什么不能是早期的特点，他没有明说。

杨建芳先生也提出了仰韶文化中划分更多类型的可能性，也主张庙底沟类型（他称为西阴村类型）时代较早，他针对《庙底沟与三里桥》一书，在对彩陶进行分析后认为，安志敏先生以庙底沟类型的年代为早的结论是正确的，可惜他找到的证据不多，也比较含混①。1962年杨建芳先生另有一文涉及庙底沟与半坡类型的关系，认为“在缺乏某些直接的地层证据的情况下，如果能正确运用其他有关的方法（例如标型学的方法等）进行研究，也同样是可以得出正确的结论来的”。他由陶器形制和纹饰、生产工具、建筑结构及装饰艺术品的比较分析，认为在半坡类型中有较多因素是属于仰韶文化晚期的特征，所以它是晚期的一种地域性文化类型②。

以庙底沟类型年代为早的观点，并没有维持太长的时间。很多持这种观点的研究者到后来都转到了反面，包括最先提出这观点的安志敏先生在内，不再坚持庙底沟类型早于半坡类型的说法，对半坡类型

① 杨建芳：《庙底沟仰韶遗址彩陶纹饰的分析》，《考古》1961年5期。

② 杨建芳：《略论仰韶文化和马家窑文化的分期》，《考古学报》1962年1期。

早于庙底沟类型已是深信不疑。

三、半坡是老者：一个完全相反的推断

西安半坡遗址1954—1957年发掘，发掘报告1963年刊出。发掘主持者石兴邦先生在《西安半坡》中，专门讨论了仰韶文化不同类型间的关系。不过我们注意到，在此之前的1959年，他就已经在一篇论文中谈到这个问题了，他说：

> “仰韶文化”分布广、内容复杂，在不同的自然区域有不同的特点，在同一地区的不同聚落中，文化相之间也有差异。……这些遗址所代表的文化特征，可以分成两类：一类以半坡为代表，另一类以庙底沟为代表。这两类，从文化本质上讲是一个系统的，可以概括黄河中下游所有“仰韶文化”系统的遗迹。
>
> 这两种文化类型之间，所以存在差异，包含地域与时代两个因素。由同一地点的不同遗址所显示的文化相之间的不同来观察，后者是主要的原因。那么何者早、何者晚呢？这是考古工作的同志们亟待解决的问题。要解决这个问题，最好能找到地层重叠的证据；其次是对大量可靠的材料进行具体的分析和比较。
>
> 在比较不同遗址的早晚时，应该注意到：（1）就各个遗址物质文化本身的特点进行分析，这是最根本的工作。在进行分析时，不仅要注意到它们独特之点，更重要的是注意内在的规律性的发展。在文化的共相中，各个文化因素的相互之间的变化和特点，对断定它们的关系有很大的作用。例如彩陶纹饰的母题，表现形式和风格，它本身有复杂的内在的联系和规律。像庙底沟和半坡的主要彩陶纹饰，是判然有别的。我们从半坡彩陶纹饰演变

的研究得知，纹饰的发展，有其独特发展系列。这两个遗址主要纹饰的不同，是属于两个不同系列发展的结果，其原因是很复杂的，没有弄清楚这些关系，而只凭其花纹的繁简或个别的差别，而定其早晚，是欠妥当的。所以，我们必须先弄清楚某一文化遗址本身时代先后的各种特征，然后才能去比较它与另一文化遗址的关系。（2）要了解各个遗址间横的即分布上的关系，要注意到遗址的所在地的自然条件或所能估计到的物质生产活动的特征，以及可能由此而表现在文化上的相同或差异……

在半坡遗址中有确实可靠的层位关系，证明属半坡这一类型的遗物是早的。因此，目前可以这样说："仰韶文化"早期的发达地区可能在渭水流域，渐次扩及其他地区[①]。

我们注意到，石兴邦先生在全篇论文中，将所有的"仰韶文化"这个词组上都加了引号，这是不同寻常的。他是最早提出将仰韶文化划分为半坡和庙底沟两个类型的学者之一，而且同时提出了层位证据，认为半坡类型早于庙底沟类型。他强调要进行全面分析，不同意以彩陶纹饰的繁简为出发点判断两个类型的时代早晚。值得注意的是，石先生在《西安半坡》报告的结语中却有另外的意见，这一点后文还将提及。

在讨论两个类型关系的过程中，有的研究者通过讨论三里桥和庙底沟仰韶遗存的关系，间接涉及年代问题。如吴汝祚和杨吉昌先生针对《庙底沟与三里桥》的结语，指出以庙底沟发现的打制盘状器多年代相对要晚的说法根据不足，不能以一点观全面，他们的意见显然是

---

① 石兴邦：《黄河流域原始社会考古研究上的若干问题》，《考古》1959年10期。

半坡类型要早一些[1]。又如吴力先生列举了包括陶器质地、纹饰和石器器形在内的6条理由，说明庙底沟遗存进步，年代较晚[2]。张世铨先生也有类似的观点[3]。

陕西省考古研究所1962年公布了一个简要的地层关系报告，它对仰韶文化两个类型的研究起到了推波助澜的作用。这个报告说，1959—1961年发掘了长武下孟村遗址，前两年基本搞清了仰韶文化两个类型的内涵，1961年下半年对一些典型地层进行了发掘，从灰坑和房子相互打破关系结合遗物分析，认为获得了半坡类型早于庙底沟类型的地层证据[4]。随即正式简报也在《考古》发表，确定的层位关系显示半坡类型早于庙底沟类型[5]。当然对于这个地层证据，也有各样的解释，有的研究者觉得它也可以得出相反的结论来。

除了地层证据外，对两个类型关系的讨论还由文化内涵的分析得到进一步深化，大家不再满足于一些简单的主观推论。张忠培和严文明先生曾联名写了一篇论文，通过讨论陕县三里桥的内涵与年代，认为三里桥遗存晚于半坡而早于庙底沟类型，比照当时其他地点发现的地层关系，进一步认定半坡类型早于庙底沟类型[6]。严文明先生1964年讨论了半坡遗址的分期，划分为早、中、晚三个阶段，早期为半坡类型，中期属庙底沟类型，晚期属半坡晚期类型，从而由半坡遗址的内

---

① 吴汝祚、杨吉昌：《关于“庙底沟与三里桥”一书中的几个问题》，《考古》1961年1期。

② 吴力：《庙底沟仰韶遗存应比三里桥的为晚》，《考古》1961年7期。

③ 张世铨：《试谈庙底沟仰韶遗存与三里桥仰韶遗存的先后关系》，《考古》1961年7期。

④ 吴子荣：《陕西省社会科学院考古研究所三年来的科学研究工作简介》，《考古》1962年5期。

⑤ 陕西省社会科学院考古研究所泾水队：《邠县下孟村仰韶文化遗址发掘简报》，《考古》1962年6期。

⑥ 张忠培、严文明：《三里桥仰韶遗存的性质与年代》，《考古》1964年6期。

涵分析明确了半坡类型早于庙底沟类型[①]。张忠培先生后来还分析了山西芮城东庄村和西王村的仰韶遗存，进一步认定半坡类型早，庙底沟类型晚[②]。

自从C-14测年技术引入史前考古研究领域，半坡与庙底沟类型关系的讨论又多了一个途径。1977年夏鼐先生第一次用C-14数据，说明两个类型的年代关系，他说：

> 关于半坡和庙底沟这两种类型的仰韶文化的先后关系，从前有三种说法：或以为半坡较早，或以为庙底沟较早，或以为两者同时平行发展。彬县下孟村的发掘，用层位关系证明了半坡类型早于庙底沟类型。现在经过C-14年代的测定，半坡四个标本的年代是约自公元前4700年至4290年，如果没有严重的误差，而最早或最晚的数据如果接近上、下限，则这类型的文化延续达五百来年，即约公元前4800至4300年。而庙底沟类型的仰韶文化的标本是公元前3910±125（ZK-110），比半坡类型的最晚一个数据，还要晚四百来年。这对于二者的前后关系的确定，又提供了一个坚实的证据[③]。

紧接着的一些研究，使得半坡类型更早的意见成为一种压倒多数的观点。1979年梁星彭先生通过地层和年代数据资料，认为关中地区的仰韶文化，是半坡类型在前，庙底沟类型在后[④]。1980年严文明先生系统地研究了半坡与庙底沟两个类型，列举了许多的地层叠压证据和

---

① 严文明：《半坡仰韶文化的分期与类型问题》，《考古》1977年3期。
② 张忠培：《试论东庄村和西王村遗存的文化性质》，《考古》1979年1期。
③ 夏鼐：《碳-14测定年代和中国史前考古学》，《考古》1977年4期。
④ 梁星彭：《关中仰韶文化的几个问题》，《考古》1979年3期。

C–14数据，说明半坡类型早于庙底沟类型，认为“它们实质上代表了仰韶文化发展的两个时期”，称之为半坡期和庙底沟期，并且说“庙底沟期当然就是在半坡期的基础上发展起来的”[①]。巩启明先生也有类似认识，只是他将半坡类型又分列出一个史家类型，它们之间的关系是半坡—史家—庙底沟[②]。后来石兴邦先生为《中国大百科全书·考古学》撰写的“仰韶文化”条目中，就采纳了这个观点。

安志敏先生早先虽主张庙底沟类型早，后来则明确表示了相反的观点，他从C–14年代的分析上对此也进行了论证，说在年代上庙底沟类型晚于半坡类型，“庙底沟类型大体可以和半坡类型相衔接”[③]。

当研究者比较一致地将西王村类型作为仰韶文化的晚期类型时，仰韶文化的分期研究实际上已经完成。至此，我们可以说，仰韶文化的类型学研究，主要是半坡、庙底沟和西王村类型的确立，实际解决的是仰韶文化中心分布区的分期问题。近来越来越多的研究者将这三个类型作为独立的文化来认识，作为大仰韶系统中包纳的三个子文化，这就将仰韶文化的研究又推进到了一个新阶段。

四、同时并存：犬牙交错的两个类型

在两个类型关系的讨论中，还有一般人不怎么重视的第三种认识：两个类型同时并存。

石兴邦先生在《西安半坡》的结语中，没有重申他的半坡类型较早的论点，却表达了另一种认识。他说：“两个类型之中典型器物

---

① 严文明：《论半坡类型和庙底沟类型》，《考古与文物》1980年1期。

② 巩启明：《试论仰韶文化》，《史前研究》1983年1期。

③ 安志敏：《裴李岗、磁山和仰韶——试论中原新石器文化的渊源及发展》，《考古》1979年4期。

之绝然不同；具有氏族部落特别标志的彩陶花纹的判然有别；两个类型各有其早晚期的特征；埋葬习俗的不完全相同；周围地区较晚的不同文化遗存中含有两个类型特征的因素以及同一地区两个类型遗址的共同存在等。这一现象不是时代先后这一单纯的关系所能概括的，因此这两个文化类型的形成，除了时代先后的关系外，还可以从另一种可能来考虑，即同一文化中不同氏族部落由于他们具体特征所造成的差异，也就是同时存在的不同氏族部落的文化体现。这两种可能，究竟哪一种成分更大一些，现在还不能下结论。”石先生在稍早的另外的论文中，也表达了类似的观点：“我认为半坡类型是代表以鱼为图腾的氏族部落、庙底沟类型是代表以鸟为图腾的氏族部落，二者是仰韶文化时代部落联盟下的两个分支，或者是同一部落的两个胞族和组织。它们可能在同一时期存在于不同地区，也可能存在于同一地区。很可能庙底沟第二期文化就是第一期文化的直接继续，同样三里桥也可能是半坡类型的前后两期。今后我们可能发现彼此压叠的地层关系，但从这个假设出发来推测，各地不会是完全一致的，也就是说半坡类型有的地方可能早，有的地方可能晚。”①虽然他在这里并没有肯定的结论，但他的认识已有了明显变化。

如前所述，张忠培和严文明先生由陕县三里桥的仰韶遗存研究，认定半坡类型早于庙底沟类型，但是李诗桂和曾骐先生对三里桥的性质则有另外的理解，认为是兼有半坡和庙底沟类型的因素，以此论证两个类型同时并存。他们说：“在下孟村遗址，依据地层关系和器物分析做出的‘半坡→庙底沟’的结论无疑是正确的。但是在这两组器物之间不能找到继承关系的情况下，同属于一个文化的两个类型，在仅见的一个地点上出现的现象，还可以有这样的解释：仰韶文化的农

① 石兴邦：《有关马家窑文化的一些问题》，《考古》1962年6期。

业，还是处于砍倒烧光的锄耕农业阶段。在河岸阶地上形成的氏族聚落，还只能是相对地稳定，随着耕地肥力的减少，抛荒和迁移成为氏族不可避免的现象。因此，在两种类型交错存在的地区，一个氏族迁移的立足地，可能就是另一个氏族曾经营居过，而在不久前才离开的旧墟，于是，新氏族在遗留的残迹之上，再造新生活。从考古学上说，这样一个地点便呈现出地层的先后叠压关系。从具体的历史情况出发，则这个地点的居住者只是不同的先后主人而已。三里桥遗址仰韶遗存中的两类因素，如果能够根据地层分析，证实这两类因素的存在正如张、严两同志所设想的基本上属于同一时期，则庙底沟与半坡类型同时存在的看法，就得到更有力的证据了。”①

主张两个类型同时并存的还有苏秉琦先生，他的认识一直到他去世都没有改变。在1965年发表了他的著名论文《关于仰韶文化的若干问题》②，他将半坡类型和庙底沟类型的内涵作了界定，他不同意两类型中有孰先孰后的说法，而认定“两者是大体同时的”。他的根据一是“两类遗存中主要器物变化序列相似”，如小口尖底瓶、平底葫芦瓶都有类似的演变序列；其次是“两类型中主要彩绘图案作风变化相似”，半坡的鱼纹和庙底沟的鸟纹变化趋势相似，两者之间并无演变关系可寻，不存在由此到彼的发展关系。他对两个类型的关系，作了以下的归纳：

> 1.两者具有不少的共同因素和共同点。这应该是由于：两者大致同时，经历过类似的发展过程和阶段；两者主要都分布在关中，邻邦境交错，联系密切。2.两者各自具有独特的文化面貌

① 李诗桂、曾骐：《关于三里桥仰韶遗存文化性质和年代的讨论》，《考古》1965年11期。

② 苏秉琦：《关于仰韶文化的若干问题》，《考古学报》1965年1期。

（主要表现在饮食炊盛器皿的基本型式和彩陶花纹上），其原因大概主要是由于两者文化渊源不同。

苏先生一直坚持着他的这个观点。1981年他发表《姜寨遗址发掘的意义》，又一次谈到半坡和庙底沟类型的关系，他说北首岭遗址的发掘“为解决仰韶文化的两个重要支系——庙底沟类型和半坡类型的发生与两者在仰韶文化前期阶段的关系找到了依据。姜寨遗址发掘的新发现，则为解决两者到仰韶文化后期的关系问题找到交叉点”。他认为半坡与庙底沟两个类型同时并存，主要理由是“半坡类型的重要文化特征因素包括壶罐形口尖底瓶、鱼纹彩陶盆等，庙底沟类型的重要文化特征因素包括双唇口尖底瓶、蔷薇科（玫瑰或月季）花卉图案和鸟形彩陶盆等，它们都有自己的完整发展过程”。他说：“西从甘肃天水，东到郑州一带是半坡、庙底沟两类型交错存在的主要范围。”①

1982年苏先生在《地层学与器物形态学》一文中，论及分析叠压地层关系时，强调不能仅以这种上下关系定早晚，不能说下层代表的文化一定就比上层晚，也有可能“两者同时并存或平行而略有交叉”，他列举半坡与庙底沟类型的地层关系来说明这一点，实际上是再次申明了两个类型同时并存的观点②。到1997年《中国文明起源新探》一书出版，苏先生依然维系着他的原有观点，他更明确地写道：“实际上，半坡和庙底沟这两种类型不是仰韶文化先后发展起来的两个阶段，而是各自发展又相互紧密依存的两种主要变体。”③

关于两个类型同时并存的观点附和者并不多，处于苏先生那样的地位，他也没有遇到直接争辩的对手，所以这个观点也没有更多机会展

① 苏秉琦：《姜寨遗址发掘的意义》，《考古与文物》1981年2期。
② 苏秉琦：《地层学与器物形态学》，《文物》1982年4期。
③ 苏秉琦：《中国文明起源新探》，香港商务印书馆，1997年。

开讨论。不过近年来情况有了明显变化，“同时并存”的观点又被提了出来，一个老观点又被赋予了许多新的内容，这一点留待下文再谈。

五、地层问题：多数学者共识形成的基础

许多研究者自讨论仰韶两类型关系开始，就已经强调了地层关系的重要性。有意思的是，这样的地层资料起初并没有发现，偏是让那些急于解决这问题的学者们费尽心思争辩一番。虽然在争辩开始不久的1961年就有了下孟村叠压层的发现，但真正从地层上进一步解决问题，还是在那之后的十多年以后。

仰韶文化典型遗址显示的半坡与庙底沟两个类型的地层关系，随着20世纪70年代田野工作的深入，获得了越来越多的证据。在关中地区的北首岭、北刘、零口，陕南地区的何家湾、阮家坝、马家营、龙岗寺、紫荆和陇东地区的大地湾等遗址，最下层为前仰韶文化堆积，上面为仰韶文化堆积；而在福临堡、半坡、姜寨、李家沟、泄湖、紫荆和大地湾等遗址，都包含了仰韶文化早中晚不同时期的遗存，地层堆积由下至上依次为半坡、庙底沟和西王村类型文化；在其他堆积欠完整的遗址，不同时期的仰韶文化也明确表现为半坡早、庙底沟和西王村类型文化晚的相对年代关系（表2.1）。

从我们排定的这张表上，可以看出仰韶文化中心分布地区的有关遗址一致的地层关系，是最下层为“前仰韶文化”，再往上依次为半坡、庙底沟、西王村类型文化、“后仰韶文化”（早期是指庙底沟二期及其相当的文化，晚期则指广义的龙山时代文化）。应当说，从最先发现下孟村地层的1961年算起，在已经过去的数十年的时间里，我们还没有发现一个例外的地层证据。

表2.1　仰韶文化典型遗址的地层关系

地区	遗址名称	前仰韶		半坡		庙底沟		西王村		后仰韶	
		早	晚	早	晚	早	晚	早	晚	早	晚
关中地区	宝鸡北首岭		I	II				III			
	宝鸡福临堡			+		I	（II）	III			
	彬县下孟村			I		II					
	扶风案板村					I		II			III
	西安半坡			I		II		III			
	临潼姜寨			I	II	III		IV			V
	临潼零口		I	II				III			
	华县元君庙	?		I				?			
	华县泉护村					I		?		II	III
	华阴横阵村			I		?		?		?	II
	渭南史家村				I			?			
	渭南北刘	I				II					
	铜川李家沟	?		I		II		III		?	
	铜川吕家崖	?			I						
	蓝田泄湖			I	II	III		IV		V	
陕南地区	西乡何家湾		I	II III	IV	V					VI
	西乡李家村		I								
	汉阴阮家坝	?	I		II	III	?				
	紫阳马家营		I	II			III				
	南郑龙岗寺		I	II	（II）	III					IV
	商州紫荆		I		II			III		IV	
山西	芮城东庄村			I			II	?			
	芮城西王村					I		II ?		III	
	垣曲古城东关		I								
	夏县西阴村					I			II	III	
	翼城北橄				I II	III	IV				

续表：

地区	遗址名称	前仰韶		半坡		庙底沟		西王村		后仰韶	
		早	晚	早	晚	早	晚	早	晚	早	晚
河南	陕县庙底沟					I		?		II	III
	渑池仰韶村					I		?			II
	陕县三里桥					I					II
甘肃	秦安大地湾	I		II		III		IV		V	
	秦安王家阴洼				I			II			

对于数十年间获得的大量地层证据，绝大多数仰韶文化研究者的认识都是一致的，他们毫无保留地接受这个事实，他们相信自己实践的地层学方法的正确性。除个别学者外，人们都觉得面对这些一致的地层证据，不可能会有其他的解释，于是乎从老官台发展到半坡，由半坡发展到庙底沟再到西王村，那就是铁定不移的事实了。

六、年代证据：毋庸置疑的证明

在寻找到许多地层叠压证据的同时，一些关键的C-14数据也陆续发表了。这些数据在多数情况下都提供了有力的证明，那就是半坡类型年代早，庙底沟类型晚。在这样的证据面前，不少持相反观点的学者都有了改变，他们许多人都接受了半坡类型年代更早的意见。

如前所述，1977年夏鼐先生发表《碳-14测定年代和中国史前考古学》[①]，文中统计的C-14数据有134个，他分析的仰韶文化碳测数据有10个。他认为在半坡类型的4个数据中，有两个可以代表它的上下限，为公元前4770—前4290年，半坡类型的年代可以判定为公元前4800—

① 夏鼐：《碳-14测定年代和中国史前考古学》，《考古》1977年4期。

前4300年。他对庙底沟类型的年代没有具体讨论，只是说明由碳测数据证明它晚于半坡类型。

安志敏先生1979年也连续著文讨论中国新石器文化的C–14年代，他依据37个相关数据，取ZK–519和ZK–115两个数据作为仰韶文化的上下限，即公元前5150—前2960年[①]。他在此前的另一篇文章中将半坡类型的年代定为公元前4940—前4085年，庙底沟类型的年代定为公元前3910—前3265年[②]，这表示他认可了庙底沟类型年代晚于半坡类型的测定结果。安志敏先生1981年又一次讨论仰韶文化的年代时，采用的C–14数据有43个，他将仰韶文化的年代定为公元前4515—前2460年，这一次他没有讨论各类型的年代，但在叙述时是将半坡类型放在前面[③]。到了1984年，安志敏先生再次运用C–14数据研究中国新石器文化的年代，当时公布的数据已在1000个以上，70%属新石器时代，属于仰韶文化的有50多个。安志敏先生由这些数据将仰韶文化的年代定为公元前4500—前2500年，这一次也没有就各类型的年代提出新的看法，只是特别提到地层叠压关系与年代数据和各类型的文化发展规律吻合[④]。

严文明先生1980年著文讨论半坡和庙底沟两个类型的有关问题，用当时公布的两个类型的17个C–14年代数据，判定半坡类型的绝对年代为公元前4900—前4000年，庙底沟类型为公元前4000—前3300年。后来严文明先生又在写成于1978年，1984年修改，至1989年才发表的《略论仰韶文化的起源和发展阶段》，将仰韶文化的发展过程归纳为

---

① 安志敏：《略论三十年来我国的新石器时代考古》，《考古》1979年5期。

② 安志敏：《裴李岗、磁山和仰韶——试论中原新石器文化的类型和发展》，《考古》1979年4期。

③ 安志敏：《中国的新石器时代》，《考古》1981年3期。

④ 安志敏：《碳–14断代与中国新石器时代》，《考古》1984年3期。

4期，即半坡期、庙底沟期、西王村期和庙底沟二期。他根据当时能得到的55个C-14年代数据，将仰韶文化的年代上下限定在公元前4900—前2500年之间，以半坡类型的年代最早①。

邵望平女士在《新中国的考古发现和研究》中，将仰韶文化的绝对年代定为公元前4800—前2700年，她将半坡类型的年代定为公元前4800—前3600年，庙底沟类型的年代定为公元前3900—前3000年②。石兴邦先生为《中国大百科全书·考古学》撰写的“仰韶文化”条目③，将仰韶文化划分为8个类型，中心区为4个类型，在半坡和庙底沟之间单列了一个史家类型，其中半坡类型的年代为公元前5000—前4500年，史家类型为公元前4500—前4000年，庙底沟类型为公元前4000—前3600年，以半坡类型在前，庙底沟类型在后。1989年，任式楠先生在一篇论文中也论及仰韶文化的绝对年代，他将半坡、庙底沟和大河村三个类型作为仰韶文化早中晚三期的代表，年代分别为公元前4840—前3985、公元前3900—前3390、公元前3355—前3000年④。

应当说，在C-14数据一批批公布后，关于半坡与庙底沟两个类型的年代关系已经非常清楚，没有太多的讨论空间了。半坡早、庙底沟晚已成为不争的事实，几乎没有人对这些数据产生怀疑。半坡和庙底沟之间，虽然在年代上表现出小有交叉，但半坡在前庙底沟在后的前后关系还是非常明确的，它们之间并不存在并行的或是交错的年代关系。

绝对年代数据的分析，本书还有相关讨论。

---

① 严文明：《论半坡类型和庙底沟类型》《略论仰韶文化的起源和发展阶段》，《仰韶文化研究》，文物出版社，1989年。

② 邵望平：《黄河流域的新石器时代文化》，《新中国的考古发现和研究》，文物出版社，1984年。

③ 石兴邦：《中国大百科全书·考古学·仰韶文化》，中国大百科全书出版社，1986年。

④ 任式楠：《长江黄河中下游新石器文化的交流》，《庆祝苏秉琦考古五十五年论文集》，文物出版社，1989年。

七、渊源有自：庙底沟文化诞生的最新证据

不论由地层上的相对年代证据，还是由C-14提供的绝对年代数据，我们似乎都可以说，半坡与庙底沟之间聚讼已久的关系问题，在数十年前就已经完全解决了。学术界已普遍接受了这样的成果：庙底沟文化是自半坡文化之后发展起来的，两者有源流关系，有亲缘关系。

但是近年来，一些新的发现又让人们旧事重提，重新考察两个文化类型的关系，又成了一个引人注目的话题。一些研究者重又明确指出，半坡与庙底沟之间，并不存在由此到彼的发展关系，庙底沟文化另有来源，它们两者是同时并存的邻居。

重新将这个问题提出来讨论的前提，是关中和晋南的一系列新发现。1994年在面积约2万平方米的陕西临潼零口遗址，发现了前仰韶、半坡和西王村文化的连续堆积，在半坡文化层之下，还意外发现了一个介于前仰韶和半坡文化之间的中间层堆积。这个中间层的陶系以泥质红陶为主，其次为夹砂红陶，主要器形有环形口小平底瓶、假圈足钵、深腹钵、器座、弦纹罐等，器表装饰多素面少彩绘，它被暂时称为“零口遗存”①，也有命名为“零口文化”的动议。零口遗址的简报近年已正式发表，按照发掘者的研究，“零口文化”可能是仰韶文化半坡类型的直接前身，而且与庙底沟类型表现有一定的渊源关系②。发掘者阎毓民先生还特别指出，零口文化的形成曾受到裴李岗文化的影响，表明半坡和庙底沟文化应当是同祖同源并行发展的③。

---

① 周言：《专家论证零口遗存》，《考古与文物》1995年6期。

② 陕西省考古研究所：《陕西临潼零口遗址第二期遗存发掘简报》，《考古与文物》1999年6期。

③ 阎毓民：《零口遗存初探》，《远望集》，陕西人民美术出版社，1998年。

山西垣曲古城东关遗址发现的“仰韶文化早期遗存”中，发掘到了数量不少于3个的标准的陶鼎，鼎体为圜底罐形，有高高的锥状足，口径在14厘米—16厘米之间，高超不过20厘米。据发掘者判断，这个遗址的时代与半坡遗址的早期是接近的，内涵也有相似之处，主要区别在于这里没有半坡文化常见的尖底瓶和富有特点的彩陶，而环状口小平底瓶、假圈足盆、缸、盔形器盖、尖锥足鼎、弦纹罐等，却不见于半坡文化的其他遗址。发掘者认为它的一些特点有承自裴李岗文化的因素，也就是说它明显接受了东来文化的影响①。类似的遗存在晋南地区还有更多发现，如翼城枣园和北橄②、万荣西解等遗址③，都见到相似的文化遗存。普遍的认识是，这一类遗存在时代上早于半坡文化，有的说它直接发展为半坡文化，也有的说它直接发展为庙底沟文化，有的则直接将它列入仰韶文化早期④。

田建文、薛新民和杨林中先生联名撰文，对晋南地区的这批早期新石器遗存进行了讨论，认为这是晋南地区庙底沟文化的前身，明确指出庙底沟文化起源于晋南，庙底沟文化在形成过程中还受到半坡文化的影响⑤。最近又有人发表了新的意见，认为就是零口遗存本身，内涵也并不单纯，它既包含有老官台和北首岭下层遗物，也有仰韶文

① 中国历史博物馆考古部等：《山西省垣曲县古城东关遗址Ⅳ区仰韶早期遗存的新发现》，《文物》1995年7期；中国历史博物馆考古部等：《垣曲古城东关》，科学出版社，2001年。

② 山西省考古研究所：《山西翼城枣园新石器时代早期遗址调查报告》，《文物季刊》1992年2期；山西省考古研究所：《山西翼城北橄遗址发掘简报》，《文物季刊》1993年4期。

③ 陈斌：《万荣西解遗存的发现及其在仰韶文化中的位置》，《中国历史博物馆馆刊》1989年11期。

④ 中国历史博物馆考古部等：《垣曲古城东关》，科学出版社，2001年。

⑤ 田建文、薛新民、杨林中：《晋南地区新石器时期考古学文化的新认识》，《文物季刊》1992年2期。

化早中晚不同阶段的遗存，不能笼统命名一个文化。更不能由此得出“仰韶文化的半坡类型和庙底沟类型同祖同源、两者并行发展”①的结论。

对于关中和晋南的发现，直接从事发掘的学者们各家的认识距离很大，一说是半坡文化的源头，一说是庙底沟文化的源头，有点此中有彼、彼中有此的意思。这么看来，我们好像是找到了两个文化同时存在的新证据。按照一部分研究者的新认识，庙底沟文化与半坡文化之间，并没有渊源关系可寻，它们各自有自己的来源，或者共有同一个来源，它们的关系是邻居或是兄弟，而不是父子。这又让人想到了苏秉琦先生的观点，也想起了石兴邦先生早年的认识。两个文化不仅是同时并存，而且还可能是同祖的亲兄弟，不用说，这会让所有持主流观点的学者感到茫然，如果真是如此，过去的那些研究岂不是全都失去了意义？

当然我们也看到研究者对零口一类遗存的归属还存有很大分歧，这也许暗示着问题并没有这么简单。我们冷静一点看，会发现这类遗存其实不论与半坡还是与庙底沟之间，距离都是很大的，现在不论将它作为半坡或是作为庙底沟文化的源头，都还显得有些为时过早。我们知道半坡文化中是绝对不见三足器的，正是由于这个原因，半坡人中断了关中本来存在的使用三足器的传统。半坡文化无三足器的传统有可能是来自关中以西而不是它的东方，因为在它之前东方及关中都有使用三足器的传统，前仰韶时期的白家人、裴李岗人、磁山人、北辛人，都大量制作和使用三足器。由前仰韶盛行三足器，到半坡不见三足器，两者之间实在看不到有什么一脉相承的关系。另外还有绳纹问题。半坡文化主要以各类绳纹作装饰，它的绳纹并不直接承自白家

① 吉笃学：《“零口文化”试析》，《考古与文物》2002年3期。

村文化的传统，前者主要采用斜绳纹，而后者则以交错的网状绳纹为特征。更重要的是，处在两者之间的“零口文化”发现绳纹极少，并不以绳纹作陶器的主要装饰。仅此一点，就可以证明半坡文化不会直接源于“零口文化”。

那么，关中晋南的这批早于仰韶的遗存排除它是半坡文化的渊源之后，是否可以确定为庙底沟文化的上源呢？在资料还并不十分充足的时候，恐怕还不能过早地下结论。假设就是这样，我们要推翻过去的结论也还有相当大的困难。比如我们要面对过去找到的大量地层关系证据，我们要重新分析那些C-14年代数据，我们更要重新建构两个文化的结构体系，过去的一切，能够很轻易地推倒重来吗？

戴向明先生对晋南的发现有不同的看法。他在《黄河流域新石器时代文化格局之演变》[①]一文中，认为“庙底沟文化首先起源于晋西南豫西地区，是由芮城东庄村那样的半坡文化演变而来的，发生转变和形成的时间约在半坡文化晚期阶段”。他明确指出，晋南所见的早期遗存并不是庙底沟文化的直系前身。戴先生还有一文专门研究了庙底沟文化的起源，他的主要论点是：在渭水流域的庙底沟文化，不是半坡文化自然演变的结果，庙底沟文化的起源地是在晋南和豫西地区。他特别指出，认为半坡和庙底沟文化各有来源并行发展的观点不能成立，“只能说半坡文化晚期与庙底沟文化早期于不同地域曾同时并存。而追本溯源，孕育庙底沟文化的母体是半坡文化”。他同时又强调，不能认为各地的庙底沟文化都是由半坡文化自然发展而来。他勾画了这样一幅图景：半坡文化在中期传入晋南和豫西地区，与那里的土著文化融合而成“东庄类型”。到半坡晚期阶段，由东庄类型发展为庙底沟文化，庙底沟文化又回传到渭河流域，形成另一种面貌的庙

① 戴向明：《黄河流域新石器时代文化格局之演变》，《考古学报》1998年4期。

底沟文化①。

在中国新石器时代，庙底沟文化最具影响力，中原文化的先进性应当就是在那个时代形成的。研究庙底沟文化的起源与发展，是一个十分重要的课题，它可能涉及中国早期文明的形成问题，对此不可等闲视之。

八、主客观对垒：诠释考古学文化的嬗变

关于半坡与庙底沟文化关系的研究，出现了许多的争论，这争论由完全对立变为大体一致，又由大体一致变为严重分歧。我们面对的是同样的材料，用的又是同样的研究方法，可是结论的距离却很大，甚至完全相反。我们不免要问这样的问题：是地层学与标型学这样的编年学方法不灵便，还是我们自己的头脑中出现了偏差？

在研究中对考古学资料的运用，应当说所有的研究者都是相当直观的，容不得太多的主观因素的干扰。但这并不是说，不同研究者对同一类材料的处理，一定会使用相似的方法，也未见得就会殊途同归，会得出同样的结论。很可能在具体尺度的掌握上，会表现有一些明显的区别，有时会失之毫厘而致差之千里。例如最初在缺乏地层资料的时候，研究者急切地为两个类型的早晚年代作了判断，有相当多的人是以彩陶的繁简为出发点的，所依据的材料一样，因为判断的标准不同，所以结论相反。他们当时的标准，基本是以主观的感受为主，并无客观的标尺。空论花纹繁缛为早期特点或是简单为早期特点，其实只能说服论者自己，而不能说服争辩的对方。这也让我们想

① 戴向明：《试论庙底沟文化的起源》，《青果集：吉林大学考古系建系十周年纪念文集》，知识出版社，1998年。

起，最初安特生判断齐家期早于仰韶，就是以为齐家少而简的彩陶一定是彩陶开始出现时的景象。我们避开具体的讨论不谈，说彩陶纹饰简单是年代较早或较晚，这两种可能性都是存在的，所以不能以主观的感受一概而论，否则我们就不能避免重犯前人的错误。

即便是对同一个地层叠压证据，研究者之间也会产生不同的理解。如对于最早发现的下孟村地层，可以由一般意义理解，即半坡类型早于庙底沟类型；也可以更具体地看，因为它是庙底沟较晚的层位压着半坡早期地层，也有半坡与庙底沟类型同时并存的可能。也就是说，哥哥虽然年龄要大一些，但他与弟弟还是同辈。

对晋陕豫地区零口一类遗存的认识也是如此，观察的是同一个对象，它落在我们眼中的镜像却完全不同，你看它是半坡文化的源头，我看它是庙底沟文化的源头，而他却说什么都不是。

我们的确是由客观出发的，但却不能证明得出的结论就一定是客观的，结论是一个主观产品。像半坡与庙底沟类型关系的讨论，研究者依据同样的证据，却可以得出三个完全不同的结论，这就是主观作用的结果。这三个结论，只能有一个正确或接近正确。得出了错误结论，说明我们的主观有明显的局限，我们一定是在研究的关键环节上出了问题。由此看来，我们在由客观证据出发时，不要以为自己就一定是最客观的。

为什么主观会出现问题？不能说一定是方法论不完善或者方法运用有欠缺。我以为问题可能出现在一般性理论层面，具体涉及对考古学文化变迁的诠释。

关于考古学文化的研究，还有一些需要深化的方面。我们一般在理解一个考古学文化演变的途径时，往往是一种线性思维，是由此及彼的直线运动演化模式。例如论夏商周三代的更替，认定是灭夏才有商文化可言，商与周的关系亦是同理。其实也许并非如此，因为灭夏之际，商文化一定已成长得十分壮大；灭商之时，周文化也该是可与商相提并论。再离远一点看，有夏之时，周文化早已在孕育成长之中。如果单论周文化的发展，它的路径可能是线性的，表现出的是渐变的特征。

由这个理解出发，我们再看新石器时代的考古学文化，那些在时空上表现前后相继的文化，后继文化的出现也许有几种途径。一是内部发展演化，属于渐变式的；一是外部作用，也有可能是完全的外部侵入，属于突变式的。文化替代演变模式究竟是哪一种，需要具体分析。像半坡与庙底沟文化的关系，现在讨论的焦点，是庙底沟文化从何而来，是传统所说的来自半坡文化，还是其他。如果说我们认可现在所获得的地层证据与年代测定数据，确定庙底沟文化应当是由半坡文化发展而来，那又该如何来理解考古学文化的这种嬗变呢？这个过程表现的特点是渐变还是突变，是演化还是替代？对这样的问题，现在我们似乎还不能回答得很明确，还缺乏充分的论证。

到今天为止，我们虽然可以说，数十多年前就已形成的半坡文化（类型）早庙底沟文化（类型）晚的主流观点依然还可以维持，但来自相反方向的威胁却也是很强大的。所以，我们不能说，关于两个文化类型关系的讨论早已是铁定的一案，讨论的空间显然又突然拓展了很多。这个讨论尤其提醒我们，仅由普遍起作用的方法论是不能完全解决问题的，还应当作一些理性思考，这可以避免走太多的弯路。

绝对年代：比较研究和C-14数据分析

一般的考古学家，尤其是从事史前学研究的考古学家，都具备有一种特别的年代学判断能力，他们大多对研究的古代文化遗迹和遗物中诸对象所属的时代，可以做出较为准确的年代推断。对过去而言，年代学判定带有很强的经验性，这种经验的积累通过几代学者的努力以后，会变得越来越成熟，结论也会越来越可靠。但是在中国田野考古学发轫之际，情形正相反，那时还谈不上什么经验积累，所以学者们在进行年代学判断时常常会出现明显的偏差，有时还会出现严重的错误。当时要避免结论的错误是一件非常困难的事，所以有些严谨的学者，他们对研究对象并不急于提出自己判定的绝对年代数据，只在相对年代关系上发表比较确定的结论。

考古学文化的年代学研究，包括相对年代和绝对年代两个方面的内容，所依据的主要方法是考古类型学和地层学。在C-14技术运用之前，学者们对中国史前文化年代的判定，虽然也常常能列出一些绝对年代数据，但在列举这些数据时，其实连他们自己心里也未必是踏实的。研究者们很明白，那些可以精确到百位的数据，并非是研究对象真实的绝对年代，它们或是由地层关系出发判定的，或是由器物类型学比较研究途径推导出来的，无一例外。这样的绝对年代数据，其实只具有相对年代意义，它有非常大的随意性和不确定性，因而也是不可全信的。

仰韶文化的年代学研究，也经历了这样一个过程，从它被发现的时候起，学者们就根据各自的推断，公布了各种绝对年代数据。这依据各种经验式方法推断仰韶文化年代的研究方式，自发现仰韶文化开始足足持续了半个世纪之久，许多个各不相同的年代数据表令人莫衷一是，如仰韶文化上限的年代推断，不同研究者所列数据之间最大的距离可以达到几千年。

最早对仰韶文化进行年代学研究的一批学者中，除了仰韶文化的发现者安特生，最有贡献的当数梁思永。安志敏1972年发表《略论我国新石器时代文化的年代问题》一文[①]，首次运用当时国内发表不多的C-14数据，对中国若干新石器文化的绝对年代进行了讨论。因为数据缺乏，他对仰韶文化的绝对年代没有能够具体说明，但却回顾了几十年学术界对仰韶文化年代的认识过程，请允许我将他相关的一段文字引述在这里：

> 仰韶文化的发现，宣告了为殖民主义服务的“中国无新石器时代”谬说的破产，一些别有用心的外国资产阶级反动学者又转而推迟仰韶文化的年代，妄图为反动的“中国文化外来说”寻找新的理论根据。开始，他们声称仰韶文化不能早于金石并用期，其年代为公元前3000年。安特生在1925年发表的所谓“六期说”中，仍然把仰韶列入金石并用期或新石器时代晚期，并估计其年代为公元前3200—前2900年。后来，安特生虽然把“仰韶期”列

① 安志敏：《略论我国新石器时代文化的年代问题》，《考古》1972年6期。

入新石器时代晚期，却又把年代推迟为公元前2200—前1700年。甚至还有人主张仰韶文化不能早于公元前2000年。这些说法都是以彩陶来自西方为前提，其着眼点本身就是根本错误的。我国考古工作者对所谓“六期说”，早就有所怀疑，为了突破框框，在安阳后岗发掘的基础上，曾提出“仰韶期”之前增添“后岗期”的意见，并分别估计它们的年代为公元前2900—前2600年、公元前2600—前2300年；或则估计为公元前2600—前2200年、公元前2200—前1800年。

我们不能否认，当时流行的中国文化西来说，对一些学者的研究起到了非常大的作用，它使这些学者在仰韶文化年代学研究中犯了本可以不犯的错误。不过“西来说”也不是使这些学者出现错误的唯一原因，其中也有研究方法上的问题，还有时代的局限性，这些都是他们客观判断仰韶文化年代的明显阻障。

对于20世纪50年代以前的仰韶文化年代学研究，在陈星灿的新著《中国史前考古学史研究（1895—1949）》中有更为全面的客观回顾[①]。1921年安特生发现仰韶遗址，1922年他写成《中华远古之文化》，在发表之前，征询了英国考古学家、大英博物馆中国陶瓷专家霍布森（R.L.Hobson）的意见，霍布森以为：彩陶技术的始源地是巴比伦，仰韶彩陶系由中东传来，它的年代当早于夏代的纪年，所以仰韶文化的年代下限不晚于公元前2000—前1500年，这个说法附在《中华远古之文化》中。安特生据此推定仰韶文化的年代在公元前3000年左右，它早于夏，但晚于近东最早出现彩陶的公元前3500年的时

① 陈星灿：《中国史前考古学史研究（1895—1949）》，生活·读书·新知三联书店，1997年；范文澜：《中国通史简编》（第一编），人民出版社，1955年；安志敏：《仰韶文化》，中华书局，1964年。

代①。1925年阿尔纳发表《河南石器时代之着色陶器》，也认为西方的彩陶最早的不过是公元前3000多年前，所以仰韶文化的年代应当与它大体同时②。

1925年，安特生在《甘肃考古记》中，根据自己的调查，对甘肃史前文化进行了分期，提出了使他后来陷入尴尬的所谓仰韶文化“六期说”③。这六期从早到晚依次是齐家、仰韶、马厂、辛店、寺洼和沙井，前三期划归新石器时代和铜石并用时代，后三期则归入早期铜器时代。安特生将甘肃史前文化的年代推定在公元前3500—前1700年之间，六期文化各分占300年，结论如下：

齐家期　公元前3500—前3200年

仰韶期　公元前3200—前2900年

马厂期　公元前2900—前2600年

辛店期　公元前2600—前2300年

寺洼期　公元前2300—前2000年

沙井期　公元前2000—前1700年

整整齐齐，“平分秋色”，300年的长度你不多我不少，这种分期和年代体系，建立在一种极不牢固的基础之上，安特生的立论不可避免地要出现错误。这个错误在现在看来，当然是最明显不过的了，实际上在当时只要严谨一些，也不至于出现这样的问题。对此，陈星灿在他的近作中有三点批判，前两条是这样说的：1. 安特生等人关于仰韶与西

① ［瑞典］安特生：《中华远古之文化》，《地质汇报》第五号，1923年。

② ［瑞典］阿尔纳：《河南石器时代之着色陶器》，《古生物志》丁种第一号第二册，1925年。

③ ［瑞典］安特生：《甘肃考古记》，农商部地质调查所，1925年。

方彩陶的对比是片面的，他们的注意力只集中在彩陶的纹饰上，而“在陶质、形态、制作技术、烧成温度、色彩等方面几乎没有考虑；即使纹饰也不是就整个陶器的纹饰而只是抽取出某几个点线进行类比，其偏差可想而知”。2. 用于与仰韶彩陶进行对比的西方彩陶遗存，它们本身的年代并不确定，“把所谓仰韶期的年代定在公元前3000年左右，便是基于安诺等遗址经过折中的公元前3000年的估计，其可靠性如何，是勿庸赘言的”。当然出现这样的错误，也并非是某一个或几个学者的责任，陈星灿说那是因为20世纪初流行文化传播论，文化圈理论盛极一时，“这种传播论得到史前考古学家的继承和发扬，因此许多西方的考古学家和人类学家都主张在中国的考古发现中寻找与欧亚大陆其他文化相接近的东西。安特生发现仰韶彩陶后看到安诺报告中的彩陶器，首先就想到可能的传播关系，其故即在于此”。陈星灿还说：“安特生等考古学家所以把中国史前文化的渊源指向西方的一个主要原因，是早于仰韶的史前文化的缺失。……事实上，仰韶文化渊源的最后解决，实在是70年代在华北发现裴李岗、磁山等早期新石器时代文化之后。在这一点上看，中国史前文化西来说与其说是出于某些学者的偏见，还不如说是由于考古发现的局限性。”这样的说法应当是比较客观的，传播论和西来说在那时之所以主导了仰韶文化年代学研究，学者们面对的考古发现太少的确是又一个重要原因。

当时中国学者对安特生提出的仰韶文化年代表，有着互不相同的看法。1927年，李济发表《西阴村史前的遗存》，基本接受了安特生的说法，他有点感叹地说：对于仰韶文化的绝对年代，在山西西阴村遗址的发掘中，“我没有找着什么新的、比安特生所说更靠得住的证据”[①]。三年之后，1930年梁思永讨论西阴村出土的陶器，将仰韶文化

① 李济：《西阴村史前的遗存》，清华学校研究院丛书第三种，1927年。

的年代定在公元前2500—前2000年之间，这与安特生的说法有了一定的差距①。一年之后的1931年，梁思永发现了安阳后岗“三叠层”，在依据地层证据研究仰韶与龙山文化相对年代关系的基础上，他很快又提出了一张新的仰韶文化年代表，将仰韶期的年代定为公元前2600—前2300年，又在仰韶期之前增加了一个后岗期，年代确定为公元前2900—前2600年，这等于是将仰韶文化的上限提到了公元前2900年②。尹达1939年在延安写成的《中国新石器时代》③，将仰韶分为后岗、仰韶和辛店三期，年代分别定为公元前2600—前2200、公元前2200—前1800、公元前1800—前1400年，各期年代均为400年。如果排除其中的辛店期，尹达划定的仰韶的上下限则为公元前2600—前1800年。我们知道，中国学者最初提出的仰韶文化绝对年代表虽然与安特生最先公布的年代表有了明显的不同，但所依据的底本却基本上还是安特生的，只是在安特生的基础上进行了一些补充修订而已。尹达很客观地对自己提出的年代表进行了评价，他在《中国新石器时代》中这样写道：

> 龙山文化和仰韶文化标年问题的试作，只有其相对的概然的价值，这里并不是千古不易之论，更不是在时间上的固定答案。为着使我们对于这两种文化有一个比较明确的大概的时间观念，我们不得不勉强根据现有的材料作出近似的推论，这只是在年代上的一个概然的轮廓而已。

---

① 梁思永：《山西西阴村史前遗址的新石器时代的陶器》，《梁思永考古论文集》，科学出版社，1959年。

② 梁思永：《小屯、龙山与仰韶》，《梁思永考古论文集》，科学出版社，1959年。

③ 尹达：《中国新石器时代》，《新石器时代》，生活·读书·新知三联书店，1955年。

非常明确，绝对年代并不是绝对的，那时只具有相对年代意义。其实安特生自己对已有的成说，也并不是抱定一成不变的态度的。1943年，他发表《中国史前史研究》[①]就将仰韶文化的绝对年代做了较大改变，新的年代表是这样的：

齐家期　公元前2500—前2200年
仰韶期　公元前2200—前1700年
马厂期　公元前1700—前1300年
辛店期　公元前1300—前1000年
寺洼期　公元前1000—前700年
沙井期　公元前700—前500年

安特生的这个年代表虽然没有改变各期的相对年代关系，也没有像过去那样，将各期的年代平均分摊，但是却将整个的年代跨度向后拉近了1000多年。这样做是因为他接受了当时其他一些学者的研究结果，将已属青铜时代的沙井期往后拉近了1000多年，所以前面各期的年代也都相应地后移了。我们从这些改动中，又一次领受到安特生仰韶文化年代表的不确定和不可靠，中国学者当时对这个新的年代表已没有太大的兴趣，他们通过自己的实践一步步推翻了安特生的结论，如将齐家期从仰韶分离独立命名为齐家文化，而且从地层关系上明确它的年代晚于仰韶文化，这就等于彻底否定了安特生的“六期说”，也从根本上否定了他那张修订了的仰韶文化年代表[②]。所以陈星灿在我

① ［瑞典］安特生：《中国史前史研究》，1943年。

② 夏鼐：《临洮寺洼山发掘记》，《中国考古学报》第四册，1949年；《齐家期墓葬的发现及其年代之改定》，《中国考古学报》第三册，1948年；裴文中：《甘肃考古报告》，《裴文中史前考古学论文集》，文物出版社，1987年。

前文提到的那部著作中，对这样的一个重大变化作出了如下的评价：

> 经过众多学者的批判，到1949年前，安特生关于仰韶文化六期的系统，以及六期连续发展的理论，已经不复存在了。尤其是裴文中、夏鼐等给予的甘肃地区史前文化的命名，如齐家文化、马家窑文化、寺洼文化、辛店文化、沙井文化，已经在相当程度上摆脱了早年在早期进化论基础上建立起来的直线发展模式，相当成功地认识了史前文化发展的多元性和不平衡性。

尹达曾多次撰文批评安特生在仰韶文化分期及绝对年代判定方面的种种误说，1955年他发表的《论中国新石器时代的分期问题》则是全面分析安特生错误根源的一个系统总结。尹达指出，安特生对于中国新石器时代分期问题上的基本论点，是所谓单色陶器早于彩色陶器，这个错误的理论使他对中国新石器文化的相对年代的估计出现了严重问题，“既然他所估计的‘相对年代’根本上是靠不住的，那么他从这一‘相对年代’的估计出发，去估计中国新石器时代及铜器时代的‘绝对年代’，自然是无根之谈，不足为凭了”①。在安特生的学说成为历史之后，由于20世纪50年代以后田野考古工作的蓬勃开展，新发现层出不穷，中国学者很快就建立起了一个新的仰韶文化体系，对于仰韶文化的年代也有了全新的认识，一个新的年代表就逐渐建立起来了。

20世纪50年代中国考古工作者发掘的属于仰韶文化的重要新石器时代遗址，主要有陕县庙底沟和西安半坡两处，两处遗址发掘的主

---

① 尹达：《论中国新石器时代的分期问题——关于安特生中国新石器时代的分期问题》，《考古学报》第九册，1955年。

持者在编写发掘报告时，曾对它们的绝对年代进行过推断。庙底沟遗址的发掘者认为，人们当时将仰韶文化的绝对年代定在公元前2000年左右，显然有些保守，认为“将仰韶文化的开端适当地提早是有必要的”，提早多少并没确定，但当时已对尚没有实施的C-14测年技术寄予了很大希望①。半坡的发掘者由半坡遗址推断了仰韶文化的上限，认为应当在公元前3000—前2500年②。虽然这样的推断在现在看来，与实际测定的年代有一定的出入，但这仍然不失为一种有益的尝试。

在仰韶文化绝对年代的判断上，有些研究者的态度相当谨慎（表2.2）。苏秉琦1965年发表在《考古学报》上的《关于仰韶文化的若干问题》，仅仅对“诸仰韶文化遗存的相对年代关系”进行了讨论，重点分析了半坡和庙底沟类型的关系，但没有涉及仰韶文化的绝对年代③。其他一些学者先后提出的仰韶文化新的年代表，依然也还是由地层关系和比较研究的途径建立起来的，它们的实际意义也依然只在相对年代的说明，那些绝对数据并不能完全说服别人。

表2.2　仰韶文化绝对年代判定诸说比较表

序号	姓名（创说时间）	年代判定结果（BC）				备注
		仰韶上下限	半坡（含史家）	庙底沟	西王村	
1	霍布森（1922）	3000—?				［1］
2	安特生（1923）	3000—?				［1］
3	安特生（1925）	3200—2900				［2］

① 中国科学院考古研究所：《庙底沟与三里桥》，科学出版社，1959年。
② 中国科学院考古研究所：《西安半坡》，科学出版社，1963年。
③ 苏秉琦：《关于仰韶文化的若干问题》，《考古学报》1965年1期。

续表：

序号	姓　名（创说时间）	年代判定结果（BC）				备注
		仰韶上下限	半坡（含史家）	庙底沟	西王村	
4	阿尔纳（1925）	3000—?				［3］
5	梁思永（1929）	2500—2000				［4］
6	梁思永（1935）	2900—2300				［5］
7	安特生（1943）	2200—1700				［6］
8	尹　达（1947）	2600—1800				［7］
9	范文澜（1955）	3000—?				［8］
10	安志敏（1964）	5000—?				［9］
11	安志敏（1972）	4000—?				［10］
12	夏　鼐（1977）	5000—3000	4770—4290			［11］
13	安志敏（1979）	5150—2310	4940—4085	3910—3265	2460—2310	［12］
14	安志敏（1979）	5150—2960				［13］
15	严文明（1980）	4900—?	4900—4000	4000—3300		［14］
16	安志敏（1981）	4515—2460				［15］
17	夏　鼐（1983）	5000—?	5000—4500			［16］
18	巩启明（1983）	5000—3000				［17］
19	邵望平（1984）	4800—2700	4800—3600	3900—3000	? —2700	［18］
20	严文明（1984）	4900—2500	4900—4000	4000—3500	3500—3000	［19］
21	安志敏（1984）	4500—2500				［20］
22	苏秉琦（1986）	5000—3000				［21］
23	石兴邦（1986）	5000—3000	5000—4000	4000—3600	3600—3000	［22］

续表：

序号	姓　名（创说时间）	年代判定结果（BC）				备注
		仰韶上下限	半坡（含史家）	庙底沟	西王村	
24	任式楠（1989）	4840—3000	4840—3985	3990—3390	3355—3000	［23］
25	张之恒（1992）	4200—？	4200—3000	3200—2500	？	［24］
26	李绍连（1992）	5000—3000	4800—3600	3900—3000	3700—2700	［25］
27	赵宾福（1992）		4900—4000			［26］
28	梁星彭（1994）	4800—2800	4800—3900	3900—3300	3300—2800	［27］
29	张天恩（1994）				3300—2800	［28］
30	工仁湘（1997）	5000—3000	4900—3800	3900—3600	3600—2900	［本文］

备注：

［1］［瑞典］安特生：《中华远古之文化》，《地质汇报》第五号，1923年。

［2］［瑞典］安特生：《甘肃考古记》，农商部地质调查所，1925年。

［3］［瑞典］阿尔纳：《河南石器时代之着色陶器》，《古生物志》丁种第一号第二册，1925年。

［4］梁思永：《山西西阴村史前遗址的新石器时代的陶器》，《梁思永考古论文集》，科学出版社，1959年。

［5］梁思永：《小屯、龙山与仰韶》，《梁思永考古论文集》，科学出版社，1959年。

［6］［瑞典］安特生：《中国史前史研究》，1943年。

［7］尹达：《中国新石器时代》，《新石器时代》，生活·读书·新知三联书店，1955年。

［8］范文澜：《中国通史简编》（第一编），人民出版社，1955年。

［9］安志敏：《仰韶文化》，中华书局，1964年。

［10］安志敏：《略论我国新石器时代文化的年代问题》，《考古》1972年6期。

［11］夏鼐：《碳-14测定年代和中国史前考古学》，《考古》1977年4期。

［12］安志敏：《裴李岗、磁山和仰韶——试论中原新石器文化的类型和发展》，《考古》1979年4期。

［13］安志敏：《略论三十年来我国的新石器时代考古》,《考古》1979年5期。

［14］严文明：《论半坡类型和庙底沟类型》，《仰韶文化研究》，文物出版社，1989年。

［15］安志敏：《中国的新石器时代》，《考古》1981年3期。

［16］夏鼐：《中国文明的起源》，文物出版社，1985年。

［17］巩启明：《试论仰韶文化》，《史前研究》1983年1期。

［18］邵望平：《黄河流域的新石器时代文化》，《新中国的考古发现和研究》，文物出版社，1984年。

［19］严文明：《略论仰韶文化的起源和发展阶段》，《仰韶文化研究》，文物出版社，1989年。

［20］安志敏：《碳-14断代与中国新石器时代》，《考古》1984年3期。

［21］苏秉琦：《纪念仰韶村遗址发现六十五周年》，《论仰韶文化——纪念仰韶村遗址发现六十五周年学术讨论会论文集》，《中原文物》1986年特刊。

［22］石兴邦：《中国大百科全书·考古学·仰韶文化》，中国大百科全书出版社，1986年。

［23］任式楠：《长江黄河中下游新石器文化的交流》，《庆祝苏秉琦考古五十五年论文集》，文物出版社，1989年。

［24］张之恒：《中国新石器时代文化》，南京大学出版社，1992年。

［25］李绍连：《华夏文明之源》，河南人民出版社，1992年。

［26］赵宾福：《半坡文化研究》，《华夏考古》1992年2期。

［27］梁星彭、孙关龙：《黄河文化·仰韶文化》，华艺出版社，1994年。

［28］张天恩：《浅论西王村类型几个问题》，《考古与文物》1994年2期。

一直到70年代以前，这种状况并没有明显改变，学术界仍然拿不出一张各派学者都能愉快接受的仰韶文化年代表来。一般对史前文化年代的判定，依然还是出于研究者的经验估计，所得到的实际只是地层上显示的相对年代。如半坡与庙底沟两个类型的相对年代关系，最终便是由一系列遗址所提供的层位关系确定的。20世纪70年代以后，由于C-14测定年代方法的广泛应用，研究者们获得了大量绝对年代数据，新石器文化的年代学研究有了更为科学可靠的依据，仰韶文化新的绝对年代表开始建立在研究者们都能接受的基础上，而且随着测定数据的增加而逐渐完善起来。

在前文已经提到的安志敏1972年发表的那篇文章里，他运用刚刚公布的几个C–14数据，对仰韶文化的绝对年代进行了首次有测定数据的讨论。当时所能得到的与仰韶文化相关的碳测数据只有6个，它们虽然对仰韶文化半坡和庙底沟两个类型的相对年代都还不足以提供判断的依据，但却使得安志敏第一次最有根据的做出了这样的判断："现有的年代数据表明，仰韶文化至少经历了近千年或更长时间的发展历程；它早到六千年以前，甚至可以追溯到更为久远的时候。"这个年代比起安特生当初的判断来，不仅是提前了许多，而且精确了许多。

到了1977年，夏鼐发表《碳–14测定年代和中国史前考古学》[①]，文中统计的国内测出的C–14数据达到134个，他分析的仰韶文化碳测数据也还只有10个。他认为在半坡类型的4个数据中，有两个可以代表它的上下限，为公元前4770—前4290年，半坡类型的年代可以判定为公元前4800—前4300年。他对庙底沟类型的年代没有具体讨论，只是说明由碳测数据证明它晚于半坡类型。他当时的结论是："整个中原地区的仰韶文化，包括不同时代的各种类型，可能是约公元前5000—前3000年。"他这里采用的下限数据，是当时所知的"大河村类型"的下限。到了1983年，夏鼐在论及仰韶文化的年代时，仍然无法说得很准确，他在应日本广播协会的邀请而赴海东所做的讲演中，两次提及仰韶的年代，列举的仅仅只是半坡遗址或"半坡文化"的数据，为公元前5000—前4500年[②]。

自夏鼐1977年的那篇文章发表两年后，安志敏又连续著文讨论中国新石器文化的C–14年代，他使用的相关数据已增至37个，他取ZK–519和ZK–115两个数据作为仰韶文化的上下限，即公元前5150—前2960

① 夏鼐：《碳–14测定年代和中国史前考古学》，《考古》1977年4期。

② 夏鼐：《中国文明的起源》，文物出版社，1985年。

年，“表明仰韶文化经历了二千多年的发展历程”[①]。他在此前刚发表的另一篇文章中，将半坡类型的年代定为公元前4940—前4085年，庙底沟类型的年代定为公元前3910—前3265年，西王村类型的年代定为公元前2460—前2310年。他将仰韶的下限定为公元前2310年，以与庙底沟二期文化相衔接。另外，安志敏这里选取的上限数据，是属于北首岭下层的标本，它已超出了仰韶文化范畴。他指明的仰韶文化三个类型的年代，实际是公元前4940—前2310年，延续达2600多年[②]。安志敏1981年又一次讨论仰韶文化的年代时，采用的C–14数据有43个，他将仰韶的年代定为公元前4515—前2460年，这一次他没有讨论各类型的年代[③]。到了1984年，安志敏再次运用C–14数据研究中国新石器文化的年代，当时公布的数据已在1000个以上，70%属新石器时代，属于仰韶文化的有50多个。安志敏由这些数据将仰韶文化的年代定为公元前4500—前2500年，这一次也没有就各类型的年代提出新的看法[④]。

C–14数据的增加，提供了更加精确判定仰韶文化绝对年代的前提。严文明1980年著文讨论半坡和庙底沟两个类型的有关问题，用当时公布的两个类型的17个C–14年代数据，判定半坡类型的绝对年代为公元前4900—前4000年，庙底沟类型为公元前4000—前3300年。后来严文明又在写成于1978年，1984年修改，至1989年才发表的《略论仰韶文化的起源和发展阶段》，将仰韶文化的发展过程归纳为4期，即半坡期、庙底沟期、西王村期和庙底沟二期。他根据当时能得到的55个C–14年代数据，将仰韶文化的年代上下限定在公元前4900—前2500

---

① 安志敏：《略论三十年来我国的新石器时代考古》，《考古》1979年5期。

② 安志敏：《裴李岗、磁山和仰韶——试论中原新石器文化的类型和发展》，《考古》1979年4期。

③ 安志敏：《中国的新石器时代》，《考古》1981年3期。

④ 安志敏：《碳–14断代与中国新石器时代》，《考古》1984年3期。

年之间，如果排除庙底沟二期在外，仰韶的年代则在公元前4900—前3000年之间[①]。

在此我们还要提到两部讨论过仰韶文化绝对年代的权威著作，即《中国大百科全书·考古学》和《新中国的考古发现和研究》，这两部著作中的结论所依据的都是C-14年代数据。邵望平在《新中国的考古发现和研究》中，将仰韶文化的绝对年代定为公元前4800—前2700年，她按照三个类型的划分，将半坡类型的年代定为公元前4800—前3600年，庙底沟类型和西王村类型的年代分别为公元前3900—前3000年和公元前3000—前2700年[②]。石兴邦为《中国大百科全书·考古学》撰写的"仰韶文化"条目[③]，将仰韶文化的绝对年代定为公元前5000—前3000年，延续时间为2000年。他将仰韶文化划分为8个类型，中心区为4个类型，在半坡和庙底沟之间单列了一个史家类型，各自的年代如下：

半坡类型　公元前5000—前4500年
史家类型　公元前4500—前4000年
庙底沟类型　公元前4000—前3600年
西王村类型　公元前3600—前3000年

1989年，任式楠在一篇论文中也论及仰韶文化的绝对年代，他将半坡、庙底沟和大河村三个类型作为仰韶文化早中晚三期的代表，年代分别为公元前4840—前3985年、公元前3900—前3390年、公元前

① 严文明：《论半坡类型和庙底沟类型》《略论仰韶文化的起源和发展阶段》，《仰韶文化研究》，文物出版社，1989年。

② 邵望平：《黄河流域的新石器时代文化》，《新中国的考古发现和研究》，文物出版社，1984年。

③ 石兴邦：《中国大百科全书·考古学·仰韶文化》，中国大百科全书出版社，1986年。

3355—前3000年，整个仰韶文化的年代则为公元前4840—前3000年[①]。

仰韶文化的年代，由于大量C–14数据资料的积累，我们现在可以得到比以往任何时候都要准确的绝对年代。半坡、庙底沟和西王村文化的年代数据，已经发表的有70多个，除了大约20个左右存在明显偏早偏晚的问题外，多数年代数据都应当说是可信的和可靠的[②]。此外，大约还有10多个数据，由于文化类型的归属暂时还不大明确，所以未能列入本文的数据一览表中。

半坡文化的C–14年代数据，共有31个，测定标本多数采自大地湾、北首岭、半坡、姜寨、瓦窑堡和何家湾。这些数据中有几个明显偏早或偏晚，经过高精度校正的数据多数在公元前4700—前4200年之间。舍弃偏早偏晚的数据以后，最早的为公元前5048—前4770年（ZK–0516），最晚的为公元前4036—前3819年（ZK–2721），据此核定半坡文化年代的上下限，取两个数据的平均值为公元前4909—前3836年。半坡文化的年代最终可以判定为公元前4900—前3800年之间，延续时间达1000年以上。

庙底沟文化的C–14年代数据，共有20个，测定标本多数采自大地湾、北首岭、西关堡和庙底沟。这些数据中明显偏早或偏晚的有8个，偏晚的数据较多，舍弃偏早偏晚的数据以后，多数在公元前3990—前3500年之间，最早的为公元前4035—前3790年（ZK–2177），最晚的为公元前3302—前2910年（ZK–2180）。核定庙底沟文化年代的上下限，取两个数据的平均值为公元前3913—前3568年。据此判定庙底沟文化

---

① 任式楠：《长江黄河中下游新石器文化的交流》，《庆祝苏秉琦考古五十五年论文集》，文物出版社，1989年。

② 本文引用的C–14数据，主要采自中国社会科学院编：《中国考古学中碳十四年代数据集（1965—1991年）》，文物出版社，1991年。1991年以后的数据取自《文物》和《考古》杂志刊载的C–14数据测定报告，不一一注明。

的年代为公元前3900—前3600年之间，上限与半坡文化年代的下限略有重合，延续达300年以上。

西王村文化的C–14年代数据，共有22个，测定标本多数采自大地湾、福临堡和泄湖。这些数据中明显偏早的较多，舍弃偏早的8个数据以后，多数在公元前3600—前3000年之间，最早的为公元前3772—前3517年（BK79027），最晚的为公元前3016—前2707年（ZK–2058）。核定西王村文化年代的上下限，取两个数据的平均值为公元前3530—前2867年。据此判定西王村文化的年代为公元前3600—前2900年之间，其上限大体与庙底沟文化的下限相衔接，延续达700年以上。

以半坡—庙底沟—西王村文化为内涵的仰韶文化的年代，取半坡文化的上限为公元前4900年，和西王村文化的下限为公元前2900年，跨度大致在公元前5000—前3000年之间，延续发展达2000年上下。也即是说，它在公元前约5000年承续前仰韶文化而来，在公元前3000年以后演为龙山时代文化而去，它是黄河中游地区延续发展了20个世纪的一支重要的新石器时代文化。

我们将根据C–14数据表判定的仰韶文化的绝对年代，用简单一点的方式表述如下：

半坡文化　公元前4900—前3800年

庙底沟文化　公元前3900—前3600年

西王村文化　公元前3600—前2900年

其他几个过去划属仰韶文化，我们建议独立命名的后岗文化、大司空文化、大河村文化、下王岗文化[①]，它们一般也都有较多的碳测数

① 关于这几个文化的独立命名，书中另有专门讨论。

据用以判定绝对年代，年代判定结果如下：

后岗文化的C-14年代数据，已经公布的有8个，标本主要采自后岗、西水坡和南杨庄。多数在公元前4500—前4000年之间，最早的为公元前4665—前4360年（ZK-2304），最晚的为公元前3930—前3648年（BK85065），年代上下限为公元前4513—前3489年，据此判定后岗文化的年代为公元前4500—前3500年之间，延续达1000年上下。

大司空文化的C-14年代数据，只有河北容城午方遗址一个标本测定的结果，精确校正年代为公元前3040—前2783年（ZK-1234），我们还不能据此判定这一文化年代的上下限，可以将它延续的年代暂定为公元前3100—前2700年，大体上晚于后岗文化。

大河村文化的C-14年代数据较多，共有41个，标本主要采自大河村、青台和点军台。舍去个别偏早或偏晚的数据，多数在公元前3900—前3000年之间，最早的为公元前3986—前3782年（WB82-04），最晚的为公元前3028—前2782年（WB81—26），年代上下限为公元前3884—前2905年，据此可以判定大河村文化的年代为公元前3900—前2900年之间，延续达1000年以上。

下王岗文化的C-14年代数据只公布了5个，其中有一个偏早，另4个在公元前4780—前4360年（GC-0083）和公元前2920—前2491年（GC-0088）之间。它们暂可取作下王岗文化年代的上下限，为公元前4570—前2706年，下王岗文化的年代约当公元前4600—前2700之间，延续近2000年。

这几个文化与仰韶文化的年代关系，我们可以用下面的图表来进行比较（表2.3）。

表2.3　仰韶文化与其他相关文化绝对年代比较表（BC）

					2700
					2800
				3100—2700	2900
3600—2900		3900—2900			3000
				大司空文化	3100
					3200
					3300
					3400
					3500
西王村文化					3600
					3700
3900—3600					3800
庙底沟文化		大河村文化			3900
					4000
					4100
					4200
4900—3800	4500—3500		4600—2700		4300
					4400
半坡文化	后岗文化		下王岗文化		4500
					4600
					4700
					4800
					4900
仰韶文化	其　他　文　化				年代（BC）

这个简明的图表说明，后岗文化的上限相当于半坡文化中期，下限相当于西王村早期；大河村文化的上限与庙底沟文化上限相当，下限与西王村文化相同；下王岗文化上限也是相当于半坡文化中期而略早于后岗文化的上限，下限则晚于西王村文化而越过了仰韶的下限。

仰韶文化绝对年代的确定，还得益于前仰韶和后仰韶文化年代的确定。前仰韶文化—白家村文化（或称大地湾、老官台）、磁山文化、裴李岗文化，后仰韶文化—庙底沟二期文化，都有明确的C-14年代数据，限于篇幅，具体数据在此不拟展开讨论。

关于仰韶文化绝对年代的界定，与过去的各种说法相比较，现在应当说结论偏差不会太大了。联想研究仰韶文化年代走过的70多年的历程，我们有这样几个明显的印象：1. 最初的年代判断较为保守，有政治观念的影响，也有资料的局限，还有研究方法上的缺陷。片面的比较研究，得出的结论自然也是片面的。2. 仰韶文化年代的上限不断在往前提，往前提的幅度达到2000多年。前仰韶文化的确立，将仰韶文化的上限确定在公元前5000年左右，这应当是一个明确的界限了。3. 仰韶文化年代的下限也经历了逐渐往前提的过程，从最初与夏代相衔接，到与早期龙山文化相衔接，往前提的幅度达到1000多年。4. 随着C-14测定数据的增加，绝对年代判定越来越确定，也越来越可信，现在主观的判断基本被客观的数据所代替，各种意见也有了统一起来的基础。

C-14测定年代技术的发明与应用，确实带来了史前考古学的一次革命性的转变。对仰韶文化绝对年代的推定，经过半个世纪的经验判断之后，我们拥有了一大批C-14测定的数据，我们现在提出的这个年代表，也许今后还会修改补充，但它肯定是我们在20世纪所能得到的仰韶文化绝对年代最准确的数据了，我们带着这个年代表进入21世纪，应当感到满足了。也许在下个世纪，考古学又会拥有一种或多种更精确更可信的测年技术，那时就会有一张新的仰韶文化年代表出现在未来学者的面前，但愿会有这一天，应当会有这一天。

第三章

仰韶文化的聚落、建筑和埋葬习俗

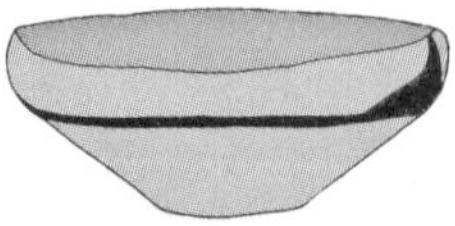

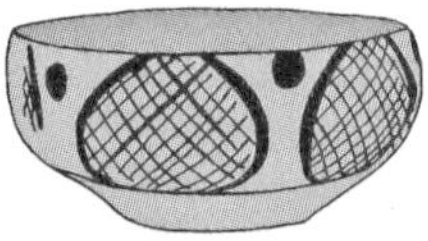

或弧或圆。

或繁或简。

仰韶人看到的是红黑之色，

陶工画出的是心声。

原始聚落：结构严谨的社群

仰韶文化遗址主要分布在黄土高原上，少部分在黄土地带的边缘地区。关中渭河流域是这支文化分布的中心地区，这里的遗址多位于发育较好的马兰阶地上，特别是河流交汇处。遗址分布较为密集，在沣河中游沿岸其密度大体与现代村落相等，在10公里距离内发现遗址10多处。遗址面积一般在数万或十数万平方米，大的几十万乃至百万平方米，最大的如华阴西关堡、咸阳尹家村遗址可达100万平方米左右。文化堆积厚度一般为1米至5、6米。各遗址往往保存着房基、灰坑、陶窑、墓葬或大片墓地。仰韶早期的这些大型遗址为中心聚落，到晚期在中心聚落基础上开始形成城市，在仰韶文化中心分布区的外围地带发现了筑有城墙的城址。

经科学发掘的重要遗址，如秦安大地湾、西安半坡、宝鸡北首岭、临潼姜寨、华县泉护村、铜川瓦窑沟、陕县庙底沟、翼城北橄等，多数都可以看出当时村落的大致布局。其中以大地湾、半坡、姜寨、北首岭等地的村落布局较为清楚，居住遗迹也保存比较完整。

大地湾遗址分为两个部分，一部分位于五营河岸边，为半坡文化时期的一处聚落遗址；另一部分位于甲址以南的小山坡上，为西王村文化时期的大型聚落遗址。前者发现的房址有100多座，门向都向着中心广场。居住区外围有壕沟环绕，西部为墓葬区。后者面积约36万平方米，村落布局以北边山坡的901号大房子为中心，向南呈扇面形展开。整个村落分成若干小区，每个小区中都有大房址和小房址。大地湾已经发掘的240座房址绝大多数都属仰韶文化时期，这是仰韶文化的一处山地村落，在聚落布局上别有特点，与半坡、姜寨等遗址不完全相同。

西安半坡遗址位于西安城东一条小河的二级阶地上，面积约5万平方米（图3.1）。遗址只发掘了一部分，总体布局不很清晰，大体可看出分为居住区、氏族墓地及公共窑场三部分，平面为不规则的圆形。居住区面积约3万平方米，发掘出一座大型的和45座中小型的房基，房址门向大体朝南，有一条小沟将居住区分为南北两片，中间有道路相通。房址附近发现了200多个窖穴，还有两处简陋的长方形建筑遗迹，推测是饲养牲畜的圈栏或哨棚之类。遗址发现的70多个幼儿瓮棺葬，主要分布在居址周围。围绕着居住区挖有宽深各5米—6米的壕沟，为村落的防御性设施。壕沟以北有公共墓地，发现有170多座成人墓葬。壕沟以东有公共窑场，发现了6座陶窑。

临潼姜寨遗址面积约为5.5万平方米，是一处比半坡更为完整的新石器时代聚落遗址（图3.2）。居住区中心为一面积为4000平方米的广场，广场四周的地势稍高，100多座房屋基址构成5—6组，围绕在广场周围。每组建筑以一个大型房屋为主体，附近分布着十几座或二十几座中小型房址。小型房址又以中型房址为布局的次中心，构成一个个更小的单元。房址无论大小，几乎所有门向都朝向中心广场。有些房址附近分布着窖穴群或幼儿瓮棺葬群。广场的西边，还有两处牲畜夜宿场。居住区周围，挖有宽深约2米的壕沟，在东部留有跨越壕沟的通道，建有寨门和哨棚。壕沟外东北部及东南部有3片较大的公共墓地，有170多座成人墓。西南方向的小河旁发现了几座窑址，是一处公共窑场。

宝鸡北首岭遗址面积约6万平方米，居址和墓地构成聚落的主体。遗址西靠陵塬，东临河流，平面为长椭圆形。聚落有一个面积约6000

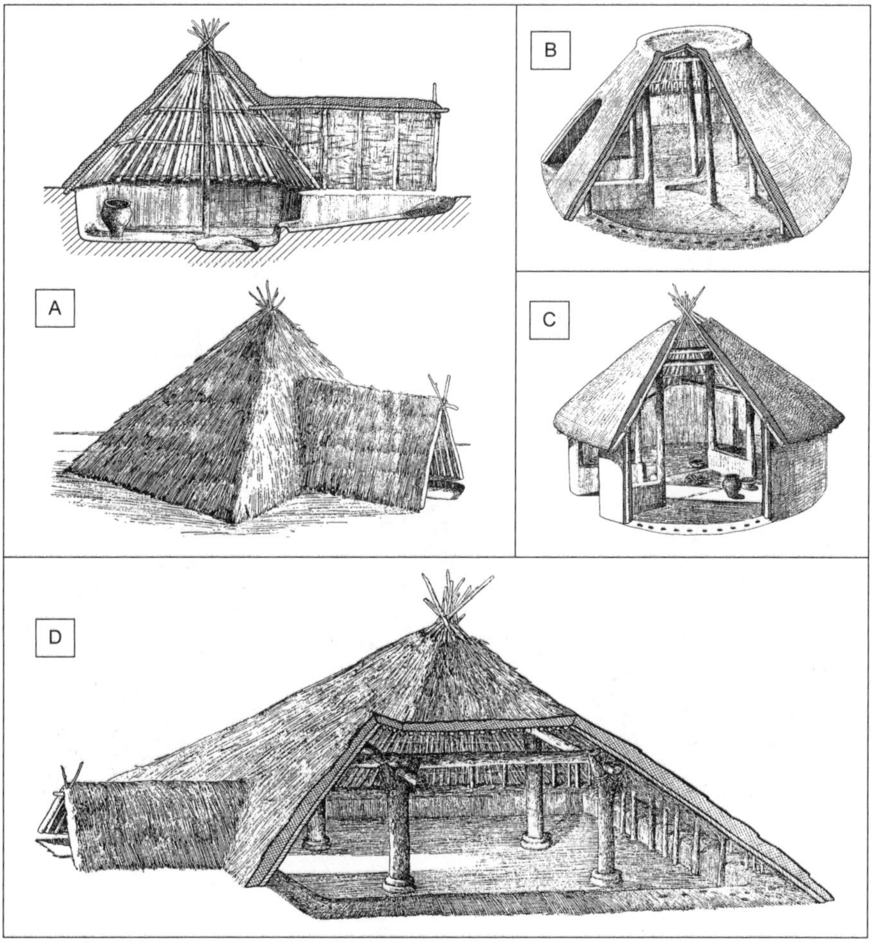

图3.1　半坡遗址房址复原图

A. 41号方形房址　B. 3号圆形房址　C. 22号圆形房址　D. 1号方形房址

（引自《西安半坡》，科学出版社，1963年。）

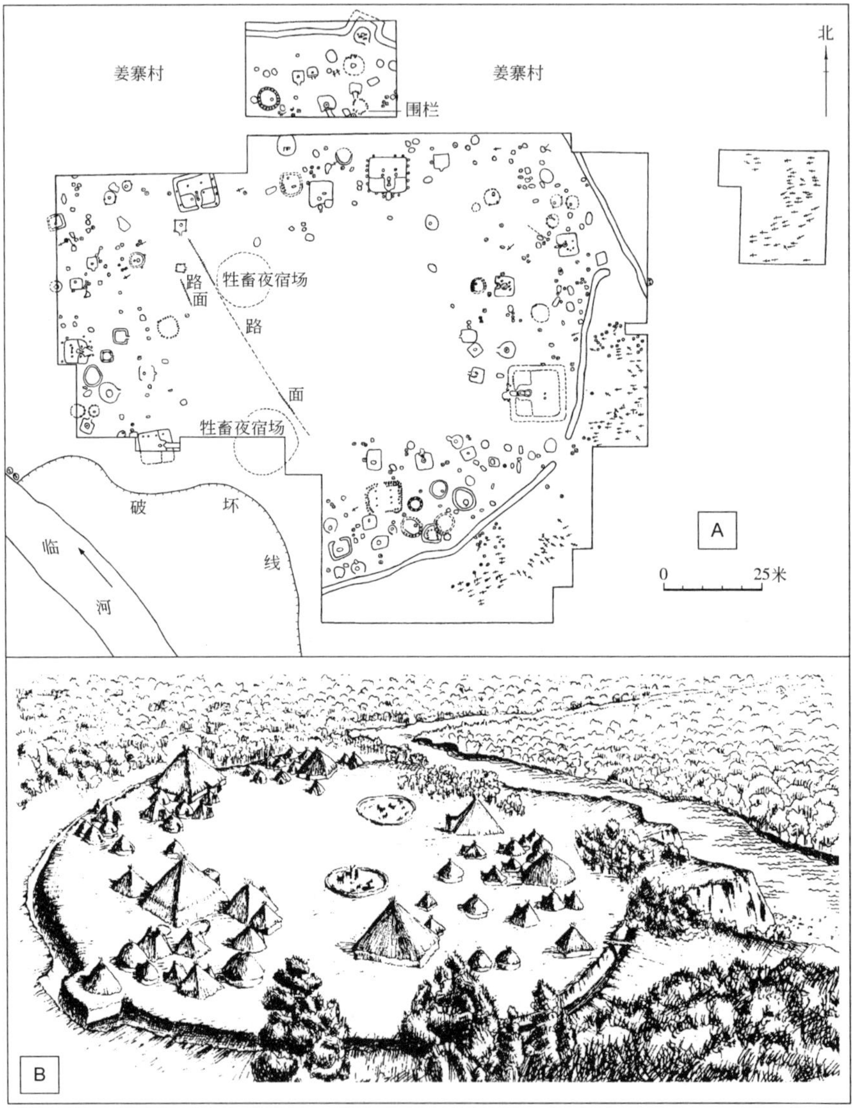

3.2 姜寨遗址及复原图

A. 平面图 B. 复原示意图

（引自《姜寨》下册，文物出版社，1988年。）

平方米的中央广场，近50座房址分为3组环绕在广场周围，门向多数也都朝向广场。居址以南为墓地，发现墓葬400多座。

有许多研究者认为，在北首岭、半坡、姜寨和大地湾所揭示出的聚落布局，可能是几个氏族或胞族集聚的部落居址。像大地湾遗址面积达36万平方米，应是聚落群中的中心村落，它是高于一般村落一级结构的所在地，或许就是部落联盟的所在地。无论是部落的居址还是单个氏族的居址，它都形象地体现着氏族制度具有的那种向心精神。居住区内居址分组分群现象和墓葬区分片分群现象，显然与居民之间存在的亲疏关系有关①。

仰韶文化聚落的发展表现有一定的时代特点。半坡文化的村落面积较大，布局整齐有序，庙底沟文化至今还没有发现半坡文化那样的村落居址。到了仰韶文化晚期，聚落形态又有了新的变化，可能已经出现了围绕着高大城墙的城市。1995年，郑州西山发现了一座“仰韶文化晚期”的城址，是在黄河流域发现的年代最早的史前城址。城址平面近圆形，尚保存有高3米、宽5米—8米的残垣，城外环绕着宽5—7.5米、深约4米的壕沟。城墙采版筑法夯筑而成。城址规模并不大，城内面积估计为3万平方米。城址时代为大河村文化晚期，延续使用的时间为距今5300—2800年。有研究者认为，这座城址的性质还只是一个具有中心聚落意义的城堡，属于“雏形城市”，也可能是“军事民主制时期部落联盟中心”，还不是一个真正统治一方的政治中心②。

---

① 巩启明、严文明：《从姜寨早期村落布局探讨其居民的社会组织结构》，《考古与文物》1981年1期。

② 许顺湛：《郑州西山发现黄帝时代古城》，《中原文物》1996年1期；曹兵武：《关于郑州西山古城的一点思考》，《中国文物报》1995年11月12日；马世之：《郑州西山仰韶文化城址浅析》，《考古文物研究——纪念西北大学考古专业成立四十周年文集》，三秦出版社，1996年；杨肇清：《试论郑州西山仰韶文化晚期古城址的性质》，《华夏考古》1997年1期。

在仰韶文化中心分布区也应当存在同期的城址，只是目前暂时还没有发现。

仰韶文化的聚落有这样几个明显的特点：1. 由大小不同按一定规则排列的房子构成聚落的中心；2. 有中心广场一类的公共活动场所；3. 有公共窑场；4. 居址外围建有壕沟、哨棚之类的防御设施；5. 居址附近有分片的公共墓地。

仰韶文化的房屋建筑很有特点，在建筑技术方面经历了一个逐渐提高的过程，房屋建筑质量也有了逐渐提高（图3.3）。一些研究者注意到，仰韶文化遗址中发现很多灰坑，其中大部分用作窖穴，少数应是作居址的坑穴。窖穴中有的口大底小，有的穴壁较直，还有一种是口小底大的“袋形穴”。多数袋形穴形状规整，口部或方或圆，穴壁平整，还有台阶供上下，姜寨遗址就发现了不少有台阶的窖穴。半坡遗址2号袋形穴东北壁上掏有小龛，放置两个带盖的敛口罐。这类窖穴应是作居址使用的，坑穴一般较大，如泉护村1075号坑穴，深2.5米，面积超过20平方米，底部有草泥土面，东壁下有一烧灶。泉护村1096号坑穴，深2.9米，面积近20平方米，有斜坡出入口，通过5级台阶可盘旋而下，穴底中央有烧灶。

仰韶文化居民除仍沿用少数穴居外，一般是居住在精心营造的房屋内。迄今所发现的仰韶文化房址，已发掘出了500多座，较重要的有半坡46座，姜寨约120座，北首岭32座，福临堡12座，李家沟15座，瓦窑沟23座，下孟村7座，北橄9座，大地湾约240座。仰韶文化的房屋可分为圆形半地穴式、圆形地面式、方形半地穴式、方形地面式、方形地面多间式。

圆形半地穴式集中发现于半坡、姜寨和瓦窑沟。建筑平面近圆形，一般面积较小，直径多为5米—6米。房基凹入地下，坑壁有一周柱洞，室内也有数目不等的柱洞，门内两侧有矮墙，室中央有长方形

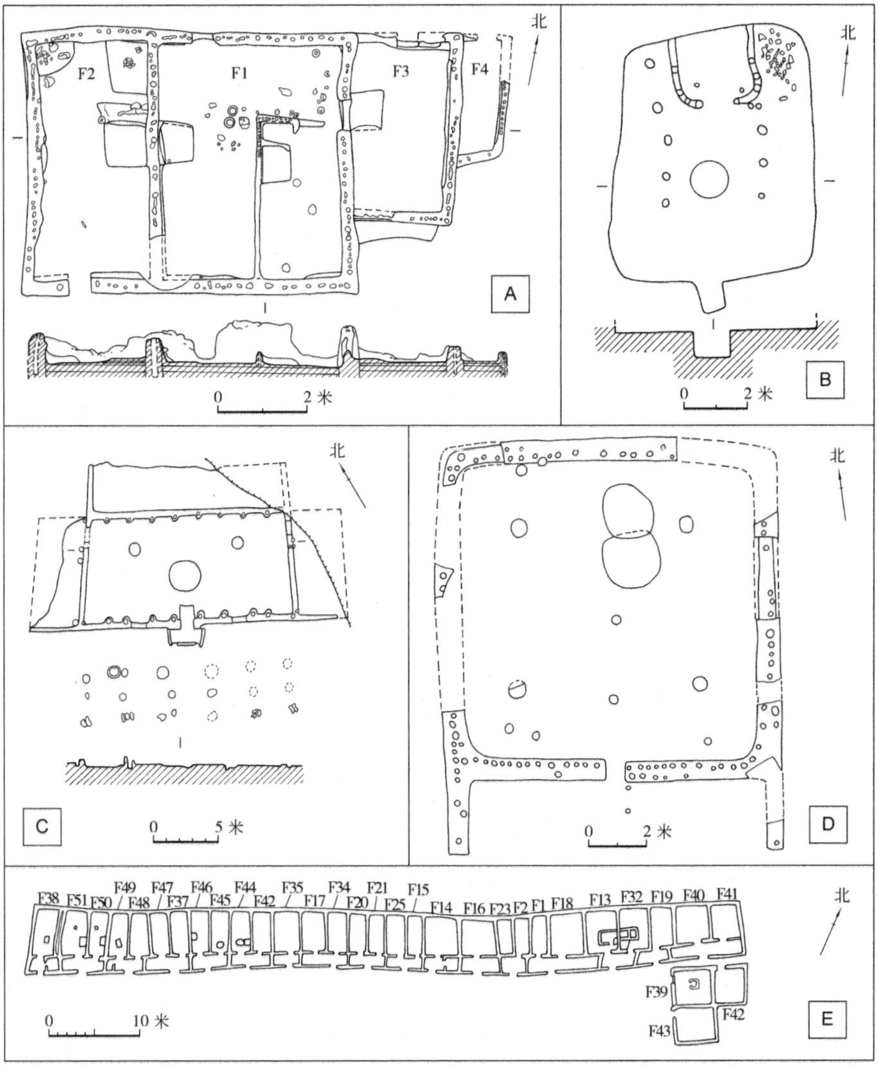

图3.3 仰韶文化房址

A.大河村F1–F4平面和剖视图 B.李家沟F1平面、断面图

C.大地湾F901平面、断面图 D.案板F3平面图 E.下王岗排房房址平面图

或瓢形灶坑或浅圆灶面，有的灶坑后部设有保存火种的陶罐。居住面与墙壁经火烧烤，坚硬平整，少数也有不经烘烤的。如半坡3号房址，房基正圆，直径为5米，凹入地下近1米，门向南稍偏西，门内两侧有隔墙，长1米余。室中央有长约1米的瓢形灶，灶前后排列着6个柱洞。居住面下层铺垫有树枝，面上涂有8厘米厚的草泥土面，并经烘烤。

圆形地面式居址也集中见于半坡、姜寨。这种房址与圆形半地穴式在布局上大体相同，区别在于它直接由地面筑墙。如半坡22号房址，平面为正圆形，直径4.6米，平地起墙，墙厚0.25米—1.3米。房门向南，门内两侧有隔墙，隔墙北端稍向内折，室中间有长方形灶坑，四周有四个柱洞，灶坑后部的两柱洞之间残存有矮小隔墙，居住面为5厘米厚的草泥土。

方形半地穴式居址平面为方形或长方形，又可分为大、中、小三型，最大的约160平方米，小的仅10平方米左右。大房址一般为方形，房基凹入地下，有狭长的坡式或阶式门道，门道和居室之间有门槛，室内有数目不等的柱洞，中央有灶坑，有些灶坑也见到火种罐。居住面及坑壁多经烤烧，坚实平整。这种中小型方形圆角半地穴式是关中豫西地区仰韶文化中最常见的房址。如半坡41号房址，东西长4.4米、南北宽3.2米，房基凹入地下0.4米，门向南，门道长2.3米，呈斜坡状，有门槛，门内有隔墙。在同一类型的庙底沟301号房址的柱洞内，还发现了充当柱础的石块。大河村的16号房址，地面以上的墙壁系由红烧土块垒砌而成。大河村14号房基四周有50多个排列均匀的柱洞，室内中央有方形烧土台，居住面经多次修整，铺设达10层之多，由料姜石粉、黄砂及少量黏土合成，铺平、砸实、抹光并经火烤。这种以料姜石铺设居住面的方法也见于北首岭同类房址。

半坡、泉护村和姜寨所发现的大型房基均属方形半地穴式建筑。半坡1号房址已残破，推算面积达160平方米。房基凹入地下0.5米，坑壁厚约1米，壁内有柱洞，转角处柱洞较为密集。室内原应有4根擎梁柱，柱脚围以泥圈形成柱基。在居住面下发现一带盖陶罐，是建房时有意埋入的。姜寨的大房子，面积一般都在80平方米以上。有较宽的门道，室内迎门有火塘，火塘两侧有高出地面的宽大平台。在这类大房子中较少见到中小型住屋内常见的那些生活用具和日用陶器。

方形地面式居址平面为方形或长方形，由地面起筑。这类房子在河南地区发现较多，是豫中地区大河村文化主要的建筑形式。按面积又可分大、中、小三型。洛阳王湾11号房址，墙基为挖槽建造，内填红烧土碎块，房基内外都有柱洞。15号房址的墙基由大块平整的砾石铺成，上面直接筑墙，墙内立木柱，外敷草泥土，室内有较大的平台，台的外端有矮小的隔墙。居住面用两种不同的材料构筑，一为草拌泥的红烧土，表面坚硬，一为石灰质三合土做成，坚硬光滑。大河村的方形地面式建筑的居住面也多用细砂、黏土和料姜石粉的物质层层铺垫，多者达11层，居住面修建得相当考究。

在庙底沟文化时期，已经有了少量方形套间房址。铜川李家沟遗址的1号房址，面积约50平方米，在房屋内另筑有一个约5平方米的小套间，套间还留有较宽的门道[①]。典型的方形地面多间式房址，较多见于河南地区大河村文化和下王岗文化，在秦安大地湾也有发现。大河村遗址发现有三组共12间连间的建筑，房基保存完好，墙壁残高有的间达1米。三组连间建筑的结构及营造工艺大体相同。以1—4号一组房址为例，四间房基均为南北长方形，作东西并列相连。1、2号为同时建成，两间有共用的一面墙壁，3号利用1号东壁接筑，4号又利用3号东壁接筑。最西端的2号门向南，1、3、4号门均向北。中间的1号面积最大，

① 西安半坡博物馆：《铜川李家沟新石器时代遗址发掘报告》，《考古与文物》1984年1期。

有灶台，放置有20多件陶器，内有小型套间，套间内也有土台。2号房址内有三个土台，台面上放置日用器物及粮食。3号房址内也有一方形土台。4号面积最小，仅2平方米左右。这三组连间建筑的营造方式大体是：首先平整地基，铺垫厚约10厘米的沙质草泥土，开挖墙壁基槽，同时在南部挖好窖穴。然后沿房基或基槽四周栽立木柱，立柱间加填芦苇束，绑缚横木，并在内外两侧敷以厚约10厘米—15厘米的草泥土。筑好墙壁后加工居住面，铺设数层砂质地面，最后一层白灰粗砂硬面涂抹在墙壁或室内土台之上，然后都经大火长时间烘烤，呈红色或青灰色，坚硬光滑。三组连间建筑中出土了大量陶器及日用什物。

淅川下王岗遗址发现一座长屋基址，坐北朝南，长达85米，进深6.3米—8米，房屋分间达49间之多。长屋中的正房都设有门厅，构成17个单元套房，多数为单间套房，少数为双间套房，有的还建有门槛，门向东南。另有3间无门厅的偏房，为单间居室，门向西南。这三类房间内除门厅外都发现了铺地的竹席痕迹，居住面平坦坚实，草拌泥墙壁光滑平整，表明它们都是居室。1/3的套房内建有火灶，有的一房一灶，有的一房二灶，还有一房六灶的。双间套房面积为15.35平方米—38.85平方米，单间套房为13.58平方米—22.02平方米，单间房为18.78平方米。长屋西头，还建有一座面积不足5平方米的干栏式粮仓①。

秦安大地湾遗址发现了殿堂一类的大型宗教性建筑，其中901号房址就是一座由前殿、后室和东西两个厢房构成的多间式原始殿堂建筑，原有全部建筑面积当在300平方米以上。前殿宽16米，进深8米，面积达130平方米。正门向南，左右有侧门，东西还有通向厢房的两扇门。迎正门建有一座灶台，残高0.5米，直径约2.5米。前殿偏后部有顶梁柱2根，直径达90厘米。南北墙面各有立柱8根，柱径近50厘米，都

---

① 河南省文物研究所等：《淅川下王岗》，文物出版社，1989年。

有石柱础。前殿的地面、墙面、柱面、灶台都抹有料姜石灰浆，地面铺草泥烧土块后，再以小石子、砂粒和灰浆制成厚近20厘米的混凝土层。殿内地面上出有一些器形特殊的非日用陶器。殿外还有约130平方米的地坪，发现排列整齐的12个柱洞。这座建筑规模宏大，布局有序，结构复杂合理，建造方法讲究，工艺技术精良，它不是普通的居室，可能是举行宗教仪式的公共建筑。由室内大量的烧土堆积、炭屑灰烬等迹象分析，这座大型建筑毁于一场突然的大火①。

类似的建筑在扶风案板遗址也有发现，同属仰韶晚期的3号建筑也是一座由主室和前廊构成的方形大房址，面积165.2平方米。它位于遗址中心部位的最高处，坐北朝南，居高临下。在它周围的灰坑中出土了不少陶塑人像，表明这座大型建筑曾是宗教活动中心所在②。

更值得注意的是，分布在豫陕晋地区的庙底沟文化遗址发现了一些特殊的大房址，也是一种半地穴式建筑，房基平面为五边形，不同于方形和圆形。这时的建筑观念应当有了明显变化，这种变化的动因还有待研究。

由时代上的特点来说，仰韶早期的居住建筑以单间为主，平面形状有方形和圆形两种。居住建筑的这种平面形状上的差异，还明显地表现有地域上的特点。北首岭的房址几乎全为方形，半坡和姜寨则是方圆都有，而豫西一带的房址大体都是圆形。也即是说，仰韶文化早期的房址，分布中心的关中地区有方形也有圆形，而它的东部是圆形建筑传统，西部则是方形建筑传统。到了庙底沟文化时期，方形居址

---

① 甘肃省文物工作队：《甘肃秦安大地湾901号房址发掘简报》，《文物》1986年2期；赵建龙、阎渭清：《关于大地湾F901房基的几点认识》，《考古与文物》1990年5期。

② 西北大学文博学院考古专业：《案板遗址仰韶时期大型房址的发掘》，《文物》1996年6期。

的建筑传统占据了主导地位，这是显得更为进步的一种建筑技术。到西王村文化时期，多数居址已采用平地建筑方式，半地穴居址较少见到了。与仰韶文化关系密切的一些文化中出现了一定数量的多间连建的大型居址，表明建筑技术有了相当的发展。

仰韶文化的居住建筑形式，具有穴居—半穴居—地面单间建筑—地面多间建筑的发展序列[①]。

关于关注度较高的仰韶大间房子，研究者的看法并不一致。对仰韶文化研究稍有关注的人，提起考古发现的“大房子”，大概都不会感到太生疏，它一直是聚落考古研究中的一个热门话题。

我们注意到在1983年，汪宁生发表《中国考古发掘中的“大房子”》一文，就民族学中的大房子和考古发现的大房子进行了类比研究，认为仰韶文化中发现的大房子具有不同的用途，“西安半坡和华县泉护村的大房子是集会房屋，临潼姜寨的五幢大房子是集会房屋或男子公所”。他在结语中还特别强调了这样几点：

1. 远古时期的大型房屋用途各异，可以是公共集会场所或男子公所，可以是首领住宅，不是所有大房子都是供许多家庭集体居住的公共住宅；

2. 即使是作为公共住宅使用的大房子，内部组织也有一些不同的变化，共居者可以是一个氏族，或一个家族，甚至可以是一种地域性组织；

3. 远古居民的婚姻制度和世系法则与房子的大小没有必然的联系，不能在考古中一见到大房子就认定它的居民一定就处于母系社会；

① 杨鸿勋：《仰韶文化居住建筑发展问题的讨论》，《考古学报》1975年1期；《黄土地带源于穴居的建筑发展》，《文物天地》1987年6期。

4. 集体居住在大房子中的家庭，其经济生活的方式也是多种多样的，既有共同经济方式，更有家庭个体经济方式，不能一见大型住宅就认定居住者过着集体劳动、平均分配的共产制生活；

5. 不同的民族、不同的文化都可能兴建大房子，认为大房子是仰韶文化一个明显特征的说法是不恰当的[①]。

大房子的用途，不可一概而论。

① 汪宁生：《中国考古发掘中的“大房子”》，《民族考古学论集》，文物出版社，1989年。

捐弃：一个特别的史前房屋习俗

记得儿时在故乡，看到一些农户在有老人去世后，在家中神柜旁陈列有一座色彩绚烂的纸屋，有如琼楼高阁，是一种极漂亮的工艺品。纸屋虽是漂亮，却也不能常留家中，在摆到一定时间后便要拿到村外用火焚毁，这件创作就这样在火焰中灰飞烟灭。那场面是很肃穆的，这被称作“灵屋”的艺术品，是送给死者的魂灵作居所的，亲人用火焚毁它，是采用这个方式将它送给了死者。这是现代汉族葬俗中还保留着的一部分相当古老的内容，为死者在冥间准备一座魂灵居住的房子，我相信这风俗的形成一定有一个非常古老的渊源。果然在考古学研究中，我们找到了这风俗在史前时代即已形成的上源，它像一条溪水弯弯曲曲地流淌了千万年，一直流到了我们的眼前。

近些年以来，一些研究者开始关注史前居住文化中属于精神方面的内容，有的论文涉及一种有意废弃房屋的居住风俗的研究。这是一种尚待进一步研究的比较独特的风俗，它的研究将会对新石器时代的田野考古提出新的课题，值得引起重视。我因为在近20年前也注意到过这个问题，在一篇短文中专就这种居住风俗进行了探讨，所以更加关注这方面研究的进展，关注这风俗与现代焚烧“灵屋”做法之间的联系。现在重新介入这个课题的研究，一是想对目前相关的研究成果做一个简单的小结，二则是想在以往研究的基础上做进一步的展开讨论，希望对深化这个课题的研究起到些许作用。

在史前时代流行的这种特别的居住风俗，按照古代学者的定性和定名，称为“房屋捐弃”，是古时人们专为死者废弃居住建筑的一种特别的行为。由于这是人类社会一种以满足精神需求为目的的行为，所以不怎么为传统上以实证为制约的考古学者所注意。正因为不注意，我们不是对发现的大量相关现象不得其解，就是对这些现象视而不见甚至是略而不计，不予报道，更不可能进行比较详尽的研究。有些从事史前时期田野考古的同行，也可能并不觉得这是一个要紧的问题，我们觉得作为发掘者至少应当考虑史前可能存在这种捐弃房屋的风俗，应当在发掘过程中尽可能多做些观察。本文之所以要不厌其烦地复述已取得的相关研究成果，为的是引起发掘者们的一点关注，这也是本文的另一个目的。

一、研究缘起

还是在近20年前，考古发现的与新石器时代居址有关的一些特别现象引起我的注意，查阅了一些资料，在做过一番思考后我写成短文《奇特的房屋捐弃之风》，刊载在1982年的《化石》杂志上[①]。初稿的文字还要略长一些，因为《化石》刊物容量较小，又具有科普性质，所以按照编辑的要求做了压缩改写，删去了约近一半的篇幅。这样一来，虽然阐述显得不够充分，但问题是基本提出来了。我认为新石器时代出现过一种废弃房屋的风俗，这种风俗还以不断改变的方式影响

① 王仁湘：《奇特的房屋捐弃之风》，《化石》1982年1期。

到后来文明时代的社会生活。

我在那篇短文中指出，考古学家们在中国新石器时代遗址发现的一些居址，有的可能是有意废弃的，一部分是焚毁的，也有一部分是捣毁的。经引证国内外民族学资料进行比较研究后确认，这种废弃居址的做法是史前曾经普遍存在的一种特别的居住风俗，是一种与死者安葬相关的风俗，并根据中国古文献的定名，将这种居住风俗称为"房屋捐弃"。那篇文字可能是刊物发行面较窄，也可能是矢不中的，似乎没有引起多少反响，后来做同类课题研究的人好像都没有读到它。当然也可能会被认为是小题大做，不值说道。正因为如此，我在后文将要重提一些曾经列举过的论据，在此基础上扩展本篇对史前房屋捐弃风俗的再研究。

我们注意到近年来有几位研究者陆续涉及有关的居住风俗的研究，都是由考古材料出发，对一些与居址相关的葬俗进行了探讨，很有意义。在这些论文中，我们可以列举陈星灿、李新伟、杨虎和刘国祥诸位的研究，来评价中国考古学界对这种居住风俗的关注程度。

陈星灿先生是较早注意到相关居住风俗的研究者之一，1989年他收集了欧、亚、非三大洲从旧石器到新石器时代大量的考古学例证，并结合民族学资料，对史前居室葬进行了研究①。他援引台湾原住民的葬俗资料说，泰雅族在人死后，就在室内的床下位置挖一个圆形的墓穴，将死者葬入后继续居住。床下一般只能埋葬2人，死者过多就要拆毁房屋，另建新居。邵族、排湾族和曹族也是将死者墓穴建在室内，等到室内没法再埋葬更多的死者时，就迁居他处，另建新居。赛夏族在家长死后就葬在室内床下，家人要另建新居。卑南人的做法有些不同，他们是将被杀、难产、自杀等凶死者埋葬在室内，家人则弃房另

① 陈星灿：《史前居室葬俗的研究》，《华夏考古》1989年2期。

建新居[1]。陈星灿就民族学资料对类似的居室葬的出现原因进行了两方面的解释，认为一是属亲情的，是生者为了死者在另一个世界的正常生活；一是属功利的，为了生者的安定，防止死者惊扰。这些认识是很有意义的，但是唯有一点遗憾的是，他除了说明民族学材料中施行居室葬者因葬满死者后要另建新居的动机外，没有列举为何要迁居的其他更多的理由。

在陈星灿先生那篇文章发表约10年之后的1997年，杨虎、刘国祥先生根据他们在内蒙古敖汉旗兴隆洼遗址的发现，对中国新石器时代的居室葬进行了探讨。兴隆洼为中国新石器时代早期的一座大型聚落遗址，在清理的170座房址中，有30多座发现了埋葬在房址内的墓葬。这些发现了墓葬的房子，有的在葬仪举行后仍然继续居住过一段时间，有的则在葬入死者的同时就废弃了。他们也较全面地列举了考古发现的其他居室葬证据，并比照民族学的相关资料进行了研究，认为居室葬俗的出现是一种灵魂观念的表现，有的反映的是对祖灵的崇拜，有的则反映了对凶死者灵魂的恐惧与防范，而葬入死者后即行废弃房子的风俗的出发点正是为了达到后面这个目的[2]。这至少说明，能享受废弃房屋居室葬的死者，可能有着与众不同的死亡原因。兴隆洼遗址的发现和研究表明，起源于旧石器时代晚期的居室葬俗，在新石器时代仍在流行，考古学也因此发现了人类为死者废弃住屋的年代最早的确切证据。

李新伟先生也在1997年著文，题为《我国史前房屋的废弃习俗》，对考古发现的相关资料进行了较为全面的讨论。他由考古发现的移灶、弃屋居室葬、焚毁房屋等现象考察，并结合民族学资料进行研究，说明史前确实存在一种房屋废弃风俗，而且这种废弃风俗的根

① 陈国钧：《台湾土著社会婚丧制度》，台湾幼狮书局，1971年。

② 杨虎、刘国祥：《兴隆洼文化居室葬俗及相关问题探讨》，《考古》1997年1期。

本出发点主要是为了保护生者免受伤害[①]。文中提到并论证的弃屋居室葬、焚毁房屋等现象，是新石器时代的客观存在。李新伟所列举的一些重要的考古学证据，本文还会提到，我还将在他研究的基础上再做些探讨。

在考古中发现的史前时代的居室葬，只是一些房屋废弃的原因之一，研究者对这种葬制的高度关注，正说明它包含了深层的意义，对这种意义的探讨还有必要进一步深入。考古发现的更多的房屋废弃遗迹及与这种居住风俗相关的一些现象，与居室葬没有什么直接关联，这些现象还并没有引起研究者足够的注意，还需要进行更全面系统的考察。

二、房屋捐弃遗迹举例

田野考古中越来越多相关资料的发现，使我们有理由相信，我们的远古祖先确曾有过为死者慷慨捐弃房屋的经历。

在史前捐弃房屋的方式，可以分为烧毁、捣毁、废弃几种方式，那些居所是有意废弃的，与迁徙和其他意外原因无关。此外还有一些与处理这些废弃居所方式有关的现象，也可以从另外的角度用来论证史前捐弃房屋风俗的存在。如考古发现的一些特意埋藏红烧土等建筑构件的灰坑、埋有居址红烧土的死者墓葬等特别的遗迹，都是我们在研究中值得关注的。现在就让我们来分类列举考古发现的相关遗迹现象，当然这些遗迹并不是目前考古发掘的全部所得，只是择要举例说明而已。

---

① 李新伟：《我国史前房屋的废弃习俗》，《考古求知集》，中国社会科学出版社，1997年。

1. 有意废弃的居址遗迹

房屋捐弃遗迹在年代较早和较晚的新石器时代文化中，如兴隆洼、磁山、仰韶、大汶口、龙山、客省庄和齐家文化中，都有一些发现。发掘者常常可以看到这样的现象：在一些原始居址内，各种用具陈设有序，有的陶器在出土时保存尚好，居室的主人显然是有意抛弃了他的家什与住所。如陕西西安半坡遗址的39号房址，在室内的东北角和灶坑里发现两堆破碎的陶器，这些陶器可能是在居址废弃时毁坏的。在11号房址内发现陶器11件和骨器等，3号房址也见到较多的陶器和工具等遗物。2号房址虽仅残存四分之一，也放置有几件陶器，门道口还放有一件盛着谷物的双耳人瓮，这也是当时有意遗留在内的。这些房址可能都是有意废弃的，房址内的器具可能多数是按照原有位置陈放的①。陕西临潼姜寨遗址有几座房址都是这样，如46号房址“居住面上旋转有已被压碎的陶尖底瓶3件、陶钵4件、陶罐6件、陶盆1件、陶瓮2件”，16件陶器大体分为三堆，以西南角一堆最为集中，半数陶器都放置在那里②。

在新石器时代晚期的一些遗址里，类似现象也能见到。如湖北枣阳雕龙碑遗址1号房址，为方形红烧土地面建筑，居住面上发现可复原的罐、钵、杯、鼎、盆、灶、器盖等陶器10多件，在门道口处也置有1件陶器③。陕西长安客省庄174号龙山时期的房址，居住面上见到4件完整的陶器，发掘者推测这座房址“可能是由于某种突然的变故而被废

---

① 中国科学院考古研究所等：《西安半坡》，科学出版社，1963年。

② 西安半坡博物馆等：《姜寨》，文物出版社，1988年。

③ 中国社会科学院考古研究所湖北队：《湖北枣阳市雕龙碑新石器时代遗址试掘简报》，《考古》1992年7期。

弃的”[①]。

在山东泗水尹家城龙山文化遗址，发现多座有意废弃的房址。如3号房址的居住面上堆积着大量红烧土块，东部放置有许多陶器和陶片，器形有鼎、罐、鬶、甗、盘等28件（图3.4）。又如5号房址，在靠近北壁的居住面上放置着一堆破碎的陶器，器形有鼎、罐、壶、杯等20多件[②]。

房址内陈设着器具，还存有食物，门道口放有陶器，可以明显看出房子的主人是在决定不再使用它时将它捣毁后离开了。这些房址虽然不能像下面的例证明确判断是用火焚毁的，却也能看出是有意废弃的。

2. 有意焚毁的居所遗迹

在有的新石器时代居址上则发现不少烧焦的梁柱和成层的草灰，室内遗有不少日常用具，甚至还有盛着粮食的陶器等，房子可以判断是毁于大火，而房主却没有把所需的物品从火中或火后抢救出来，房子也没有重建，这样的房子显然也是有意焚毁的。

可以举出的例子有很多。如河南郑州大河村发掘出的19、20号房址，在居住面上清理出陶器60余件，有鼎、豆、壶、罐、杯、钵、盆和纺轮等，器物放置比较集中，一部分器物保存完整，在门道口也发现了陶器（图3.5）。在另外一些房址内，如20号房址则见到大量烧焦的木椽、梁柱和厚达几厘米的草灰，表明房子是专门积薪焚毁的[③]。此外在西安半坡遗址发掘出的第41号房址（图3.6），亦是因大火而毁弃，居住面上到处是木炭，还有陶器和石器，有的陶器中存有曾作为

---

① 中国科学院考古研究所：《沣西发掘报告》，文物出版社，1963年。

② 山东大学考古专业教研室：《泗水尹家城》，文物出版社，1990年。

③ 郑州市博物馆：《郑州大河村遗址发掘报告》，《考古学报》1979年3期。

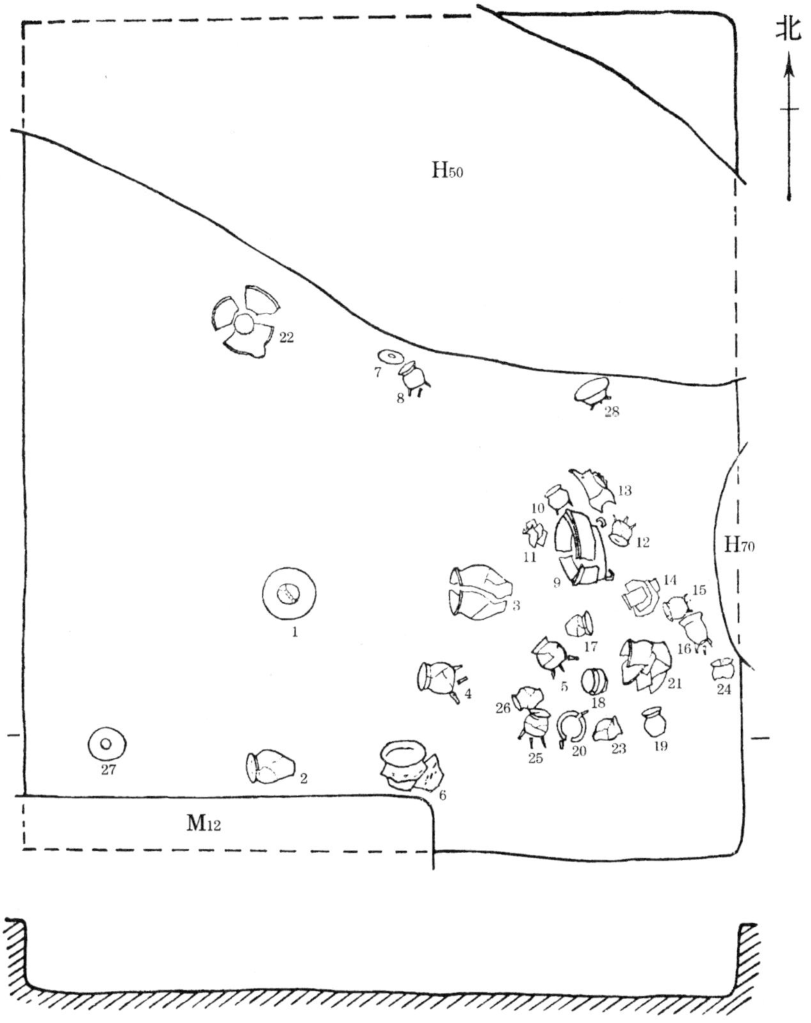

图3.4　山东泗水尹家城遗址3号房址

1、7、27. 器盖　2、3、6、17、18、19、23、24、26. 中口罐　4、5、8、10、12、15、16、20、25. 鼎　9. 三足罐　11、14、21. 残陶罐　13. 鬶　22. 甗　23. 三足盘

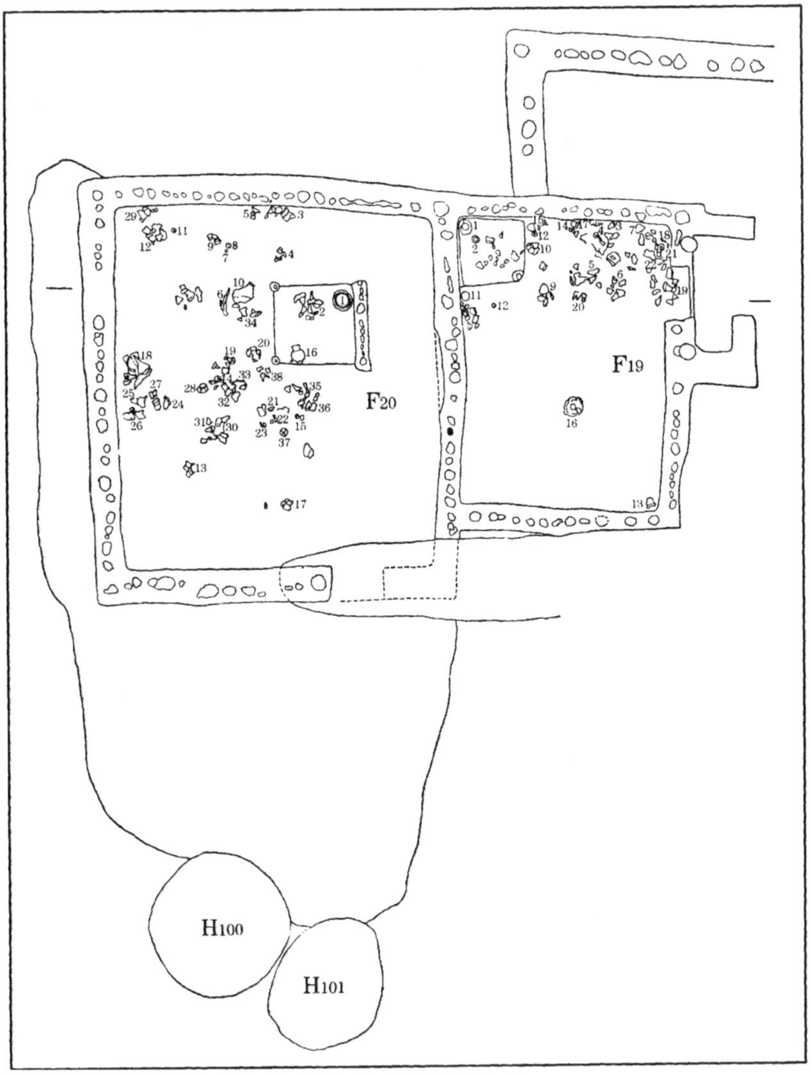

图3.5　河南郑州大河村遗址19、20号房址

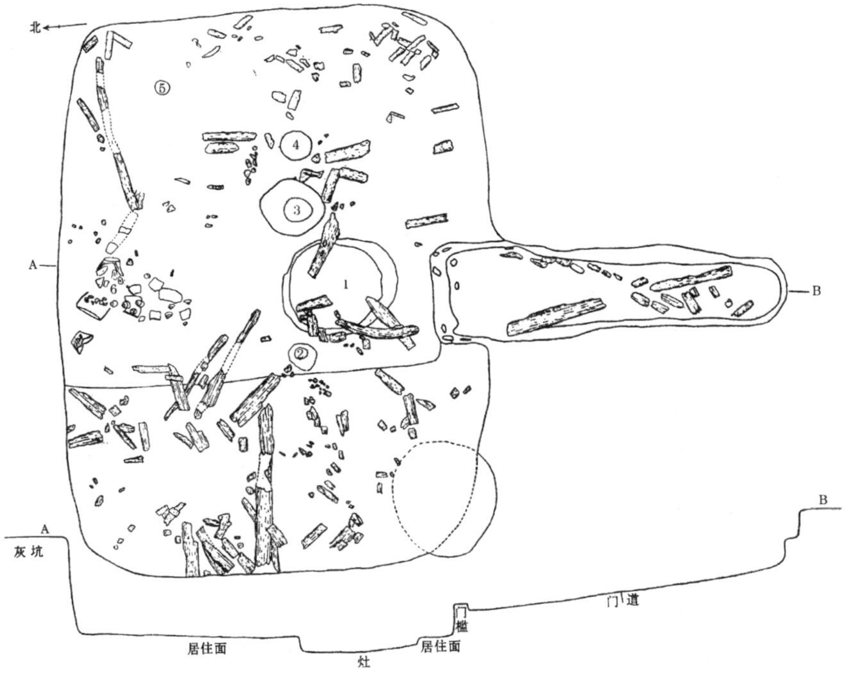

图3.6　陕西西安半坡遗址41号房址

食物的螺壳[①]。陕西临潼姜寨遗址14号房址也是毁于大火，室内除了遗有不少生产和生活用具，其中陶器就有13件，有的里面还发现有粮食，值得注意的是在门道口的位置还塞有一件陶器，表明这座房址确实是有意焚毁的[②]。又如河北武安磁山遗址，在发掘到的相当简陋的半地穴式居址中，见到很厚的含有大量烧土、烧骨和木炭屑的草木灰堆积，炭灰中则发现了陶盂、三足钵、器座、陶弹丸等遗物，这样的房

① 中国科学院考古研究所等：《西安半坡》，文物出版社，1963年。

② 西安半坡博物馆等：《姜寨》，文物出版社，1988年；《陕西临潼姜寨遗址第二、三次发掘的主要收获》，《考古》1975年5期。

址当初显然也是毁于人为的大火[①]。

甘肃秦安大地湾遗址901号大型公共建筑，李新伟先生也认为是故意焚毁的，他的论证见于前引论文。

这类焚毁的房址与上述捣毁房址有非常接近的一面，就是房址内的陈设都保持了居住时的状态，只是房子废弃的方式有区别，这类房子是用火焚毁的。

3. 居室葬中废弃的房屋遗迹

引起一些研究者关注的史前居室葬，其中有一部分居室应是在举行葬仪后即刻废弃的。考古发现的这方面确定的例证不是太多，但有些线索还是很值得重视的。虽然有学者已充分注意到已经发现的居室葬现象，我们这里还是要重点提一提与直接废弃居室相关的那些居室葬例证。

前文已提及的兴隆洼遗址发现的葬有死者的居室，应当包含有在埋入墓葬后当即废弃的例证。在发现的170座房址中清理居室葬30多座，一般是一座居址中见到一座墓葬，发掘者认定其中有的房屋就是在埋葬死者后当即废弃的，这样的居室葬的墓口位置一般是不见长期踩踏痕迹的[②]。由于详细资料还没有公布，我们暂时还不能明了兴隆洼遗址因墓葬而废弃居室的具体情形。在同属兴隆洼文化的辽宁阜新查海遗址发掘到的55座房址中，发现居室葬6座，其中7号房址靠近西壁处发现一座儿童墓，墓穴打破了居住面，墓中还意外发现了随葬的6件

① 河北省文物管理处等：《河北武安磁山遗址》，《考古学报》1981年3期。

② 中国社会科学院考古研究所内蒙古工作队：《内蒙古敖汉旗兴隆洼遗址1992年发掘简报》，《考古》1997年1期；杨虎、刘国祥：《兴隆洼文化居室葬俗及相关问题探讨》，《考古》1997年1期。

匕形玉器[①]。

在内蒙古察右前旗庙子沟遗址，一些房址的窖穴和灶坑中都发现了埋葬死者的现象，而且有的死者直接放置在居住面上掩埋，死者主要是未成年者。如8号房址内的圆形灶坑中就发现了两具2—4岁幼儿的尸骨，在西北角的窖穴内还葬有一具约20岁的女性屈身尸骨，有陶器和石器随葬。这座房址的居住面上还摆放着小口双耳罐、彩陶罐、鼓腹罐、器盖、石锛、磨石、石纺轮等陶器和石器近10件[②]。显然这座居址是在死者埋葬以后就被废弃了，而且是专为死者废弃的。

宁夏海原林家梁遗址发现了用窑洞埋葬死者的现象。如3号窑洞式房址的居住面上埋葬着一成年男子和一婴儿，发掘者认为这两人是被塌落的屋顶压死的[③]。死者中的成年人年龄为45—50岁，在史前已属老年，婴儿则只有半岁，推测两人可能是因疾病死亡后埋葬在窑洞内的，窑洞也因此而废弃。

甘肃武威皇娘娘台遗址发现的8号齐家文化房址，室内灶坑东西两侧出土陶器、石器和骨器等20余件，在一件陶罐内还满盛着红色颜料（图3.7）。发掘者判断“这些遗物陈放在一定的位置，有的陶罐还端正地放着”。值得注意的是，房址被两座墓打破，其中的71号墓位于房址居住面的西北角，墓穴两壁与墙面两壁平行，应属居室葬，房址是在这座墓入葬后废弃的。墓葬为二成人合葬，一为仰身直肢，一为侧身屈肢，随葬有陶罐和绿松石等。死者的性别不明，但从这个遗址

① 辽宁省文物考古研究所：《阜新查海新石器时代遗址试掘简报》，《辽海文物学刊》1988年1期；《辽宁阜新县查海遗址1987—1990年三次发掘》，《文物》1994年11期。

② 内蒙古文物考古研究所：《内蒙古察右前旗庙子沟遗址考古记略》，《文物》1989年12期。

③ 宁夏文物考古研究所等：《宁夏海原县菜园村遗址、墓地发掘简报》，《文物》1988年9期。

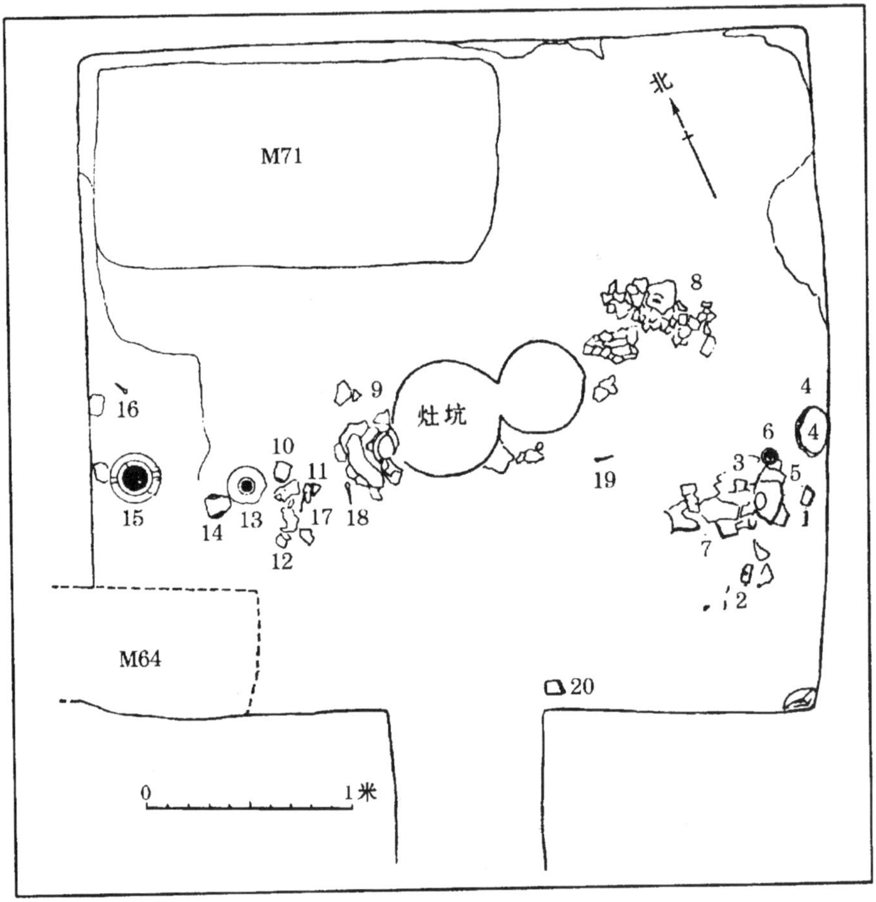

图3.7　甘肃武威皇娘娘台遗址8号房址

1. 石斧　2. 石刀　3、20. 砺石　4. 石敲砸器　5. 敛口陶罐　6、14. 双大耳陶罐　7. 单耳陶罐　8、9. 双耳折腹灰陶罐　10、13. 侈口陶罐　11. 鬲足　12. 双小耳陶罐　15. 双耳陶　16—19. 骨锥见到的同类合葬一般都是男女合葬这一点看，这座居室葬也可能是一座夫妻合葬墓①。

在山东泗水尹家城龙山文化遗址，除了前面提到的几座有意废弃的房址外，还有一些房子是由于采用居室葬而废弃的，在9座房址上有4座的居住面上发现了人骨。如204号房址的居住面上堆积着大量红烧土块，烧土中杂有较多的陶片和石器，形成一个明显的器物堆，可复原的器形有鼎、罐、鬶、尊、盘、杯、壶等70多件，另有石器10余件。居住面上还散见两具人头骨和一些肢骨体骨，分属5—6岁和13岁左右的两个少儿（图3.8）。又如205号房址在倒塌堆积的红烧土层下面，在北部居住面偏西处发现有较多陶器，器形有鼎、罐、鬶、尊、盘、盆、杯等44件，同时在居住面上也发现了散乱的人骨，分属一老一少两个不明性别的个体②。

从尹家城遗址的例证看，居所明显是在埋入死者时废弃的，而且房址中一般都放置有大量陶器和石器。值得注意的是，在不止一处的地点，我们发现埋葬在房址中的死者都是身首异处，明显是按非正常死亡的葬式埋葬的。

4. 用居址烧土填塞的墓葬遗迹

在史前墓葬的考古发掘中，我们有时还在一些墓葬的填土中发现特意置入的红烧土块。有些墓葬的填土中红烧土的含量很大，而且这些烧土明显是由居址上取来的。过去对这样的现象发掘者一般只是客观报道，少有解释。不过已有的一些推论已经是很有见地了，只是没有引起更多研究者的注意。

---

① 甘肃省博物馆：《武威皇娘娘台遗址第四次发掘》，《考古学报》1978年4期。

② 山东大学考古专业教研室：《泗水尹家城》，文物出版社，1990年。

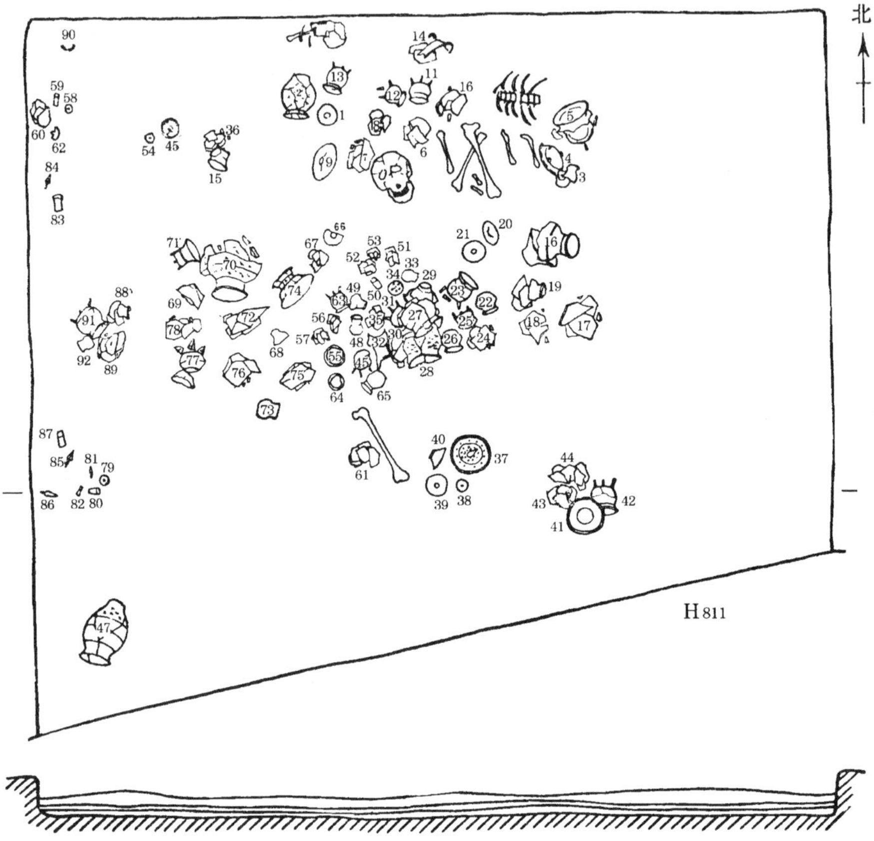

图3.8　山东泗水尹家城204号房址

1、39、40. 覆碗形器盖　2、22、26、27、28、29、43、55、65. 中口罐　3、6、7、8、19、24、35、57、67、68、69、72、75、76、78、88. 中口罐残片　4. 三足盘　5、11、12、13、23、25、31、42、45、63、91. 鼎　9、20、21、46. 覆碗形器盖　10. 鼎残片　14、74. 圈足盘　15、71. 三足尊　16. 壶　17、18、30、44、52、53、56、60、61. 残陶器　32. 鬶　33. 觯形杯　34、37. 算子　36、70.　高领罐　38、39. 陶纺轮　41. 三足盘　47、48. 高领罐　49. 壶　50、59. 石锛　51. 残高柄杯　54. 陶纺轮　58. 石纺轮　62. 石拍子　64、73. 带流罐　66. 残器盖　77.甗　80. 石锛　82. 石凿　83、87. 石锛　84、85. 石镞　86. 蚌镞　89. 瓮　90. 石环　92. 高领罐

在新石器早期阶段，就已发现了在墓中埋入红烧土的做法。如在兴隆洼文化的墓葬中，就见到了在墓中填塞红烧土的现象。内蒙古敖汉旗兴隆洼遗址176号房址中的117号墓，上层“填土中夹杂有较多红烧土块”[①]。当然这座墓本身就挖掘在房址中，所以墓中见到红烧土可能会被认为是很自然的事，不一定包含有另外的意义。

在陕西西乡李家村文化遗址，1号墓填土中夹杂有红烧土渣，与其他墓葬的处理方式不同[②]，这是在长江流域发现的一处时代较早的例子。

在墓坑中填塞烧土的做法，在大汶口文化墓葬中较为普遍，这种现象受到一些发掘者的关注。在山东滕县岗上村墓地发掘后，发掘者特别指出“墓的填土是从居址专意搬来夹杂有红烧土碎块的灰土，景芝镇和堡头的墓坑填土也采用此法”[③]。

高广仁先生主持兖州王因墓地的发掘，发现数百座墓葬中普遍填有红烧土颗粒，他认为“大概是当时流行的一种风俗”[④]。在研究大汶口文化葬俗时高先生特别提到这个现象，他说“在王因、岗上、大汶口、西夏侯、景芝等多处墓地上，墓穴填土中特意掺入红烧土颗粒、炭碴或碎陶片”，不过他当时对这个现象没有做出具体解释[⑤]。最近高先生又一次讨论到这个问题，并且进行了解释。他说一些大汶口文化墓葬中大量填塞的红烧土块，应当“是从居址上特意移来的。……在一些灰坑中填有大量红烧土块与墓葬填土中有红烧土块，具有信仰上

---

① 中国社会科学院考古研究所内蒙古工作队：《内蒙古敖汉旗兴隆洼遗址1992年发掘简报》，《考古》1997年1期。

② 陕西省考古研究所等：《陕南考古报告集》，三秦出版社，1994年。

③ 山东省博物馆：《山东滕县岗上村新石器时代墓葬试掘报告》，《考古》1963年7期。

④ 中国社会科学院考古研究所山东工作队等：《山东兖州王因新石器时代遗址发掘简报》，《考古》1979年1期。

⑤ 高广仁：《大汶口文化的葬俗》，《中国原始文化论集——纪念尹达八十诞辰》，文物出版社，1989年。

的相同意义，因此推测有可能是祭祀坑，或者就是祭祖坑”[①]。

在仰韶文化中，也有类似发现。如陕西华县元君庙墓地中的429号墓，是一座两个女童的二次合葬墓，随葬品有罐、钵、小口尖底瓶6件陶器和大量骨珠等。发掘报告特别提到，“此墓用大小不等的红烧土块铺砌墓底，在骨架下方的红烧土块，铺砌得尤为整齐、平坦。更引人注意的是，墓穴亦用红烧土块填塞，形成墓主人被红烧土包裹着的状况”。发掘者不仅注意了这种特别的现象，而且还做出了几种可能的解释，认为在仰韶文化时期红烧土块往往和房屋遗存联系在一起，使用一般在房屋上才见到的红烧土筑墓，是某种特别意识的表现，“推测当时人们使用红烧土块可能有两种目的，其一用之防潮，对尸体作保护措施；其二用之象征房屋，按现实世界情景建造灵魂住所”[②]。这后一种解释的可能性最大，如果是防潮，别的死者为什么不防？只能对墓中特别的死者做出分析，死者为夭折女童，属意外死亡，采用的是一种特别的埋葬方式。

像元君庙墓地这样的例子，也见于长江流域。如湖北郧县大寺遗址发现的4号仰韶文化墓葬，以一个圆形红烧土浅坑为墓穴，坑中葬1人，坑口堆一层红烧土[③]。

龙山文化中还能见到这种风俗。如河北邯郸涧沟遗址的一座圆坑墓，埋葬着10具人骨，人骨上盖有一层红烧土[④]。山东枣庄建新遗址的69号灰坑中埋有一具俯身屈肢的死者，死者头骨上有两处穿孔，坑内

① 高广仁：《海岱上古祭祀遗迹》，《中国文物报》2000年8月9日。

② 北京大学历史系考古教研室：《元君庙仰韶墓地》，文物出版社，1983年，第18—19页。

③ 中国社会科学院考古研究所：《青龙泉与大寺》，科学出版社，1991年。

④ 河北省文化局等：《1957年邯郸发掘简报》，《考古》1959年10期。

填土包含有大量陶片和红烧土块[①]。在南方也有类似遗迹发现，如广西南宁的敢造贝丘遗址的5号墓中，发现人骨周围有用烧土围成的半圆圈[②]。

在墓葬中填塞从居址取来的红烧土，虽然不能据以论证每位死者都因此废弃过一座房屋，但至少是在他死时拆毁了他居所的一部分，这可能是一种象征性的捐弃。所以这样的墓葬大多可以认定与房屋捐弃风俗有关，这风俗看来在大汶口文化中相当流行。

5. 特意埋藏建筑构件的灰坑遗迹

还要特别提到的是，考古发现了另外一些与居址有关的现象，有的还没有得到解释。如新石器时代聚落址上发现的红烧土堆积和红烧土埋藏坑遗迹，注意的人很少，合理解释的意见更是没有见到。由于无法解释，所以被认为无关紧要，许多发掘者不屑于在他们的报告中提到这些被认为是不值得一提的现象。幸好并不是所有发掘者都是如此，于是我们在有的报告中就读到了难得见到的报道。以下就是我们在一些报告中寻到的这类报道，数量虽是有限，意义却很重要。

在陕西西乡李家村文化遗址，1号和5号灰坑内都发现了红烧土块和木炭灰堆积[③]，坑中的烧土块原本是房子上的构件，这是考古发现的时代较早的烧土坑例子。江苏淮安青莲岗遗址在发掘时发现2个大型红烧土堆，体积达5立方米—10立方米。发掘者推测它们可能是废弃的

---

① 山东省文物考古研究所等：《枣庄建新——新石器时代遗址发掘报告》，科学出版社，1996年。

② 广西壮族自治区文物考古训练班等：《广西南宁地区新石器时代贝丘遗址》，《考古》1975年5期。

③ 陕西省社科院考古研究所汉水队：《陕西西乡李家村新石器遗址一九六一年发掘简报》，《考古》1962年6期；陕西省考古研究所等：《陕南考古报告集》，三秦出版社，1994年。

陶窑拆除后的堆积，这个推测显然是不能成立的，按正常情况废弃的陶窑用不着去费工拆除，更用不着将许多陶窑上的烧土都搬到一起。这可能还是从房址上搬来的烧土，很可能是从主动废弃的房址上搬来的[①]。

在江苏北部的邳县大墩子遗址则发现了一些属于大汶口文化大型的烧土坑。如13号椭圆形灰坑直径为2米—2.6米，深1米多，坑内依次堆积烧土层、木炭层、灰烬层、烧土层，最下面为蚌壳层，各层中还夹杂有大量陶片和兽骨等[②]。有烧土，又有炭灰，这一定是从焚烧过的居址上运来的。同类遗迹还见于大汶口文化的山东泰安大汶口遗址，在大汶口遗址的第二、三次发掘中，发现了多座埋有烧土的灰坑。如2003号为一大型的椭圆形灰坑，长径达到4.6米，“上层主要是大块红烧土堆积夹黄褐色砂质土，厚0.7米—0.9米。这些烧土块中，有不少系房屋的墙壁废弃堆积，其中夹杂异常丰富的遗物”，包括壶、碗、钵、杯、鼎等陶器和一些石器。又如2026号灰坑，直径为2.6米，“内填大块红烧土和黄褐色土，烧土块满溢出坑口之外，坑内遗物丰富”。在这个遗址的北辛文化层，也发现有这样的烧土坑。如24号灰坑直径约3米，坑内满填黄褐土和大量红烧土块及木炭粒，出土物非常丰富。还有大小差不多的2号灰坑，坑中也填满大量红烧土块和破碎陶器。30号灰坑也填满红烧土块，烧土也是“溢出坑口外”[③]。

在一些仰韶文化遗址，也发现过这样的烧土坑。陕西南郑龙岗寺遗址半坡文化层发现的一些灰坑，有的就埋藏有大量红烧土块，如123

---

① 南京博物院：《江苏淮安青莲岗古遗址古墓葬清理简报》，《考古通讯》1958年10期。

② 南京博物院：《江苏邳县大墩子遗址第二次发掘》，《考古学集刊》1期，中国社会科学出版社，1981年。

③ 山东省文物考古研究所等：《大汶口续集——大汶口遗址第二、三次发掘报告》，科学出版社，1997年。

号坑中就有较多的红烧土块和一些石块，82号中“包含有许多红烧土碎块”，31号则“夹杂有大量的红烧土块和炭屑”[①]。河南安阳后岗遗址，在新石器时代的7座灰坑中“都有红烧土块，有些是一面平整的，有些两面都是平整的，原来当是房屋的墙壁和地面，房屋毁坏后就被倾倒在这些坑内”[②]。

湖北枣阳雕龙碑遗址也发现有一些特别的烧土坑，7号灰坑直径为1.5米、深0.8米，“坑内堆积皆为大小不等的红烧土块”。1号灰坑直径1.7米、深1.1米，“坑内大多为直径12厘米左右的红烧土块，堆成数层，每层之间常夹杂有一些黑色木炭或竹炭”；2号灰坑稍小，坑内下半部填满了红烧土块[③]。

山东枣庄建新遗址龙山文化的202号灰坑中，直径不足2米，深不过半米，填土包含有大量陶片和红烧土块，“底部堆放着陶鼎、鬶、罐、盒等完整器物和残片”[④]。这显然不是一般用作垃圾坑意义的灰坑。

在一些更晚的考古遗址中，也见到这样的烧土坑。如河南临汝煤山遗址二里头文化的两座灰坑中也填埋了大量红烧土块[⑤]。

我们还注意到，在西藏拉萨曲贡遗址一些灰坑中填满石块，其中还杂有不少石器，类似现象得不到应有的解释（图3.9）。考虑曲贡文化居民在当时可能以石块作为房屋主要的建筑材料，这些埋藏在灰坑

① 陕西省考古研究所：《龙岗寺——新石器时代遗址发掘报告》，文物出版社，1990年。

② 中国科学院考古研究所安阳发掘队：《1971年安阳后岗发掘简报》，《考古》1972年3期。

③ 中国社会科学院考古研究所湖北队：《湖北枣阳市雕龙碑新石器时代遗址试掘简报》，《考古》1992年7期。

④ 山东省文物考古研究所等：《枣庄建新——新石器时代遗址发掘报告》，科学出版社，1996年。

⑤ 洛阳博物馆：《河南临汝煤山遗址调查与试掘》，《考古》1975年5期。

里的石块有可能就是从房屋上拆下来的，与红烧土坑意义相同[①]。

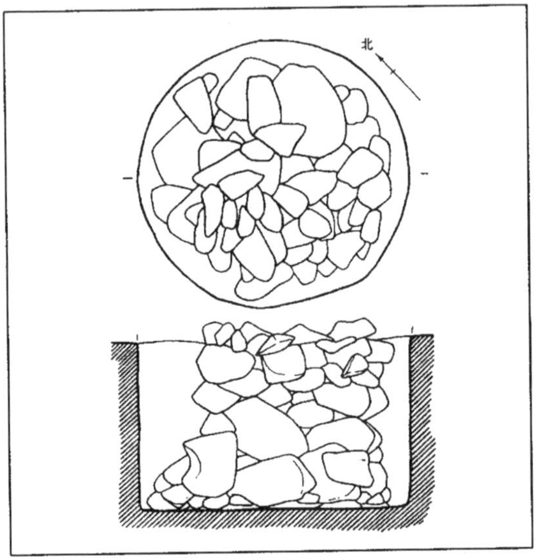

图3.9　西藏拉萨曲贡遗址填满石块的灰坑

这些集中埋藏的红烧土或石块，几乎可以肯定地说，绝大部分都是房屋的构成部分，它们很可能是从有意捣毁或焚毁的房址上搬来的，很多烧土、炭灰和陶片共存就是最好的说明。我们还可以由此进一步推测，这种烧土坑的出现，是在房屋捐弃经过了一定时间后的事。人们可能因为要在旧址重建居所，就将原先废弃的房址构件和其中遗弃的物品一同搬走。这些与过去死者有关的东西还不能随地乱扔，为避免不测，还要专门挖一个土坑将它们埋起来。

排除了那些意外事件，我们有理由做出这样的推测：焚毁和抛弃那些建得本来很好的居所，应当出自某些特别的用意。同样将居址上

① 中国社会科学院考古研究所：《拉萨曲贡》，中国大百科全书出版社，1999年。

的建筑构件埋入墓葬或是灰坑中，也是出自相似的用意，都与本文论说的房屋捐弃风俗有关。这样的用意，以我们现代人的眼光来分析，如果没有民族学资料参证，可能一下子并不容易弄明白，所以我们首先还得由这个途径去寻找可能的答案。

三、房屋捐弃风俗的民族学证据

从20世纪初以来，一些民族学研究者注意到这样一种特别的居住风俗，这就是有的部族在某些特别的时候，会毫不犹豫地将自己的房屋纵火焚毁或捣毁。学者们从不同角度对这样的风俗进行了研究和定性，他们所列举的诸多例证读来对我们深有启发。

如在列维–布留尔的《原始思维》一书中，我们注意到他关注过这种流行很广的原始风俗。在他列举的例证中，有这样一些很值得注意：

阿比朋人（Abipones）在安葬死者时，对属于死者的全部用具都要放到火堆里烧掉，“他的住宅完全被捣毁。他的妻子、孩子和家庭的其他成员则到什么地方找个栖身之所，他们不再有自己的住宅，就在别人家里住一个时期，或者用席子搭个篷聊以栖身”。地位较高的印第安人死去后，“他的小屋也要付之一炬”。在温哥华的土人中，“属于死者的一切东西都放到尸体旁边，因为不这样他就会回来把这些东西拿走，有时甚至把他的住宅夷平”。

列维还特别提到，在南非及整个非洲，这种因死者的原因而焚毁房屋的风俗曾十分盛行，甚至在这风俗已不怎么流行的地方，仍可以发现它的痕迹。巴隆加人（Ba–Ronga）当一个人死了以后，“他的衣服和他随身所带的一切都扔进他的那座荒废的茅屋里”。南非土人在每举行一次葬礼以后，就要将“死者死时所在的那个住宅”放火烧毁，放置在屋内的谷物、用具、武器、装饰品、护身符和卧具等，也都同时付之一炬。死者的家人要另外选定一处新址，修建新的居所。

事实上这种焚毁死者住房的风俗，在世界上的许多原始部族中都很流行，被列维–布留尔称之为“几乎无处不有的风俗”①。

我考察这类风俗兴起的原因，注意到它与原始丧葬仪式有比较密切的联系，它是先民葬礼中的一个重要内容。我还发现，这种风俗较多见于各地的游牧部落，如澳洲中部的阿兰达人（Aranda），以采集和狩猎为生，人们三两个家庭结群在一定区域内活动，居住的是简陋的窝棚。这个群体中一旦有人死去，死者的茅舍要烧毁，他所有的财产也一并毁弃。不仅如此，整个营地都得迁往它处重建。具有同样生活习性的马来半岛色曼人（Semang）、印度南部牧牛的托达人、游猎北极的爱斯基摩人、日本北部渔猎的虾夷人（Ainus）、在美国西部草原游猎的喀罗人（Crows）②、美洲大草原印第安人和火地岛印第安人③，在丧葬中都有毁坏死者房屋的风俗，有的是焚毁，有的则是捣毁夷平，还有的是弃置不用，无一例外地都是迁往它处，另作新居。如大草原印第安人中的达科他族，死者住过的提皮（帐篷）因死者而废弃，要在另外的地点再造一所新的。又如生活在火地岛的印第安人以渔猎为生，他们很少有一处营地住到半个月以上。当然造一所茅屋也并不十分费事，一般只需两个小时左右就够了，很少有花费半天工夫的。他们中间的亚马纳人，在有人死去时先将尸体焚化，有时就将骨灰掩埋在茅屋内，然后将这座茅屋烧毁。

---

① ［法］列维–布留尔著、丁由译：《原始思维》，商务印书馆，1981年，第315—321页。

② 以上均见［美］乔治·彼得·穆达克著、童恩正译：《我们当代的原始民族》，四川民族研究所，1980年。

③ 苏联科学院米克鲁霍–马克来民族学研究所编、史国纲译：《美洲印第安人》，生活·读书·新知三联书店，1960年。

游牧部落在实行这种风俗时，应当更为便当一些。人们本来在一地的居处时间就不会很长，而在有人死去时可能只是让他们有了一个提前迁移的动因而已。再加上他们的居所多属临时性的，废弃不会太疼心，重建也不会太困难。

在一些定居的农业部族中，也发现了焚毁死者房屋的例子。如亚马孙河西北以农为生的威图图人（Witotos），死者的坟墓就掘在住房内的火灶下面，在葬礼完毕时，人们便放火烧掉这所房子①。其他还有从事农耕的波罗罗人（Bororo）、温图人（Wintus）、巴隆加人②，也都流行烧毁死者房屋的风俗。

这种捐弃旧宅、更立新居的做法，也见于我国一些少数民族。云南的苦聪人，在家中有人去世时，就要焚屋搬迁，人们认为非如此则不能逃避疾病死亡③。前引陈星灿先生研究居室葬的论文，也提到台湾原住民的类似风俗，卑南人为凶死者、赛夏人为家长捐弃房屋。这里的用意，一是为逃避凶死者的危害，一是为家长在冥间的生活提供住所。

在中国古代民族学材料中，也可以寻到类似居住风俗的证据。据《三国志·魏书·东夷传》说，古代东北的濊人“多忌讳，疾病死亡辄捐弃旧宅，更作新居”。这是现在所知的中国古代同类风俗的最早的文字记述，将来也许还能查找到更多更早的相关记载。“捐弃”这个词，是这种风俗再恰当不过的定义了。捐者，弃也，这里指的是一种主动的废弃。我国古时还将死亡别称为“捐馆”或“捐馆舍”，意为舍弃居住之所，在用作文字表述时是死亡的一种婉称，《战国

① ［美］乔治·彼得·穆达克著、童恩正译：《我们当代的原始民族》，四川民族研究所，1980年。

② ［法］列维–布留尔著、丁由译：《原始思维》，商务印书馆，1981年。

③ 宋恩常：《苦聪人》，云南《研究集刊》1978年2期。

策·赵策二》就有“奉阳君捐馆舍”的说法。其实“捐馆舍”的说法极可能是远古为死者捐弃居所风俗的一种记忆，也许这风俗在先秦时依然还能见到也未可知。

古代濊人为病死者捐弃旧宅的风俗，对我们从事的这项研究很有启发。原始部族捐弃房屋风俗存在的原因，主要也应是与死者有关，是与安葬死者相关的一种仪式。之所以要有捐弃房屋的仪式，可能有这样几个方面的背景因素：

一是灵魂信仰。远古时代的先民相信万物都有灵魂，人虽死，而灵魂仍然存在。虾夷人认为，物质的灵魂同人的灵魂一样，在它们被损坏时，灵魂同样也还存在着，因此他们焚烧死者的住所、损毁死者的用具，自以为是杀死了它们，那么它们的灵魂也就可以在冥间继续供死去的亲人享用和居住了。正像列维-布留尔指出的，“供给所需要的一切，使他在新环境中不至成为不幸者，如果死者是某种重要人物，则必须供给他为维持其等级而需要的一切”，这当然就包括住宅在内①。

二是禁忌习俗。有的部族在有人去世后即刻毁房迁徙，为的是避开可能接踵而至的疾病与死亡。列维就认为，“使活人避开受死亡玷污了因而不宜再用的物品，这一点似乎可以解释比如烧毁或夷平死人断气时所在的住宅的那个几乎无处不有的风俗”②。色曼人为了逃避死者恶魂作祟，在葬礼举行后便即刻迁往它处安家，新居多数建在河对岸，他们认为鬼魂是不会渡水的③。苦聪人也是出自类似的原因，在有人死亡时要焚毁旧居，更迁新居。李新伟先生认为有的部族在有凶死

① ［法］列维-布留尔著、丁由译：《原始思维》，商务印书馆，1981年，第317页。
② ［法］列维-布留尔著、丁由译：《原始思维》，商务印书馆，1981年，第317页。
③ ［美］乔治·彼得·穆达克著、童恩正译：《我们当代的原始民族》，四川民族研究所，1980年，第69页。

者时焚烧房屋，正是出于消灾祛邪的目的。如果从另一个角度来看，对于因传染病而死亡的人，离开或焚毁他的居所，还是一种非常明智的选择，这是一种避开和处理传染源的最有效的方式。

三是尊卑观念。在有些部族中，房屋捐弃的施行，仅限于死去的酋长或家长，与每死一人即弃一房的做法不同。如威图图人，酋长死了就烧掉他的住房，家人则避开旧址另建新居[①]。在温图人那里，也是在死了地位较高的人时，他的小屋才付之一炬[②]。喀罗人是在大酋长死去时，将他的尸体放置在他住过的皮帐内，皮帐从此废弃。亲属则还要离开营地两个月，在返回时另建一个新皮帐居住[③]。阿比朋人在家长死后，将他的全部用具都扔到火堆里烧掉，住房随即也被捣毁，他的家人则要另觅一个栖身之所[④]。台湾原住民中也有这样的例证，只是在有家长去世时才会捐弃旧宅。

四是财产意识。拉法格的《财产及其起源》一书论及房屋捐弃风俗，他以为这种捐弃是财产所有权的体现。他说，因为房屋被认为是动产，可以归属于修建者和居住者个人所有，“因此在许多野蛮人和半开化人中间，房屋也同死者的其余动产一起焚毁”[⑤]。这个观念的出现相对应当晚一些，可能是原始房屋捐弃风俗的异化，不是捐弃的原初目的。

也许是财产意识的强化，也许是居住较为长久，也许是房屋建造

① ［美］乔治·彼得·穆达克著、童恩正译：《我们当代的原始民族》，四川民族研究所，1980年，第299页。
② ［法］列维-布留尔著、丁由译：《原始思维》，商务印书馆，1981年，第361页。
③ ［美］乔治·彼得·穆达克著、童恩正译：《我们当代的原始民族》，四川民族研究所，1980年，第178页。
④ ［法］列维-布留尔著、丁由译：《原始思维》，商务印书馆，1981年，第315页。
⑤ ［法］拉法格著、王子野译：《财产及其起源》，生活·读书·新知三联书店，1978年，第67页。

规模大了一些，一些部族的人们有点舍不得为死者捐弃住宅了。人们变得似乎不那么慷慨了，开始改变过去为死者考虑太多的习惯，要更多地为生者着想。既要不违背传统，又要适应新观念，所以就有了一些变通的办法。虾夷人为了保存旧有的住所，他们往往为行将死去的老弱者另搭一个小窝棚，将他们供养在里面。待其亡故后将小窝棚烧毁，用以替代过去那样的捐弃。托达人在男子死时，丧礼在特地建起的茅屋内举行；妇女死时，丧礼亦在一座象征住所的茅棚内举行。丧礼结束，便将这特意搭建的茅棚焚毁。我们可以作出这样的推测：也许就是类似替代方法的发明，原始丧葬中的捐弃之风就慢慢消失了。

从这些原因考察，房屋捐弃风俗的实质，一半是为了死者，一半是为了生者。而且在有些动因上，同时是为了死者和生者，不能将两个动因完全分离开。

根据民族学相关资料，我们对部分考古所见的特别的居住遗迹，可以做出如此的推测：史前人在为死者举行葬礼以后，就将死者使用过或接触过的用具杂物陈设在屋子里，还准备了食物，有时并且特别注意在门道口放上一两件陶器，然后将房子烧毁或夷平。由于新石器时代聚落的主人已是农耕居民，这个时代可能只是在有一定地位的人死时才有房屋捐弃活动，所以这类遗迹的发现数量不会太多，在一个聚落内所能见到的属于捐弃的房址只是少数。有时房屋的废弃可能是为了凶死者，这样的房址中发现的一些非正常方式埋葬的死者，可能就是凶死者。

考古发现的一些新石器时代的烧土埋藏遗迹，可能也与房屋捐弃风俗有关。为何要将这些烧土堆置一起集中埋藏呢？也许是一种象征性的隔离，为避免疾病和死亡而将死者居住过的房址捣毁，在需要重建这房屋时便将烧土收集埋藏进来。像龙岗寺和雕龙碑等遗址那样烧土与炭灰共存的灰坑，是很典型的焚毁房屋的捐弃遗存，特别值得注意。

在新石器时代墓地发现的在墓坑中填塞烧土的现象，也可能是房屋捐弃风俗的另一种表现形式。人们以从居址取来的烧土块象征房屋，供死者在冥间居住。在有的新石器时代墓葬中，还发现有随葬房屋模型的做法，在大汶口和仰韶文化中都发现了这种房屋模型①。类似的这些发现，可以看作是新石器时代居民为死者捐弃房屋的风俗的注释。

在以后的新石器时代田野考古工作中，将会有更多具有捐弃含义的房屋遗迹被发现，尤其是在早期农人的居址里。当然也要注意到，并非所有焚毁或废弃的房址都是捐弃的结果，具体现象还要具体分析。

四、结论

我们隐隐感觉到远古捐弃房屋风俗的影响力很大，余波可及数千年后的现代人的头脑。文明时代将社会上层人物的墓穴营造成寝宫或地宫的样子，在墓中随葬陶楼陶屋的做法等，都应当是远古捐弃房屋的流风。现代城乡曾广泛流行的为死者供奉纸扎“灵屋”并在特定时候为死者焚毁的做法，谁又能说它与史前先民信奉的那些观念不是一脉相承的呢？在数千年同一观念的引导下，人类的房屋捐弃风俗的出现和变化大概经历了以下这样的一些过程：

1. 将死者埋葬在居所（一般为洞穴）中，生者继续居住其中。这样的葬俗最早出现在旧石器时代晚期，是人类最早实行的一种埋葬制度。

---

① 杨鸿勋：《仰韶文化居址建筑发展问题的探讨》，《考古学报》1975年1期。

2. 或是继续旧石器时代居民的做法，生者继续居住在埋葬着死者的居所中；或是在过一定时间后搬出这座居所，另建新居；或是在埋葬死者（不论是埋在居室还是在墓地）的当时就捐弃居住的房屋，再建新居。这是新石器时代居民和一部分保留古老风俗的现代部族实行的埋葬制度，房屋捐弃的方式可以是直接废弃不用，更多的是焚毁。

3. 在老者、伤病者即将去世前，为他另建一座小型的茅屋居住，在他去世时同时将这茅屋毁弃，从而保留家人原来居住的房子。这是在捐弃房屋风俗流行的后期出现的一种变通方式，在现代部族中仍然可以找到不少例证。

4. 将墓室营造成居室的样子，或用房屋模型放置在死者墓中作为随葬品。这种葬俗出现在史前时代末期，在文明时代广为流行。

5. 与陶楼陶屋之类明器属同一范畴的“灵屋”出现，是房屋捐弃风俗的最后表现形式。这种风俗一直在当代还没有完全消失，除了沿用纸屋，还出现了具有现代特色的纸彩电、冰箱和洗衣机等电器类明器。

房屋的修建和废弃，体现了人类在物质与精神两方面的双重需求。在史前时代，房屋不只是人类身体的庇护所，它给予人类的，不仅是阻隔风雨寒暑，还要呵护人们的魂灵。它庇护人之身，也庇护人之心，它陪伴着人的死与生。包括房屋捐弃在内的各种与居住风俗相关的考古遗存，应当作为考古工作者在田野发掘中关注的一个重要内容。

亡灵归宿：埋葬制度的变更

仰韶文化墓地发现较多，发掘的墓葬总数已达2500座以上，埋葬的死者有5000多人。墓葬多数为土坑墓，约1/4为瓮棺葬，土坑墓多为成人葬，后者多为儿童葬，此外还有一些零星发现的灰坑葬和不规则墓葬。仰韶文化不同时期的葬俗和葬制存在明显区别，以半坡文化墓葬资料最为丰富，发现墓葬数量最多，葬制变化也最富有特点，所反映的葬俗也最为复杂。庙底沟和西王村文化发现的墓葬不多，反映在埋葬制度上的变化不很明显。对于仰韶文化埋葬制度的研究，历来很受研究者们的关注，综合研究和专题研究都有许多重要成果。

一、墓地

半坡文化的大型居住址附近，一般都有成片公共墓地，如半坡、北首岭、姜寨、横阵、元君庙、史家等地，都发掘到了规模很大的墓地，埋葬的死者有时达到数百人之多。

半坡遗址的公共墓地在居址的北面，发掘的174座成人墓葬，绝大多数都处在这个墓地的范围内。墓穴排列比较整齐，埋葬方向基本一致，多数向西或接近向西。葬式以单人仰身直肢为主，也见到少量的俯身葬、屈肢葬、二次葬和不超过四人的合葬墓。只有近半数的墓有随葬品，随葬品数量不多，一般是五六件罐、钵、尖底瓶等日用陶器。儿童瓮棺葬有73座，成组埋葬在居址附近，作棺盖的陶器底部有特意打穿的小孔，另有3座儿童墓没有采用瓮棺埋葬。

姜寨遗址一期成人土坑墓大体分属于三个大的墓区，分别坐落在居址的东南、东北和东部，共有墓葬174座。多数为仰身直肢葬，头多向西，还见到二次葬、多人二次合葬、俯身葬，也发现了割体葬仪的证据。有瓮棺葬206座，也有的儿童不使用瓮棺埋入成人墓地，成人墓还见到2座瓮棺葬。二期墓地位于遗址的中部，有墓葬294座，成人墓191座，瓮棺葬103座。成人多数采用多人二次合葬，一墓埋葬死者多达七八十人，头向一般朝西。

北首岭遗址的公共墓地是在居址的南部，发掘土坑墓370多座，葬式以单人仰身直肢葬为主，有30多座为单人和二人的二次葬，十多座俯身葬，还见到屈肢葬和多人合葬。埋葬方向以西北向为主，随葬品配置与半坡遗址接近，发现割体葬仪现象。有66座瓮棺葬，有的埋葬在公共墓地，多数没有随葬品。

横阵村的墓地在遗址的东南部，发现成人墓葬24座（图3.10）。横阵人的埋葬方式表现有特别之处，有15座墓分别套葬在3个大墓坑内。1号坑内套葬有5座墓，各墓内有4—12具数目不等的人骨，合计为24具。这些人骨多数为二次葬，但仍摆置成仰身直肢的葬式，头向西方。每坑内都有以罐、钵和尖底瓶为主的陶器作随葬品。2号坑内套葬7座墓，合计发现人骨42具。每座墓内合葬在一起的死者，男女老少均有。

元君庙遗址发现墓葬57座，可分为两个墓区，墓穴排列整齐有序。45座分为6排，墓向朝西。2/3为二次合葬，多数葬4—25人不等，合葬者没有性别年龄的限制。其他还有单人仰身直肢葬和单人二次葬。

史家村遗址发现墓葬43座，其中3座为单人一次葬，其他均为4—

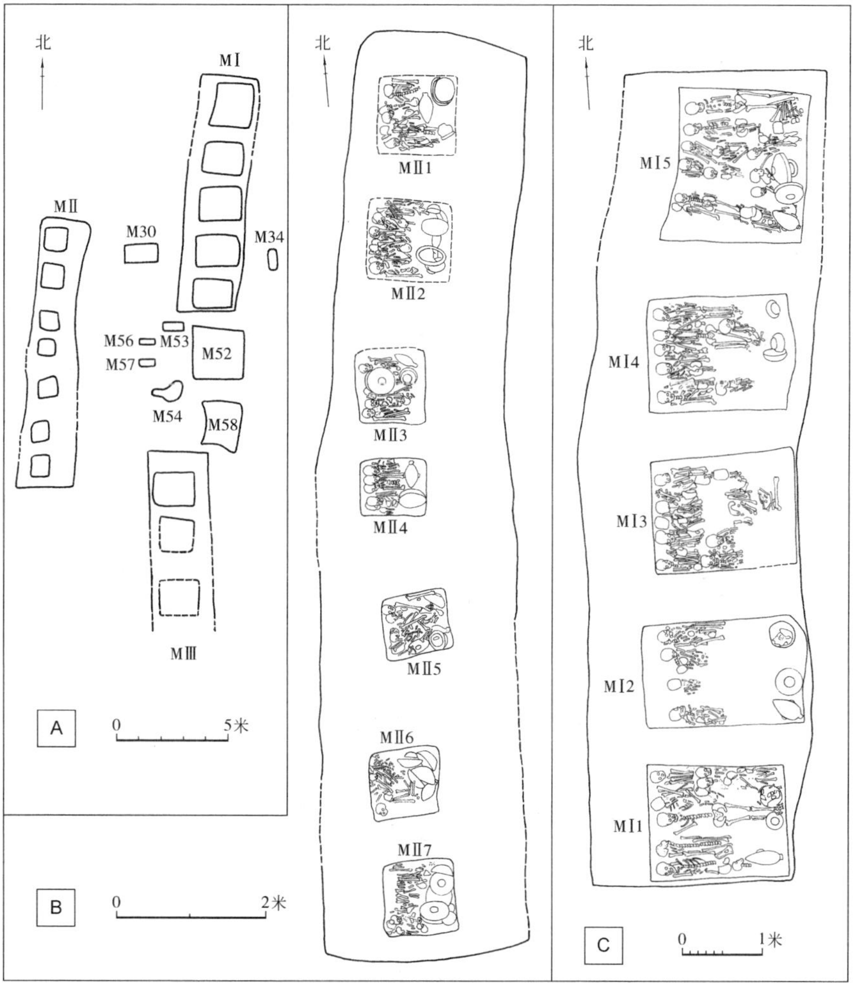

图3.10　华阴横阵村多人合葬墓平面图

A.墓穴分布图　B.MⅡ平面图　C.MⅠ平面图

51人的多人二次合葬，墓向朝西（图3.11）。墓穴中的人骨成排或成层排列，一般也没有性别年龄的限制。多数墓都有以钵、罐和葫芦瓶等陶器为组合的随葬品。

吕家崖遗址发掘到与史家年代相若的多人二次合葬墓7座，合葬者在长条形墓穴中单排成一列，一般每墓合葬3—6人，最多的为13人[①]。

龙岗寺遗址发掘的半坡文化墓葬409座，瓮棺葬14座。墓向以西北向为主，绝大多数为单人仰身直肢葬。有12座合葬，以多人二次合葬为主。在单人一次葬中，发现78个个体肢体残缺。半数以上的墓有随葬品，以陶器为主，也有不少生产工具和饰品。

何家湾遗址发掘的半坡类型墓葬156座，瓮棺葬21座。以单人仰身直肢葬为主，头向西北或西方，多数墓有以陶器为主的随葬品。不少人架上发现有朱砂。

王家阴洼遗址的墓地位于居址的东北部，共有63座墓，分为墓数大体相等的两个墓区，东区墓头向东北，西区头向东南。多数死者为单人仰身直肢葬，人架左侧挖有专为放置随葬品的椭圆形小坑[②]。

下王岗遗址发掘到的墓葬有575座，另有瓮棺葬22座。早期墓葬123座，多分布在居址附近，分三区相对集中埋葬。均为单人一次葬，多数墓穴排列比较整齐，头向以西北方向为主。半数以上的墓有随葬品，以实用陶器为随葬品，有多例殉狗葬龟现象。中期的451座墓大多数都分四区相对集中埋葬，少数比较分散。289座为二次葬，其中单人二次葬202座，余为二人以上的多人合葬，多2—4人的合葬，最多为29人的合葬；162座为一次葬，其中158座为单人葬，以仰身直肢为主。

---

① 陕西省考古研究所等：《陕西铜川吕家崖新石器时代遗址试掘简报》，《考古与文物》1993年6期。

② 甘肃省博物馆大地湾发掘小组：《甘肃秦安王家阴洼仰韶文化遗址的发掘》，《考古与文物》1984年2期。

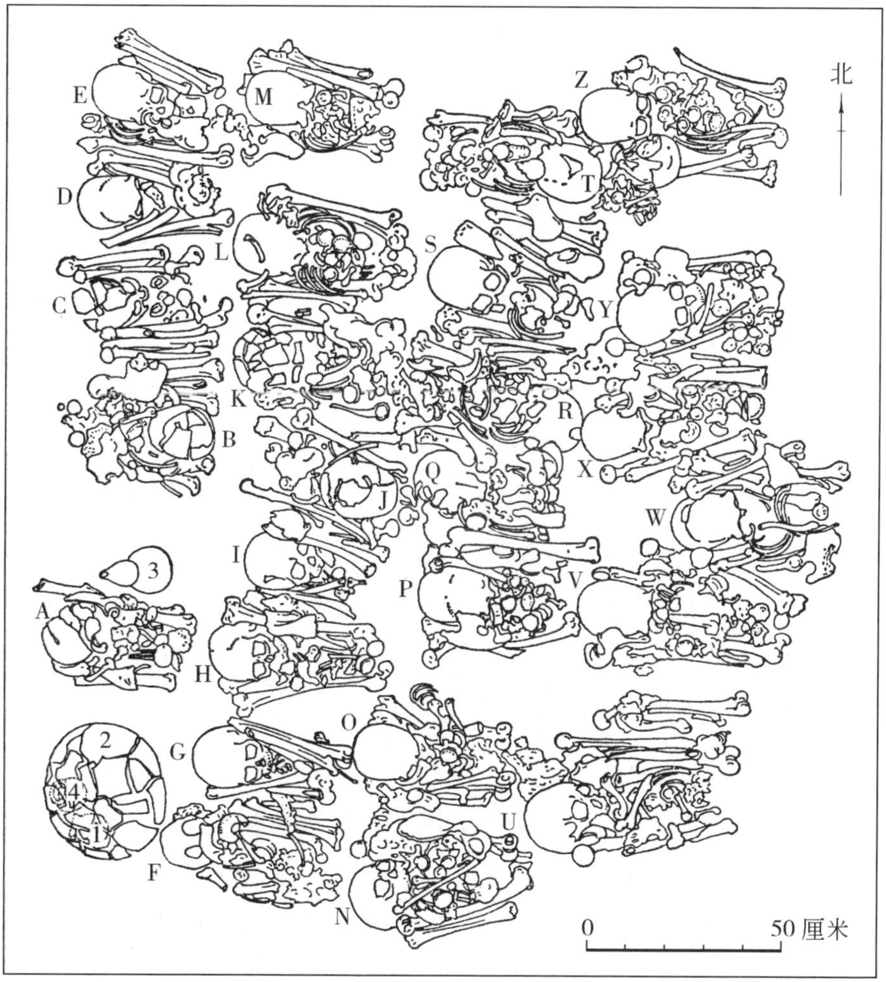

图3.11 史家村墓地多人二次合葬M25平面图

A–Z.人骨 1.陶钵 2.陶钵 3.陶葫芦瓶 4.陶带盖罐

多数墓有随葬品，随葬品多为专作的明器。

庙底沟和西王村文化少见大型墓地，发现的零星墓葬以单人仰身直肢葬为主，少有随葬品。

仰韶文化的墓地，以半坡文化最具代表性。半坡文化的大型聚落遗址，一般都有以土坑墓为主构成的大型公共墓地，墓地位于居址的外围，与居住区常常见有明确的分界。在与居址的方位关系上，公共墓地常常设在居址的东面、南面或北面，基本上没有发现在西面的例子，这一点同多数墓向为西向可能有一定的联系。墓地上的墓穴多数排列较为整齐，有时是成群成组排列。

二、埋葬方式

仰韶文化居民对死者采用的埋葬方式，主要有土坑葬和瓮棺葬两种。另外还有一种灰坑葬，数量较少。

土坑墓。在各墓地中，土坑墓通常有各种不同的葬式，有一种为基本葬式，或是仰身直肢葬，或是二次葬，其他的葬式还有屈肢葬和俯身葬等，可能是对非正常死亡者的处理方式。

仰韶人的土坑墓可分为单人葬和二人以上的多人合葬两种，合葬又有一次合葬与二次合葬的不同，以后者发现最多。在半坡文化较早阶段流行单人仰身直肢葬，后来又一度在很大范围内实行二次合葬。对二次葬的起因，有人认为当时人们相信血肉是属于世间的，等血肉腐朽才作正式埋葬，死者才能进入鬼魂世界，所以要举行二次葬仪[①]。随葬品的种类和数量，一次葬与二次葬没有明显区别。

单人葬的墓穴为长方形或圆角长方形，大小以容下一位死者为

① 石兴邦：《半坡氏族公社》，陕西人民出版社，1979年。

限；多人葬的墓穴有长方形、方形、椭圆形和不规则形多种，大小依合葬者数目而定。无论单人葬或多人葬，墓穴都不很深。个别地点如横阵发现的大坑套小坑的多人合葬，为比较特别的一种土坑葬。还有个别墓如元君庙458号发现了二层台，没有普遍意义。

仰韶居民的墓葬，除瓮棺以外，多数都不见明显的葬具痕迹。只有少部分墓葬可以看出当初使用了葬具。如元君庙458号墓的死者为一男性老人，墓穴有二层台，台上堆砌有砾石构成棺室。429号墓死者为两个少女，墓穴以红烧土块进行了铺垫。北首岭的一些墓坑在四壁和底部抹有草拌泥或料姜石浆，有的还在墓壁装置了木板，很多死者身上还发现了裹尸席子的痕迹。半坡152号墓的死者为一名约8岁的女孩，埋葬时使用了木棺。

在后岗文化中见到比较特别的土坑葬。西水坡遗址45号墓，葬制十分特别。墓穴为南北向，平面南弧北方，南端左右掘有对称的弧边侧室。墓长4.1米，宽3.1米。墓室南端中心葬一壮年男性，在他左右摆塑有与人体大小相近的蚌壳龙虎图形，足端置两根人的股骨与一些排列成三角形的蚌壳。墓室的北部和东西侧室还各葬一人，能鉴定年龄的两人为12—16岁的少年，其中一人头部有明显的砍斫痕迹，属非正常死亡者。

仰韶文化的土坑墓约有半数以上的墓发现有随葬品，以实用陶器为主，也有少量石器和装饰品。各墓之间随葬品的数量差别不明显，儿童和妇女的随葬品在有些墓地略显丰富，而且品种与男子的也有明显不同。

瓮棺葬。仰韶文化时期流行儿童瓮棺葬，有极少的成人也有使用瓮棺埋葬的。儿童瓮棺多葬在居址附近，也有埋入氏族墓地上的专有墓区的。半坡遗址对夭折的儿童使用瓮棺埋葬，发掘到的73座瓮棺，绝大多数埋葬在居址周围。葬具一般选用大陶瓮，以盆或钵作棺盖。一些作盖的陶盆都绘有精美的人面鱼纹之类的纹饰，有的底部还特意凿有小孔，有研究者认为那是灵魂出入的通道。个别儿童也有用土坑葬的，但也没有埋入公共墓地，同瓮棺葬一起埋葬在居址附近。北首岭遗址的居址内也发现了50多座儿童瓮棺葬，作盖的陶器底部也都凿有孔洞。姜寨遗址半坡文化时期儿童瓮棺达300多座，儿童埋葬方式有明显变化，一部分用瓮棺埋葬在居址周围，也有的瓮棺埋入成人墓地，与一些用土坑葬埋葬的儿童集中在一起，形成儿童墓群。瓮棺葬很少见有随葬品，仅发现有装饰品和小型陶质明器①。

与仰韶文化大体同时的大河村文化也见到许多儿童瓮棺葬，在洛阳王湾、郑州大河村都发现过较大的瓮棺葬群，常用大型小口尖底瓶为葬具，其他还使用鼎、豆、罐、盆、缸等，一般用2件扣合为棺。在河南汝州阎村、鲁山和伊川都发现了成人瓮棺葬，均为二次葬，葬具是高达四五十厘米的特制大陶缸，它的口沿外有泥突，底部有孔洞，有时要绘彩，被一些研究者称为"伊川缸"②。史前瓮棺葬最重要的发现是汝州洪山庙遗址瓮棺葬群，在一座合葬墓中出土了136件瓮棺，瓮棺排列比较整齐，分为13排，每排最多葬17具。这个墓局部有破坏，估计原来埋进的瓮棺应当有200具以上，死者多数为成人，少数为儿童。瓮棺的缸与盖都有泥突，缸底有穿孔，全部都有彩绘纹饰（图3.12）。

灰坑葬。在不少仰韶文化遗址都发现了灰坑葬，如半坡、下孟村、横阵村、泉护村、庙底沟等处都见到了灰坑葬，多数属于庙底沟和西王村文化时期。灰坑葬采用废弃的窖穴埋葬死者，一般都处于居住区。每个地点的灰坑葬一般只有一二座，少者一坑仅葬一人，有时一坑埋葬多人。横阵村一座灰坑中发现过8具人骨（图3.13），下孟村的一座灰坑中发现3个头骨和1具人骨。死者的葬式，多数不规则，常

① 李仰松：《谈谈仰韶文化的瓮棺葬》，《考古》1976年6期；许宏：《略论我国史前时期瓮棺葬》，《考古》1989年4期。

② 严文明：《鹳鱼石斧图跋》，《文物》1981年12期。

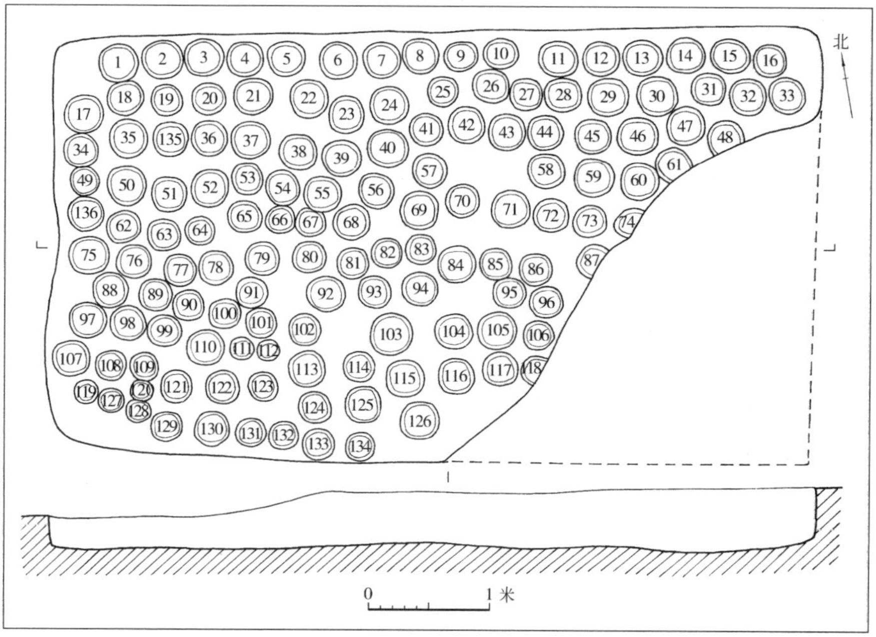

图3.12 汝州洪山庙M1瓮棺分布图

1—136.瓮棺

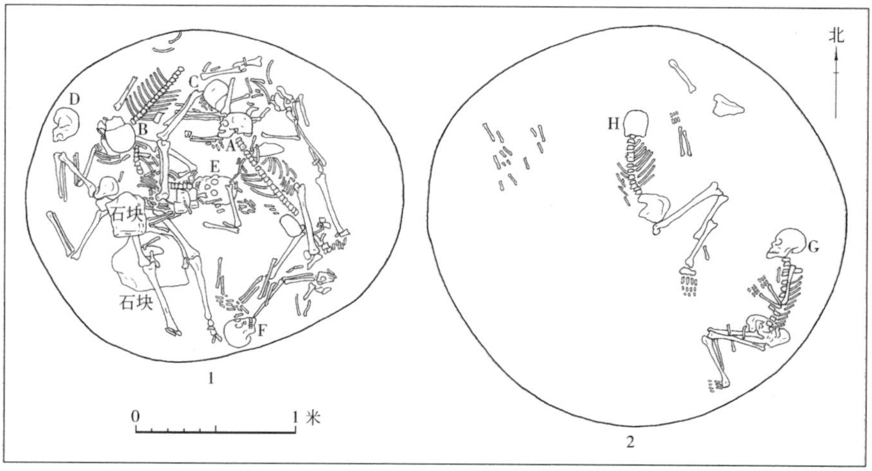

图3.13 横阵遗址灰坑葬

A—H.人骨 1.第一层人骨 2.第二层人骨

为屈肢或俯身，有的骨骼不全。灰坑葬中的死者，可能具有特别的死因，所以采取了特别的葬法，他们绝大多数都没有随葬品。

三、葬俗

仰韶文化的葬俗，还在墓葬方向、随葬品、割体葬和涂朱葬几个方面表现出一些特点。

墓葬方向。仰韶文化数以千计的墓葬，死者的头向都以西向或略偏西北向为主。渭河地区的前仰韶文化，多数墓葬的方向也为西方，可见后来的仰韶文化居民所继承的正是这个传统。墓葬方向的选定，出自多方面的原因，根据民族学资料研究的结果，墓向表现了一种强烈的灵魂信仰观念，人们认为人死后灵魂要回到传说中的祖先生活过的老家去，那是一个可以让灵魂安息的特殊的域界，所以在举行葬礼时要将死者的头颅向着这个方向。墓葬的方向在史前人类的心目中起着一种引导灵魂回归的作用，在历史时代还成为地域上或族群间的一个重要区别。如在夏商周时代的中原地区，墓葬制度有头向北方的规定，正如《礼记》所说，“葬于北方北首者，三代之达礼也”。中原地区发现的商代和东周时代的墓葬，差不多90%—95%的死者都是头向北方，与文献上的记述是吻合的。中原以外的所谓戎狄蛮夷之地，埋葬方向又各有不同。如南方的楚人死者的头颅向南方，西方的秦人一般是头向西方，而北方的燕国人死者头向北方。

史前时代对于凶死者和有不幸遭遇的死者，不仅要采用与正常人不同的葬式，而且他们在墓穴内的头向也与多数人不一样。在每个墓地中都发现了一些方向与众明显不同的墓葬，一般要占到3%—10%的比例。这些墓葬的方向与多数墓葬的方向正相反，相差180度左右，至少错开90度。这类墓葬埋葬的位置是特定的，葬式也有明显区别。这些墓穴往往被安排在墓地与墓区的边缘部位，而且一般是在多数死者头向相反的位置。这些死者的葬式也被处理得与众不同，几乎都没有什么随葬品。凶死者与正常死亡者灵魂的归宿不同，所以为他们灵魂指路的墓葬方向也不同，他们是没有权利归返故土的孤独的魂灵①。

随葬品。半坡文化的随葬品种类，主要是实用陶器钵、罐和瓶，少见生产工具和装饰品。随葬品数量一般不多，很多墓葬没有随葬品。随葬品中陶器摆放位置一般在死者腿部，生产工具多放置在腰部，装饰品则在死者生前佩戴的部位。庙底沟和西王村文化发现的数量不多的墓葬中，一般没有随葬品。下王岗文化二次葬墓多用陶质明器作随葬品，而一次葬墓仍随葬实用陶器。

割体葬。在半坡和姜寨遗址成人墓中，发现了一些死者有肢骨和指骨不全的现象，残失的体骨有时在墓葬填土或随葬的陶器中发现，有研究者认为这是半坡人实行“割体”葬仪的证据②。在北首岭墓地的仰身直肢葬者中，也发现40多个个体有肢体残缺现象，有缺部分头骨的，也有缺肢骨的。此外在新开流文化、马家窑文化和昙石山文化的墓葬中，也发现过死者缺失指骨或肢骨的现象，同样被看作是割体葬仪的证据。有的研究者认为类似的割体葬仪其实是一种“厌胜巫术”，是对凶死者的一种特别的埋葬方式③。也有人认为死者缺失的指骨并不一定全是在他自己的葬仪中被人割掉的，而更有可能是在生前早就献给了别的死者。如有些民族在举行葬礼时，送葬者每人都要割下一节手指献给死者，一个酋长死后得到的手指有时有数百节之多。有的民族家中有亲人死去，妇女就得割下一节手指，这习俗使得妇女

① 王仁湘：《我国新石器时代墓葬方向研究》，《中国原始文化论集》，文物出版社，1989年。

② 石兴邦：《半坡氏族公社》，陕西出版社，1979年。

③ 萧兵：《略论西安半坡等地发现的“割体葬仪”》，《考古与文物》1980年4期。

中没有一个是十指齐全的人。割指献与死者的风俗，被认为是为了让死者安全地到达另一个世界[1]。

涂朱葬。仰韶文化几处墓地中的死者，发现了人骨涂朱现象，或涂在头骨，或涂在肢骨。元君庙429号女童额前染有红色。有时是将颜色撒在人骨周围，如北首岭1977年发掘的17号墓为一座无头葬，头部位置放有一个绘有黑彩符号的尖底陶器，陶器一侧撒有红色颜料。王湾大河村文化墓葬的人骨涂红现象比较普遍。这种涂朱葬的含义尚不明了，有可能具有祛邪的用意。例外的是，在史家村墓地发现了人骨涂黑现象。

---

① 李健民：《我国新石器时代断指习俗试探》，《考古与文物》1982年6期；郑若葵：《中国上古暨三代习俗史》，人民出版社，1994年。

魂灵归途：史前墓葬的方向

新石器时代墓葬在黄河流域发现较多。就一般规律说，一个墓地乃至一个文化的大多数墓葬都向着同一方向，这个方向称为“主向”。反之，与这个方向相差90度以上以至完全向背的称为“逆向”。主向墓与逆向墓共存在同一墓地，在绝大部分墓地都是如此。

仰韶文化中半坡遗址的公共墓地在居址的北面，发掘到的174座成人墓葬，墓穴排列比较整齐，埋葬方向基本一致，多数向西或接近向西。

临潼姜寨遗址一期成人土坑墓大体分属于三个大的墓区，分别坐落在居址的东南、东北和东部，共有墓葬174座，头多向西。二期墓地位于遗址的中部，有成人墓191座，多数采用多人二次合葬，一墓埋葬死者多达七八十人，头向一般朝西。

宝鸡北首岭遗址的公共墓地是在居址的南部，发掘土坑墓370多座，埋葬方向以西北向为主。

华县横阵村的墓地在遗址的东南部，发现成人墓葬24座，有15座墓分别套葬在3个大墓坑内，人骨多数为二次葬，头向西方。

华县元君庙遗址发现墓葬57座，分为两个墓区，墓穴排列整齐有序，墓向朝西。

渭南史家村遗址发现墓葬43座，多数为多人二次合葬，墓向朝西。

南郑龙岗寺遗址发掘的半坡文化墓葬409座，墓向以西北向为主。

西乡何家湾遗址半坡文化墓葬156座，头向西北或西方。

淅川下王岗遗址发掘到的成人墓葬有575座，早期墓葬123座，头向以西北方向为主。

仰韶文化时期的墓地，以半坡文化最具代表性。半坡文化大型聚落遗址公共墓地位于居址的外围，公共墓地常常设在居址的东面、南面或北面，基本上没有发现在西面的例子，这一点同多数墓向为西向可能有一定的联系。

一、墓葬定向原则

新石器时代墓葬定向原则归纳起来，大约有以下十项：

1. 向日出方向

以日出的东方定为墓葬的主向，主要见于大汶口文化和石峡文化，崧泽文化的一些墓葬也是如此。这些文化都分布在离海岸不算太远的地区，居民们对日出寄予的希望在埋葬习俗上表现出来。当然，并不是所有分布在海岸附近的文化墓葬都朝向日出方向，也有一些远离海岸的墓地主向为日出方向的，如甘肃地区的半山类型文化墓葬，广河地巴坪和景泰张家台墓地主向便都是朝向东方的。

2. 向日落方向

黄河中上游的仰韶文化、齐家文化的大多数墓地的主向都是向日落方向，其他文化中很少见到主向普遍为西向的墓地。一些朝向西北和西南的墓实际上也可能指的是广义上的西方，由于地理和季节的关系，人们自然观察到的日落方向并不相同，所以有时偏北，有时又偏南。

3. 向高山方向

新石器文化墓地都选在山坡台地，墓地主向也多是朝着山巅，或向着台地中心。有些墓地虽不处山间，但主向也遥指附近山陵。大溪文化巫山大溪墓地北临长江，南为大山，主向指山坡高处。青海乐都柳湾从半山到齐家不同文化时期墓葬主向都朝着墓地所在的台地中心。大汶口文化山东胶县三里河、日照东海峪、诸城呈子几个墓地主向为西北向，主向所指都有山陵高阜。

4. 向水流方向

也有一些位于山坡上或附近有山的墓地主向并不朝向山顶，而是朝向山间河道或河流方向。甘肃永昌鸳鸯池马厂类型墓地，北有龙首山，主向却朝着东南方向的金川河。兰州土谷台半山—马厂墓地南有湟水，墓葬一部分头向东，一部分头向西，与水流方向一致。

5. 同文化同一主向

同一新石器文化，不论墓地选在何处，很多都注意统一主向。
甘肃地区的齐家文化，主向为西北（西）向。
关中仰韶文化，主向为西（西北）向。
长江三角洲马家浜文化，主向为北向。
河南裴李岗文化，主向为南偏西。

6. 同文化分两个主向

有些文化分布地域广阔，文化发展难免表现出地区差异，表现在墓葬主向上也有一些差异，形成一个文化两个甚至更多的主向。大汶口文化离海岸最近的几个墓地（山东日照东海峪、胶县三里河、诸城呈子）主向为西北，而分布在它西边的墓地主向全是东向。湖北王家岗墓地（大溪文化）分为两个墓区，东区为北向，南区为东向。还有良渚文化，长江以北的墓地主向为东向，而江南则基本都是南向。

7. 同地区不同文化主向相同

一些较大墓地延续使用了很长时间，跨越了几个文化时代，而最初的墓葬主向传统却得到继承。如陕西关中地区的仰韶文化的墓葬，承继了白家村文化向西的传统，河南仰韶文化则大都承继了裴李岗文化南向的传统，到河南龙山文化时期依然如此。青海柳湾墓地半山、马厂和齐家文化主向均北向；山东胶县三里河和日照东海峪墓地的大汶口与龙山文化主向均为西北向；湖南安乡划城岗墓地大溪和屈家岭文化主向均为东偏南；江苏海安青墩墓地北阴阳营、崧泽、良渚文化主向均为东向。

8. 同墓地同一文化异向

同墓地同一文化不同时期墓葬主向一般是相同的，不过也有完全相反的例子。如闽侯昙石山下层墓主向为北偏东，中层就变成了南偏西。闽侯溪头墓地早期主向东南，晚期主向西北。

9. 同墓地同文化变向

上海青浦崧泽墓地一期主向北偏西，二期由东北偏向东南，三期为东南，四期为东南和南向。早晚期墓向的改变基本上是由西北至正南按顺时针方向进行的。比它早的马家浜文化墓葬主向为北向，比它晚的良渚文化主向为南向，崧泽文化逐渐完成了马家浜向良渚文化的过渡，也完成了墓向由北向南的逐渐改变。

10. 同墓地男女两性异向

同一公共墓地，按死者性别决定墓葬方向，这种例子十分罕见。广东佛山河宕墓地，经过人骨性别鉴定发现，19个男性头均向西，而27个女性全都朝东，完全背向。

从以上情形可以看出，墓向的定向原则表面上与天文、地理密切相关，甚至性别也要起决定作用。实际上，这些墓向的选择都具有更深刻的意义。

埋葬制度是灵魂不死观念的产物，墓葬方向也是这种观念的表象之一。很多民族都认为日落的西方是亡灵的集中之所，那里是区别于人间的阴间极乐世界。如马来岛的色曼人，死者头要向着日落方向，埋葬完毕后还要到河对岸新建住所，为的是逃避鬼魂侵扰，人们以为鬼是不能渡水的。印度南部的托达人以为死者的魂灵在葬仪结束后，就动身到阿姆诺德去了，这是西方的灵界。当这亡灵走动时，脚渐渐磨短，当磨到只剩下膝桩时，它们就再一次投生到世上来而成为一个新人。

除了西方，东方有时也被一些民族认为是祖灵居住的地方，或者说是祖先的发祥地，这样的发祥地常常实指某一座大山或大岩石。台湾泰雅族死者面向东方，向着祖先发源地的一座山峰，人们认为那里是祖先坟墓之地。台湾曹族在人死后，以为灵魂就赴塔山而久留不回，这塔山在阿里山旁，是死者灵魂集中的地方，传说为本族始祖发源地。雅美族埋葬死者头也向东，不过还特别小心地把脸摆向北方，认为不能向着太阳，以为太阳光照射在死者脸部，死者会变成魔鬼害人。贵州丹寨苗人死后也是头向高山，脚向河流；朝鲜族的墓地也多选择在山坡的阳面，头朝山顶脚向下。

可以认为，在大多数情况下，墓向所指都是所谓“灵界”，或是祖居之地。由于各文化共同体信仰及传统不同，它们各自所认定的灵界也不同。拿黄河流域来说，中游地区以南、西南向为主，中上游地区是以西向、北向为主，下游地区则是以东向为主，区别相当明显。

在一些民族里，并不是以日落或高山作为墓葬定向的根据，有时是以河流方向为准，如云南迪政地方的独龙族，死者埋葬时是头北面东，同独龙江自北朝南的流向一致。台湾一些山地民族埋葬时有的将男的脸与溪流相对，女的脸与上、下流平行。将两性在埋葬上进行区别对待的还有塔吉克人，他们把男人的墓穴挖得深一些，而女的则浅一些。这些葬俗大多在史前埋葬制度中可以找到十分相似的例子，只是它们内在的含义我们还不是十分清楚。

二、逆向埋葬：孤独魂灵的去向

在史前较大的墓地周围，都可以多多少少发现一些非正常埋葬的墓，其中很大一部分为逆向墓。

逆向墓在一般墓地里所占比例较小，有些墓地里只是个别现象。迄今所发现的早期新石器文化墓地大都不见逆向墓，如东方北辛文化和中原裴李岗文化。裴李岗文化莪沟、沙窝里、裴李岗三个较大墓地一共二百多座墓都是向南偏西，没有报道发现逆向墓。渭水流域的白家村文化略晚于裴李岗文化，出现了明确的逆向墓，临潼白家村28座土坑墓中有3座逆向墓，约占10%。无论仰韶、大汶口、大溪、马家浜等文化，逆向墓所占比例都在10%以下。当然，也有个别墓地逆向墓比例稍高，如青海柳湾，马厂、齐家时期占13%和17%。这些逆向墓大都分布在台地西侧，为了符合头向台地中心的原则，所以这些墓改向东方，严格说不算逆向墓。

逆向墓在墓地里一般都有特定的位置，大都埋葬在墓地的边缘部位，与主向墓形成鲜明的对照。宝鸡北首岭15座逆向墓，大多数都位于墓地边缘。泰安大汶口两座逆向墓也埋在墓地边缘。还有永靖秦魏家和武威皇娘娘台所见逆向墓，绝大部分也都处在墓地外围。这种逆向墓不仅埋葬在墓地边缘，而且有时还有特定的方位。逆向墓穴有的就挖在主向墓所指相反的方向，如主向为东，逆向墓则埋在墓地西部边缘，这种逆向并且逆位的特征值得注意，如甘肃景泰张家台墓地。

台半山类型墓地主向为东、南向，逆向墓一座向北，正埋在墓地北端。泰安大汶口墓地主向为东向，两座逆向墓埋在墓地西边。西安半坡19座逆向墓大部埋在墓地东部，那里的主向为西向。宝鸡北首岭东南向的几座逆向墓也都在墓地南部边缘，主向本为西、北向。

不可否认，有时在墓地中心也能见到少数逆向墓，如江苏邳县刘林大汶口文化墓地。但如果注意到刘林墓地本来是划分为几个小区的，经逐一查证时，这些逆向墓在各小区依然也是位于边缘。当然，分布在墓地中心的逆向墓也不能说绝对没有，不过可以肯定那是极个别的例外现象。

值得注意的还有，逆向墓的葬式一般也不同于主向墓，比较特殊。甘肃永靖大何庄齐家文化82座墓中57座为仰身直肢葬，屈肢葬14座中有10座属逆向墓。宝鸡北首岭15座逆向墓大都是俯身、屈肢、二次葬三种特别葬式。半坡遗址逆向墓19座，取俯身、二次特殊葬式的有9座。泰安大汶口133座墓中两座逆向墓一为俯身，一为双臂掐腰式，葬式特别。江苏常州圩墩马家浜文化墓地三次发掘仅第二次对逆向墓有详细报道，62座主向北的墓中4座逆向东，与主向墓的俯身葬不同，这4座墓中3座为仰身直肢、侧身和屈臂葬。

逆向墓死者的待遇也不同于主向墓，大部分都没有随葬品，或者只有极少的随葬品。永靖大何庄10座逆向墓有7座一无所有，还有两座仅有石刀一件而已。武威皇娘娘台逆向墓也只是个别有随葬品。宝鸡北首岭15座逆向墓有13座没有随葬品。郑州大河村3座逆向墓都没有随葬品，而且死者还是老年。山东诸城呈子龙山文化87座墓有3座逆向墓也都没有随葬品。江苏常州圩墩第二次所发掘的4座逆向墓也是没有一件随葬品。

还有一种属于特殊埋葬的墓，其特点与逆向墓差不多，也是从墓葬方位、葬式和随葬品方面与正常埋葬相区别，只是没有逆向特征。如河南新郑裴李岗墓地虽不见逆向墓，82座墓中无随葬品的3座墓都在墓地南部边缘，应属特殊埋葬墓。半坡遗址15座俯身葬都没有随葬品。永靖秦魏家墓葬排列相当整齐，以仰身直肢葬为主，侧身、屈肢和俯身等特殊葬式的墓一般都分布在各墓列的两端。武威皇娘娘台第四次发掘62座齐家文化墓，单人葬40座有26座为仰身直肢，有8座侧身屈肢葬都处在墓地边缘，还有5座乱葬，身首分离、肢体不全、有极少随葬品，都处在墓地东西边缘。在邳县大墩子和刘林大汶口文化墓地，二次葬、侧身屈肢、手压身下的墓也都在墓地或墓区边缘。类似情形在江苏海安青墩、上海青浦崧泽、山西夏县东下冯基地也都可以见到。还有闽侯溪头昙石山文化墓地，70座墓以仰身直肢葬为主，另有6座侧身屈肢、仰身屈肢墓，其中5座集中在墓地西南角，另1座在墓地东缘。

民族学材料表明，对待死者的葬仪问题，人们十分注意区别正常死亡和非正常死亡。正常死亡的人享受正规埋葬的待遇，而非正常死亡的则不然，他们往往连进入正常死亡者墓地的机会都没有。我国一些地方的苗族对自缢、难产、落水、跌岩等非正常死亡的人，就不与正常死亡的人葬在一起。有的对非正常死亡的人要采取特殊的葬式，如藏族本通行天葬，又称为鸟葬，将尸体支解切割，骨头也要砸碎喂秃鹫。藏人对乞丐、疯人及恶疾死者，则抛尸于河流中；对于刑死、凶杀和暴卒的尸体，则拖出掘坑掩埋，为的是让其永堕地下不得转生。东北鄂伦春人实行风葬，对于急症而死的青年及孕妇则行火葬。墨西哥的阿兹特克人认为正常死亡与非正常死亡人的灵魂去向都不相同，正常死亡人所去的阴间家乡是米克特兰，而水溺、电击、水肿、麻风病死者的魂灵则去塔鲁坎。这些观念对区别两种人的不同葬式起着决定作用。

以上所说的新石器时代的逆向埋葬和特殊埋葬无疑是对非正常死亡者的一种特殊埋葬，人们以为他们同正常死亡者的灵魂归宿不同，当然为灵魂指路的头向也就不同。可以肯定，逆向埋葬和特殊埋葬不是因为经济原因造成的，主要是由于信仰这一宗教原因造成的。决定死者埋葬方式的主要原因不完全在于他生前的地位如何，死亡原因才是史前人最关心的问题之一。

亡灵再抚：二次合葬的动机

在中国新石器时代考古资料中，墓葬材料相当丰富。考古工作者通过田野调查与发掘，发现新石器时代人类埋葬有各种形式，诸如仰身直肢单人葬、屈肢葬、俯身葬、一次合葬、二次单葬、二次合葬、蹲踞葬、火葬、瓮棺葬等，本文论及的二次合葬就是其中比较特殊的葬式之一。

一般说来，在我国新石器时代不少文化类型的墓葬中，仰身直肢单葬占绝大多数，二次葬不多，二次合葬更少。不过在某些文化类型的墓地里，二次合葬所占的比例很大，如仰韶文化渭南史家村墓地发现的二次合葬要占墓葬总数的94%，43座墓中只有3座为一次单葬，其余700多具人骨均为二次合葬，显得相当突出。又如华阴横阵村大坑套小坑的二次合葬更是奇特，吸引了不少研究者，发表了许多有益的意见，为进一步研讨打下了基础[①]。

我国发现的新石器时代二次合葬的地点不少，分布范围很广，除了黄河流域发现较多以外，长江中下游地区以及西北和东北部的一些地点也有发现。各地二次合葬的时代虽有早晚不同，但大多限定在

① 黄河水库考古队陕西分队：《陕西华阴横阵村发掘简报》，《考古》1960年9期。

公元前4000年前后的几百年之内，它是原始氏族公社发展到一定阶段的产物。二次合葬是古老氏族内部分化出更小的集合体——家族与家庭的反映。原始共产制产生了裂痕，整个社会逐渐向父系氏族公社过渡。在这样的社会变革中，二次合葬正是一个显明的标帜，它标志着父系家庭公社的出现。

一、二次合葬的发现与分布

所谓二次合葬，可以理解为在同一墓葬里包含有二次葬、合葬以及一次葬二个因素的埋葬形式。许多二次合葬墓只有前两个因素，仅少数二次合葬墓里发现有一次葬的人骨。新石器时代大规模的二次合葬墓，是1958年由黄河水库考古队在陕西华县元君庙（安家堡）首次发现的，那时只简单地称之为“合葬墓”。1958—1959年发掘了华阴横阵村墓地，在1960年发表的简报中把这里发现的二次合葬墓称之为“集体埋葬坑”和“多人合葬墓”。以后，类似的埋葬屡有发现，到1972年在报道河南淅川下王岗遗址发掘材料的简报中有了“二次合葬墓”的提法，这似乎是这个名称的首次出现。后来，在陕西临潼姜寨、渭南史家、山东兖州王因等地的考古报告和不少学术论著中，都采用了“二次合葬墓”的称谓。这说明这个名称还是比较贴切的，当然在一般情况下，它主要指的是多人二次合葬。

到现在为止，我国发现的可以确定为有新石器时代二次合葬的墓地已近20处，它们主要分布在黄河中游及下游地区（表3.1）。这些墓地属于仰韶文化的有：陕西宝鸡北首岭、临潼姜寨、华阴横阵村、华县元君庙、渭南史家、山西芮城东庄村、河南安阳后岗、河南淅川下王岗、湖北郧县大寺；属于大汶口文化的有山东兖州王因、江苏邳县刘林和大墩子。黄河流域之外，发现二次合葬的地点还有：西北地区马厂类型的甘肃永昌鸳鸯池；东北地区新开流文化的黑龙江密山新开流；长江中下游地区大溪文化的湖北松滋桂花树；屈家岭文化的房县七里河；良渚文化的江苏吴县草鞋山和张陵山。

表3.1　中国新石器时代二次合葬发现统计

地区	文化类型	地　点	墓葬总数、二次合葬墓数（人骨）		二次合葬的随葬品配置
西北	马家窑文化	甘肃永昌鸳鸯池	151	1（3）	共5件陶器，偏置于一人
黄河中游	仰韶文化	陕西宝鸡北首岭	416	3（10）	一般每人各有数件陶器
		陕西临潼姜寨	630余	100多（？）	每墓共有一套日用陶器
		陕西华阴横阵村	29	4（101）	每墓共有一套日用陶器
		陕西华县元君庙	57	33（210）	一般各墓共有一套陶器
		陕西渭南史家村	43	40（727）	每墓共有一套日用陶器
		山西黄城东庄村	3	2（11）	不见随葬品
		河南安阳后岗	1	1（24）	不见随葬品
长江流域	仰韶文化	河南淅川下王岗	89	约30（？）	以明器为主
		湖北郧县大寺	7	1（8）	共有一套生产工具与陶器
	大溪文化	湖北松滋桂花树		1（4）	共有一套随葬品
	屈家岭文化	湖北房县七里河	12	6（？）	有少量陶器和猪骨
	良渚文化	江苏吴县草鞋山	4	1（3）	每人各有一套随葬品
		江苏吴县张陵山	5	2（6）	各墓有大量玉、石、陶器

续表：

地区	文化类型	地　点	墓葬总数、二次合葬墓数（人骨）		二次合葬的随葬品配置
黄河下游	大汶口文化	江苏邳县大墩子		1（？）	无随葬品
		江苏邳县刘林	177	2（4）	各墓均有一套陶器
		山东兖州王因	800余	近100（？）	?
东北	新开流文化	黑龙江密山新开流	32	5（19）	一次葬人骨陶器石器骨器较多，附葬人骨很少或没有随葬品

新石器时代二次合葬的分布虽然较广，但各地区还缺少必然的联系，这或许有田野工作上的原因，有的地区工作开展得并不太多。从现有材料看，二次合葬主要发现在黄河流域，而黄河中游地区为其分布的中心。可以推想，黄河中游尤其是下游地区一定会有更多的发现。

二、二次合葬的文化类型与年代

在发现二次合葬的众多文化类型中，以仰韶文化所见二次合葬最多。不过，这种葬式在仰韶文化中也并非始终都能见到，它仅流行在仰韶文化发展的一定阶段上。

仰韶文化分布范围广，延续时间长，内涵也比较复杂。人们一直在探讨划分出若干类型来，以示时间与空间上的区别。到现在为止，提出的类型与名称已有不下10个之多，意见还不一致。就关中地区的仰韶文化而言，据巩启明等同志研究，可以划分为具有连续发展关系的四个类型，即半坡类型—史家类型—庙底沟类型—半坡晚期类型。其中“史家类型”刚被认识不久，过去一般都把它归入半坡类型或庙底沟类型。史家类型的代表性遗址有两处，一是渭南史家，一是临潼姜寨（二期），它的分布范围略大于半坡类型。史家类型的石器以磨制为主，穿孔器较半坡类型增多。陶器质地接近半坡类型，代表性器形有敛口圜底钵、敛口鼓腹平底带盖罐、敞口罐、彩绘尖底罐、小口双腹葫芦瓶、彩绘葫芦瓶、细颈壶等。器表装饰有绳纹、弦纹、附加堆纹，少见彩陶。彩纹有带形、弧线形、圆点和三角形图案，还有鱼纹、鸟纹、人面纹等。从文化内涵和地层关系上，史家类型作为半坡类型与庙底沟类型之间的一个发展阶段，这种认识是可以接受的。

史家类型发现墓葬200多座，绝少一人一次葬，二人以上的多人二次合葬，成为这一文化类型的主要埋葬制度。仰韶文化所见的二次合葬主要风行于这一时期。

诚然，大量的二次合葬并不是在史家类型中才出现的，在比它早的半坡类型的晚期就已经比较流行这种埋葬了。半坡类型以一人一次仰身直肢葬最多，唯元君庙与横阵村以二次合葬为主，人们认为这在半坡类型中时代较晚，它是新葬俗取代旧葬俗的开始。

仰韶文化中流行二次合葬的史家类型，它的绝对年代经C-14测定的数据有两个，一个是史家M43的29号人骨标本（ZK-453-0），年代为公元前3655 ± 125年（本文所列数据，均作了树轮较正）[①]，另一个是姜寨M238的3号人骨（ZK-454-0），年代为公元前3690 ± 110年[②]，两个数据比较接近。根据地层提供的相对年代关系看，这两个数据稍嫌偏晚。比史家类型要晚的庙底沟类型，木炭标本的年代早到公元前

① 中国社会科学院考古研究所实验室：《放射性碳素测定年代报告（六）》，《考古》1979年1期。

② 中国社会科学院考古研究所实验室：《放射性碳素测定年代报告（七）》，《考古》1980年4期。

3910±125年（ZK-110）[1]，这种矛盾的年代数据应当是不同质的标本的差异造成的，因为骨质标本测定的年代往往产生偏晚的现象。实验室证明，骨质标本的无机部分的C-14年代不可靠，有机部分的年代虽然可以接受，但并不排斥偏晚的可能性的存在[2]。史家类型的两个年代数据正是由人骨标本测定的，所以年代偏晚是完全可以理解的。鉴于这种情况，必须通过半坡类型的下限与庙底沟类型的上限来估计史家类型的真实年代。半坡类型下限的数据以西安半坡T1AF的木炭标本年代为准，为公元前4290±185年（ZK-148）[3]，它与庙底沟类型所测年代的上限（公元前3910年）的距离有380年。估计庙底沟类型的最早年代还当古老一些，至少要到公元前4000年，那么史家类型的年代实际应在公元前4300—前4000年之间，延续300年上下。这也即是说，仰韶文化中流行二次合葬的年代当在公元前4000年以前的几百年时间内。

仰韶文化中在半坡与史家类型之外，见到有二次合葬的还有文化类型归属不大明确的芮城东庄村、淅川下王岗、郧县大寺等遗存。根据分析，这几处文化遗存都具有半坡与庙底沟类型的双重特征，处于二者之间的过渡阶段，尽管它们不一定都能划归为同一类型，不过它们的时代与史家类型应是相近的。张忠培同志仔细分析研究了发现有二次合葬的东庄村遗存，认为它自成体系，说“难以将东庄村遗存归入半坡类型或庙底沟类型。这一遗存综合了两个类型的特点，却又失去了两个类型各自固有的文化特征”，它“是半坡类型向庙底沟类型过渡的

① 中国科学院考古研究所实验室：《放射性碳素测定年代报告（二）》，《考古》1972年5期。

② 中国科学院考古研究所实验室、中国科学院古脊椎动物与古人类研究所实验室：《骨质标本的碳-14年代测定方法》，《考古》1976年1期。

③ 中国科学院考古研究所实验室：《放射性碳素测定年代报告（五）》，《考古》1978年4期。

中间环节，即这两个类型之间的一个发展阶段”[①]。这样的见解是十分精到的。还有的同志则直接把东庄村遗存与史家遗存相提并论，认为它们是同一新类型中的两个亚类型[②]，这是因为它们的文化性质基本相同。另外，发现有二次合葬的后岗类型，年代为公元前4390±200—前4185±140年（ZK-134、76）[③]，时代显然与史家类型相接近。

黄河下游大汶口文化中发现不少二次合葬的王因墓地，第二与第三层的年代为公元前3935±115—前4000±125年（ZK-464、461）[④]，第四层也见到二次合葬，年代当更早一些，亦与仰韶文化史家类型的年代相当。从整个情形分析，大汶口文化的二次合葬流行的起始年代较之仰韶文化要略晚一些。当然，也有可能在大汶口文化中再发现还要早一些的二次合葬墓。

地处东北边陲的新开流文化新开流墓地，也发现有比较典型的二次合葬，其年代为公元前4130±130年（ZK-424-0）[⑤]，与黄河流域的二次合葬的年代也大体相当。

其他文化类型中发现的二次合葬材料比较孤立，不集中，也不典型，年代或早或晚，这里不再进行讨论。

由是观之，二次合葬的发现有一定的文化范围和一定的时间限度。它较多地见于仰韶文化史家类型。大多数二次合葬的年代都在公元前4000年前后的数百年之内，它的流行与消失应当具有某种特定的

---

① 张忠培：《试论东庄村和西王村遗存的文化性质》，《考古》1979年1期。

② 张瑞岭：《略论渭南史家遗存的文化性质与年代》，《考古与文物》1980年2期。

③ 中国科学院考古研究所实验室：《放射性碳素测定年代报告（三）》，《考古》1974年5期。

④ 中国社会科学院考古研究所实验室：《放射性碳素测定年代报告（六）》，《考古》1979年1期。

⑤ 中国社会科学院考古研究所实验室：《放射性碳素测定年代报告（六）》，《考古》1979年1期。

意义，它是一定社会发展阶段的产物。

三、二次合葬的类型与特点

现今所发现的新石器时代的二次合葬，按照它们的不同葬制，大致可以划分为A、B、C、D四种类型。

A型　A型的特点是，同一墓内一次葬与二次葬共存，有的二次葬人骨多于一次葬人骨，有的则相反，还有的把二次葬人骨特意摆成仰身直肢的形式。A型墓可谓二次合葬的混合型。发现这类二次合葬的地点有北首岭、元君庙、横阵村、鸳鸯池、刘林、七里河、新开流。A型墓在二次合葬墓中没有明确的时代属性，早晚都有。有的墓中二次葬人骨摆在墓中心，而一次葬人骨却搁置一旁，一次葬人骨既有女性，也有男性。其中以新开流的发现更为特别，那里是在一次葬人骨墓旁扩坑或另挖小坑埋葬几具二次葬人骨，取附葬形式。

B型　同坑内全为二次葬，体骨集中放置在每个头骨近旁，排列整齐，井然有序，有的还分作几层，上下叠压。有的墓多到七八十具葬骨，以20具左右为常。B型可称作二次合葬的标准型。发现B型墓的地点有横阵村、姜寨、元君庙、史家、东庄村、王因、下王岗、大寺。B型二次合葬没有A型时代跨度大，流行的年代相比之下不是太长。

C型　与B型一样，同坑内亦全为二次葬，所不同的是，人骨排列不甚规整，埋葬流于草率，如后岗与桂花树所见即是。这类材料不多，尚无代表性，可称之为二次合葬的不规则型。

D型　一大坑内套若干小坑，有的称为“复式大墓”，我看可称作二次合葬的复合型。最富特征的发现是在横阵村，在那里清理出三个“集体埋葬坑”，MⅠ内有5个小坑，共葬44具人骨；MⅡ内共有7个小坑，共葬42具人骨；MⅢ内残存3个小坑，葬6具人骨。类似葬制在北首岭也有发现，只是那里发现的大坑中的小坑仅葬1人，大坑的人骨又是以一次葬为多，二次葬占少数，其时代也要早得多。

上述A、B、C、D四型二次合葬墓，它们的地区属性并不明显，往往同一墓地几种形式共存。由于不少墓地发表的材料过于简略，这四种形式合葬的时间意义与空间意义还不是太清楚。

二次合葬除了划分为不大相同的几个类型外，还有以下几方面的特点也值得注意。

1. 从整个史前埋葬史来考察，二次合葬的出现只是一个插曲。在它之前盛行一次单葬，在它之后依然是流行一次单葬。在一些墓地二次合葬直接叠压在一次单葬之上，如姜寨、下王岗、大寺。在仰韶文化中，史家类型的二次合葬晚于半坡类型的一次单葬。尔后，庙底沟类型的一次单葬又取代了二次合葬。大汶口中晚期也以一次单葬为主，不见早期风行的二次合葬。在葬俗上的这种巨大变化应当具有深刻的社会背景。

2. 二次合葬与一次合葬同见，如横阵村与王因都有发现。在史家类型中还不见报道这两种合葬并存的材料。

3. 二次合葬与男女双人合葬并存，也与夫妻偕子的合葬并存。王因墓地发现三座异性合葬墓，这三座墓属于该墓地的晚期，可以推测，男女双人合葬的出现与二次合葬是有关系的。元君庙M425为一男一女一儿童的合葬，它出现在二次合葬的较早阶段。

4. 二次合葬墓中同墓死者的性别年龄组合有多种情形，大致可归纳为以下几种：

a. 成年男女合葬；

b. 成年男性合葬；

c. 成年女性合葬；

d. 小孩合葬；

e. 男女老幼合葬；

f. 成年女性与小孩合葬；

g. 成年男女与小孩三人合葬。

看来，除了男子与儿童的合葬外，其他年龄与性别的组合形式应有尽有。在有的墓地，如王因，是以同性合葬为主；有的墓地则是男女老幼混葬为多。一般都是几种情形互见，如史家村墓地（表3.2）。这些合葬情况，大都具有比较明显的家族或家庭特征，而以性别为集团的分别合葬，则是氏族制原则的体现。

表3.2　渭南史家村遗址的部分二次合葬墓

墓号	墓圹	骨架	老年		中年		青年		儿童	不详	随葬品
			男	女	男	女	男	女			
3	略方形	23	2	1	6	10			4		钵1罐3葫芦瓶1
5	略方形	51			32	17		1	1		罐2葫芦瓶1细颈壶3
6	长方形	30			24	4			2		石斧2
8	长方形	28	2		17	4			4	1	钵1葫芦瓶1
11	略方形	25	1	2	13	7		2			钵1罐2葫芦瓶1
15	长方形	6	1		4	1					钵1罐2葫芦瓶1细颈壶2石斧1
22	长方形	5			5						葫芦瓶1
28	长方形	29			12	13		1	3		钵1罐3葫芦瓶1细颈壶2钵1
29	长方形	11			9	2					钵1
42	长方形	6			9	2	1	1			钵1罐2葫芦瓶1瓮3

5. 二次合葬通常每墓葬20人左右，最少为2人，最多达七八十人。从人数看大都也具有家庭与家族的特征，有的则可能超出了家族

范围。

6. 随葬品的配置也有一些规律。在仰韶文化半坡类型与史家类型的二次合葬中，每墓大多共有一套随葬品，以日用陶器为主。在新开流的二次合葬中，主墓有的随葬品多到28件，附葬者没有或极少随葬品。在其他晚些的文化系统中，有的合葬中的死者每人有一套随葬品，如草鞋山M198；有的随葬品则偏置于一人，如鸳鸯池M42。

二次合葬的这些特点为我们探讨这种特殊葬制的社会性质，提供了重要线索。

四、二次合葬的社会性质

合葬现象本身，无疑表明了合葬中的死者相互间具有密切的关系。就二次合葬来说，同一墓葬的亡灵在生前可能属于一个基本的血缘集团，或是一个家族集团；共存于同一块墓地的各个墓葬，应是属于同一氏族或胞族，所有的死者当有一个假定的共同祖先。我们需要弄清楚的是，合葬的氏族与家族是母系还是父系？二次合葬究竟出现在社会发展的哪一个阶段？

仰韶文化中所见的二次合葬，一般是各墓共有一套随葬品，从墓葬本身看不出死者地位的高下，人们是平等的，所实行的应是共产制。共产制是母系氏族社会的灵魂，所以人们一般都把二次合葬的社会性质定在母系氏族社会发展阶段，这是可以理解的。

问题当然并不这么简单，我们发现在二次合葬流行的时期，母系氏族制已经有了动摇，母权制原则遭到破坏。这从下列事实得到证实：

1. 儿童进入氏族墓地并与成人合葬，这违背了母系氏族制的基本原则。因为儿童并不为氏族所承认，不算氏族的正式成员，死后没有资格进入氏族墓地。在母权制的发达时期，氏族是构成社会的基本单位，氏族内又按性别、辈分、年龄区分开。氏族对男女老幼是区别对待的，不能合葬一起。半坡氏族的居民就基本遵循了这一原则，凡夭折的儿童都埋在居址附近，不能葬入氏族公共墓地。我国云南的纳西族也是如此，未经举行成丁礼而死去的少年都不举行正式葬仪，不埋入公共墓地[①]。云南勐海布朗族也曾按辈分分别埋葬，在孕妇死后甚至要剖腹取出胎儿另葬[②]，可见氏族制度是多么的严格。二次合葬中发现有不少儿童骨架，这显然破坏了氏族传统法则，这是新的社会到来的一个信息。

2. 二次合葬中男女偕子的三人合葬，说明父权已开始得到社会的确认，也说明了个体家庭的出现。尽管这类墓例尚属孤证，但我们不能否认这与古老的氏族制度有着尖锐的对立。人们会说，也许这是一种偶然的巧合，它不一定就是夫与妻、父与子的合葬，比方男女之间有可能是兄妹关系。做这样的推测未尝不可，但即便是兄妹合葬也是不符合氏族精神的，若再反问一句：这种“偶然现象”再早为何不见，而偏在二次合葬中始见，这又当做何解释？

3. 二次合葬与男女双人一次合葬并存，后者为明确的夫与妻大概是不成问题的。根据这种现象虽不能断定专偶婚的完全确立，但把夫妻合葬在氏族墓地里，总不至于是纯粹的母系氏族社会应有的事情。这同上述夫妻偕子合葬一样，至少说明氏族已承认了父系血统，妻子加入丈夫氏族或丈夫加入妻子氏族的事实已经发生，这样组成的家庭或家族与氏族是不相容的，它离父系氏族社会的确立已不是太远，实际上已经向这个社会开始迈进了。

---

① 詹承绪等：《永宁纳西族的阿注婚姻和母系家庭》，上海人民出版社，1980年。

② 云南大学历史研究所民族组：《拉祜族佤族崩龙族傣族社会与家庭形态调查》，1975年。

以性别为群体的合葬，体现了氏族的传统原则，而男女老少的合葬则又体现了家庭与家族的原则，这说明实行二次合葬的社会充满了矛盾。这和同时见到的儿童葬入公共墓地、夫妻合葬与夫妻偕子合葬的现象，都可用来证明二次合葬的流行正处于母系氏族制崩溃的社会发展阶段。按照社会发展的客观法则，这时的社会已开始举步进入父系氏族公社时期。由于初始的父系家庭公社还在一定程度上实行共产制，保留有母系氏族社会的外壳，所以在葬俗上还表现有浓厚的母权制特征，这是不必奇怪的。

由于流行二次合葬的时代父系血统的被承认，某些专偶家庭的出现，我们不能不认为二次合葬本身具有一种与氏族制离心的力量。如果把一座座合葬墓理解为家族合葬的话，那它就不该是属于母系家族的，而整个墓地也不该是属于母系氏族的。倘若家族独立，氏族就要破坏，因为家族中的成员本来并不是属于同一个氏族的。家族的独立应当是从母权制向父权制的过渡中发生的。

如果说二次合葬有可能是母系家族的合葬，它与氏族墓地共存，那就要回答家族墓地在母系氏族社会里能否出现以及母系氏族墓地能否与家族墓地共存的问题。应当说，这两个问题无论在理论上或在实践上都还没有肯定的答案。摩尔根与恩格斯谈到母系氏族社会的埋葬制度时，都没有论及家族墓地的出现，摩尔根只是在论述罗马父系氏族公社时，才提到了家族墓地。他说："到了尤留斯·恺撒的时代，氏族的墓地还没有完全被家族的墓地所取代"，"随着家族从古老的氏族中完全独立出来，家族的墓地就开始代替了氏族的墓地"[1]。毫无疑问，这种家族墓地取代氏族墓地的结果，只有在父权制时代才会真正出现。家族合葬也是不符合氏族原则的，不大可能出现在母权制

① ［美］摩尔根：《古代社会》，商务印书馆，1977年，第286页。

时代。认为在母系氏族社会里，氏族墓地上同时包纳有家族墓地的意见，终是一种推测。

从民族学材料看，人们通常认为纳西族的母系氏族与家族共存，所以氏族墓地上并存有家族墓地[①]。不过，论者似乎忽略了这样一个问题：纳西族的氏族制早已解体，氏族仅仅存在于口头传说之中。纳西族的家族已经独立，墓葬主要以家族的面貌出现，氏族传统没有多大的约束力。纳西族的母权社会并不典型，它包含有母系家庭、父系母系并存家庭和父系家庭三种基本的家庭组织，是由初期对偶婚的母权制向父权制以至于向专偶制非正规过渡的一种特殊社会结构。纳西族的“氏族墓地”里不仅有母系家族合葬，也有父系家族合葬，还有夫妻合葬。它保留有一些氏族埋葬的根本法则，即男女异其墓列，同时也考虑到年龄与辈分[②]。但是从根本上来说，氏族传统已经破坏。这种充满矛盾的葬例如果要用来论证新石器时代二次合葬的社会性质，说它是属于母系氏族社会的葬制，结果只能是适得其反，因为它能证明的是：家族合葬是氏族制破坏后的产物，也是母系向父系过渡阶段的产物。

我们虽不能说母系氏族社会绝对不会有家族合葬，至少是民族志中还没有发现典型材料。相反，在父系氏族公社时期，家族合葬极为盛行，家族合葬中的二次合葬也不乏其例，这一点我在下面将要谈到。

母系氏族社会发展到盛期，产生了对偶家族。对偶家族是一种比较特殊的家族制度，往往有数个对偶家族按共产制原则结合而成共同家族，在共同家族内的夫与妻仍然属于不同的氏族。随着对偶婚愈来

---

① 夏之乾：《对仰韶文化多人合葬墓的一点看法》，《考古》1976年6期。

② 宋兆麟：《云南永宁纳西族的葬俗——兼谈对仰韶文化葬俗的看法》，《考古》1964年4期。

愈带有专偶婚的特点，“对偶婚给家庭添加了一个新的因素。除了生身的母亲之外，它又确立了确实的生身的父亲”[①]。这样在母系氏族内就包藏了一个潜在的危机。夏之乾同志说，“母系家族的出现是氏族公社由盛到衰的一个重要里程碑，是由母权制氏族开始向父权制氏族过渡的重要标志之一”[②]，这不是没有道理的。由于生产力的发展，男子在经济生活中地位的提高，父亲开始希望把自己的财产传给亲生子女，父权不可避免地生长起来，并由此必然过渡到父系氏族社会。在这种过渡中产生的父系家庭公社，我国的许多少数民族中都曾见到过。鄂温克人的氏族制度在母居制向父居制的过渡中，分化出家庭公社“乌力楞”，一个乌力楞包括4—5个或7—8个小家庭“纠”，这些纠都是由一个父亲的若干子孙以及从外氏族娶来的女人所组成。这时的氏族已不是经济单位，仍在各家庭公社之间起着纽带作用[③]。民主改革前的云南贡山独龙族、西双版纳山区布朗族、碧江怒族、澜沧巴卡乃拉祜族、金平苦聪族、西双版纳攸乐人都不同程度地保存着父系家庭公社的残余。一般来说，早期的父系家庭公社如独龙族，是共同生产，共同消费。后来如拉祜族是个体生产，共同消费。而布朗族则是个体生产，个体消费。苦聪人在遇到困难时，他们的小家庭还会重归一体，共同生产，共同消费。这些显示着父系家庭公社发展的几个不同阶段[④]。布朗族实行“考公制”，考公一般由几户以至近30户血缘相近的个体家庭组成，各个考公在公共墓地有固定的墓区，死者实行以家族为单位的聚葬，类似情形在民主改革前的瑶族、黎族、苗族、西

---

① ［德］恩格斯：《家庭、私有制和国家的起源》，《马克思恩格斯选集》第四卷，人民出版社，1972年，第50页。

② 夏之乾：《氏族公社时期墓地的演变及其同氏族组织演变的关系》，《民族研究》1980年5期。

③ 吕光天：《论鄂温克人由母权制向父权制的发展》，《史学月刊》1965年6期。

④ 许鸿宝：《云南少数民族父系家庭公社的考察》，《史学月刊》1964年11期。

盟佤族、剑川白族或多或少均有保留[①]。在北方的鄂温克、鄂伦春也都有父系家族墓地[②]。

我国古代民族志中有二次合葬的记载，显然也是父系家族的合葬。《三国志·魏志·东沃沮传》记古代东北的东沃沮："葬作大木椁，长十余丈，开一头作户，新死者皆假埋之。才使复形，皮肉尽，乃取骨置椁中，举家皆共一椁。"在吉林汪清百草沟发现两座二次合葬墓，一葬5人，一葬9人，发掘者认为这正是举家共一椁的东沃沮人的墓葬[③]。内蒙古巴林左旗南杨家营子发现几座合葬墓，有男女二人合葬，也有成年男女数人合葬和成人与儿童的合葬，显然也是父系家族的墓葬，时代在公元前一世纪前后，族属不明[④]。

《隋书·地理志》记有在江汉地区与夏人杂居的左人，其人"始死，置尸馆舍，邻里少年，各持弓箭，绕尸而歌，以箭扣弓为节。其歌词说平生乐事，以至终卒，大抵亦犹今之挽歌。歌数十阕，乃衣衾棺敛，送往山林，别为庐舍，安置棺柩；亦有于村侧瘗之。待二三十丧，总葬石窟"。这也是二次合葬。人们认为左人实为古代的笮人，他们祖居四川西南部，在那里发现的一批大石墓正是笮人遗留下来的[⑤]。这些大石墓每墓葬数十人至百余人，男女老幼均有，也是父系大家族或父系氏族的二次合葬[⑥]。到了后来，这种合葬具有村公社性质并不区别氏族与家族，如清代的黑苗，在"人死敛后，停于寨旁，或

---

① 夏之乾：《关于解释半坡类型墓葬制度的商榷》，《考古》1965年11期。

② 夏之乾：《对仰韶文化多人合葬墓的一点看法》，《考古》1976年6期。

③ 王亚洲：《吉林汪清县百草沟古墓葬发掘》，《考古》1961年8期。

④ 中国科学院考古研究所内蒙古工作队：《内蒙古巴林左旗南杨家营子的遗址和墓葬》，《考古》1964年1期。

⑤ 唐嘉弘：《试论四川西南地区大石墓的族属》，《考古》1979年5期。

⑥ 西昌地区博物馆等：《西昌坝河堡子大石墓第二次发掘简报》《西昌河西大石墓群》；凉山彝族地区考古队：《四川凉山喜德拉克公社大石墓》，《考古》1978年2期。

二十年，合寨共择一期，百数十棺同葬”[1]。古代广西贵县的黎人，“居止接近，葬同一坟，谓之合骨，非有戚属，大墓至百余棺。凡合骨者则去婚，异穴则聘女”[2]，同穴者不一定有血缘关系，异穴者可以建立婚姻关系，这已非纯粹的家族合葬了。

依据上述理由，我们认为我国新石器时代发现的二次合葬，它所处的时代已不是繁荣的母系氏族社会，而是母权制向父权制过渡的社会。如果说仰韶文化半坡类型晚期出现的二次合葬是这种过渡的开始的话，那么新开流文化和屈家岭文化以及马厂类型文化中明显以男子为中心的二次合葬，就已经显示出地道的父系家长制家庭的特征来了。二次合葬的消亡，由一次单葬取代，这已不同于母系氏族社会流行的单人葬，它是家族公社瓦解、专偶婚制确立后的一种社会现象。

现在，我们可以回答二次合葬及其墓地的社会属性问题。各个二次合葬墓应是同一个基本的父系家族的埋葬，整个墓地应是包罗全体父系家族的氏族与胞族墓地。像横阵村那样的复合型二次合葬，大葬坑可以理解为一个父系家庭公社，一个小坑大体为一个父系家族，整个墓地依然是属于一个氏族或胞族的。二次合葬的出现不是偶然的，它是社会变革的结晶之一。它一方面标志了氏族内部的分裂，一方面又显示了氏族的传统力量，父系的权势虽然逐渐占了上风，但还没有到达完全的父系氏族社会。

综上所述，我国古老文化发源的中心地带——黄河中下游地区，在公元前4000年前后，经历了激烈的变革，人类社会逐渐步入了父权制时代。

---

① 《贵州通志》卷七《苗蛮》。

② 《太平寰宇记》卷一六六。

五、余论

传统意见一直认为，二次合葬是母系氏族社会的产物，具有母权制的性质。对此，我并不是第一个唱反调的人。早在1965年，苏秉琦先生就撰文指出，二次合葬包含着一个问题的两个方面，“一方面人们把同氏族的人按照死去的顺序整齐地埋葬在同一个墓地上，这是符合传统习俗的；另一方面人们却又把近亲血缘的不同辈分、不同性别、成年和幼童埋在一起，这又说明旧的传统习俗已被突破，酝酿着新的社会变革”[①]。在材料缺乏的当时，指出这一点是十分难得的。另外，郭老主编的《中国史稿》也认为，元君庙的一些二次合葬墓“可能已经是属于父系大家族，反映了处于对偶婚阶段的氏族制度产生了从母系氏族到父系氏族的过渡现象”[②]，这种认识是有道理的。现在把这个问题重新提出来加以讨论，是有必要的。我的看法也许不为大多数同行所接受，希望大家共同进行探讨，正确的答案总会有的。

关于二次合葬，还存在一些有待解决的问题，如这种葬习的源流，各地墓葬的关系以及它的分布，都还有待新的发现来解决。在未来的田野考古工作中，不论是在新的仰韶文化墓地还是大汶口文化墓地，在相当的时代范围内，一定会有更多的二次合葬被发掘出来，相信这不是我的奢望。

父系家长制家庭在许多民族中都曾流行过，它实际上是在野蛮时代向文明时代过渡阶段氏族制解体的一种形式。如果二次合葬确是这一发展阶段的产物，这对进一步研究人类社会的发展进程是会有所收益的。

---

① 苏秉琦：《关于仰韶文化的若干问题》，《考古学报》1965年2期。

② 郭沫若主编：《中国史稿》第一册，人民出版社，1977年，第47页。

庙底沟文化人面陶塑

半坡文化人面鱼纹彩陶盆（陕西西安半坡）

半坡文化人面鱼纹彩陶盆（陕西西安半坡）

半坡文化人面鱼纹彩陶盆（陕西临潼姜寨）

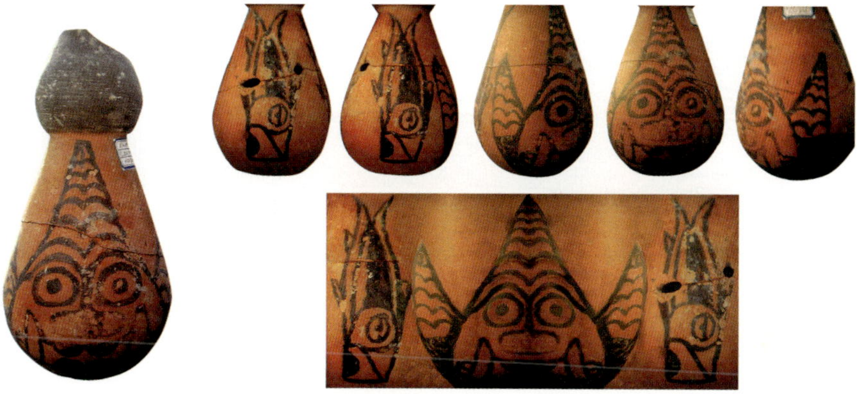

半坡神面鱼纹彩陶壶（陕西临潼马陵）

半坡文化变形鱼纹彩陶壶（陕西临潼姜寨）

半坡文化鱼纹彩陶盆（甘肃秦安王家阴洼）

半坡文化鱼纹盆（甘肃秦安大地湾）

半坡文化鱼纹彩陶盆（陕西西安半坡）

半坡文化网纹船形彩陶壶（陕西宝鸡北首岭）

半坡文化鱼鸟纹彩陶瓶（陕西宝鸡北首岭）

半坡文化彩陶盆（陕西西安半坡）

半坡文化菱形纹彩陶盆（甘肃秦安王家阴洼）

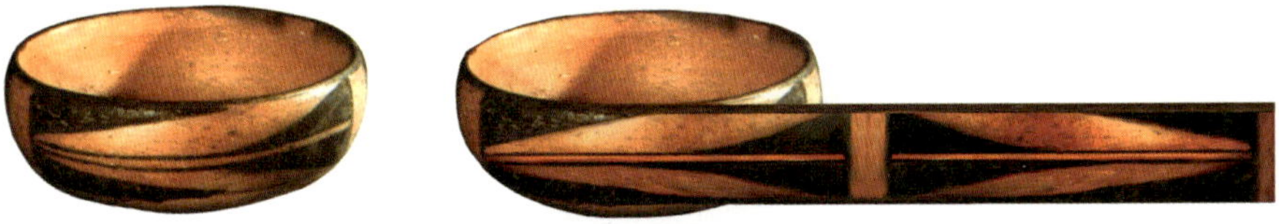

半坡文化彩陶盆（甘肃泰安大地湾）

半坡文化彩陶瓶（陕西临潼姜寨）

半坡文化彩陶壶（陕西临潼姜寨）

半坡文化彩陶瓶（陕西临潼姜寨）

半坡文化彩陶瓶（陕西临潼姜寨）

半坡文化彩陶瓶（陕西临潼姜寨）

庙底沟文化旋纹彩陶盆
（山西临汾桃园）

庙底沟文化旋纹彩陶盆
（陕西长武下孟村）

11庙底沟文化花瓣纹彩陶盆
（河南三门峡庙底沟）

11庙底沟文化旋纹彩陶盆
（河南郑州大河村）

庙底沟文化彩陶盆（陕西长武下孟村）

大河村文化旋纹彩陶盆（河南郑州后庄王村）

庙底沟文化旋纹彩陶盆（河南三门峡庙底沟）

庙底沟文化旋纹彩陶盆（山西洪洞）

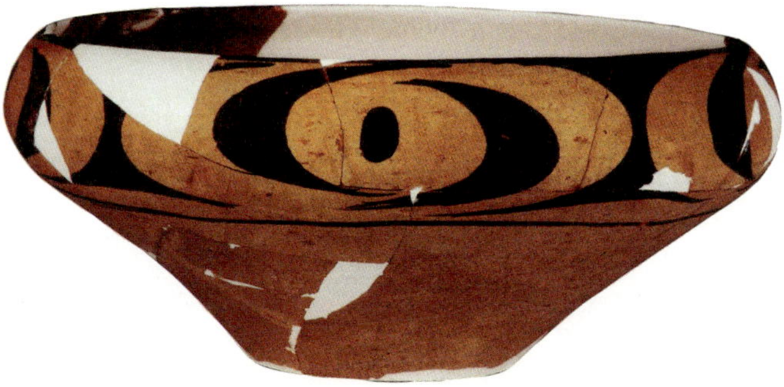

庙底沟文化旋纹彩陶盆（山西临汾桃园）

庙底沟文化旋纹彩陶盆（陕西长武下孟村）

庙底沟文化花瓣纹彩陶豆（陕西华县西关堡）

庙底沟文化花瓣纹彩陶盆（河南三门峡庙底沟）

庙底沟文化花瓣纹彩陶盆
（河南邓州八里岗）

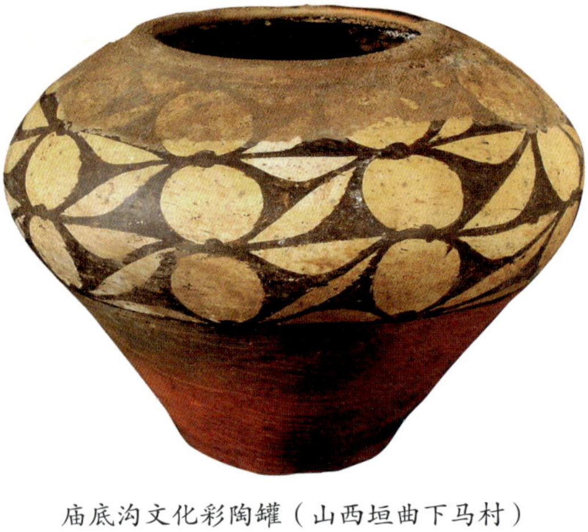

庙底沟文化彩陶罐（山西垣曲下马村）

庙底沟文化人形彩陶瓶
（甘肃秦安大地湾）

庙底沟文化花瓣纹彩陶壶
（山西垣曲下马村）

庙底沟文化彩陶缸（河南汝州阎村）

庙底沟文化彩陶瓶（甘肃甘谷西坪）

庙底沟文化彩陶瓶（山西垣曲下马村）

第四章

仰韶居民的人口与社会

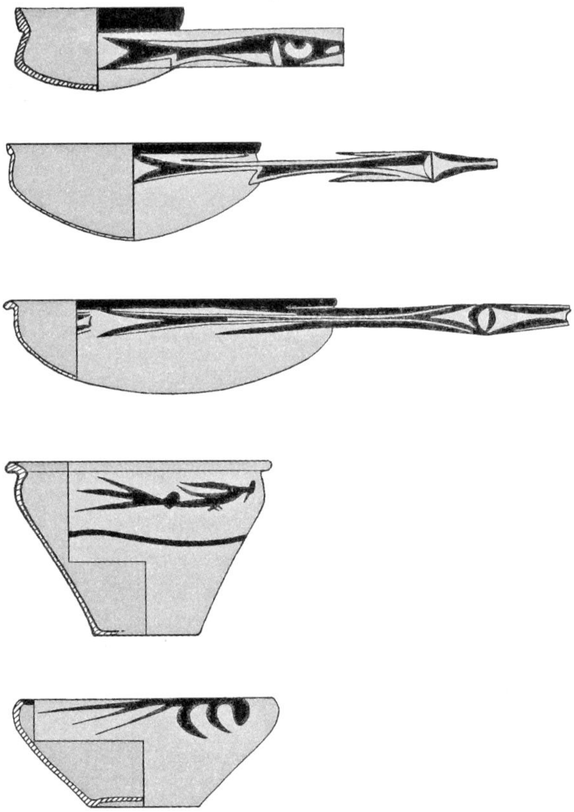

鱼和鸟儿，
成了仰韶人心中的两方神圣。
天上飞着水中游着，
春里秋里不见不散。

天地之间：人口、婚姻与社会

史前社会的人口构成研究，是一个难度较大的课题，需要有大量的统计资料。仰韶文化早期的人骨发现数量最多，鉴定的数量也多，为研究当时社会人口结构及社会发展阶段，提供了重要的科学资料。而仰韶中晚期的聚落考古资料比较缺乏，我们对当时的聚落与氏族人口规模还不太了解。

一、人口结构与健康状况

1. 聚落和氏族人口规模

仰韶文化早期已经出现了大型聚落，聚落人口规模相当可观。从半坡文化的几处遗址和墓地，可以大体了解到当时大型聚落人口的数量，同时对共居于同一聚落中的各氏族的人口规模也可以有一个基本的了解。

有研究者通过对横阵墓地的分析，推测该墓地是一氏族留下的遗存，并估定其存续时间为100年上下。依墓地死者为330人计算，当时横阵氏族经常性人口当保持在56—72人左右，或者还要稍多一些[①]。姜寨遗址的发掘者依据居住区房屋面积和数量，以及可容纳人口数目，推定每一氏族经常性人口应为90—110人，认为这里五个氏族的人口总数可能有500人左右[②]。又有研究者认为元君庙墓地可能代表了一个氏族单位，该氏族经常保持性人口在55—62人之间，最多可达到96人。元君庙墓地大体可区分为8个墓组，每组可能为一个小型家族，每个家族的经常性人口为7—12人[③]。龙岗寺墓地因为使用过程中有过中断，有研究者推断墓地代表的社会单位的年均人口为55人[④]。王家阴洼墓地属于一个胞族中的两个互为婚姻的氏族共同拥有，估计墓地使用的时间为50年上下，每一氏族的保持性人口为25—30人[⑤]。

仰韶文化早期聚落与氏族人口数量推测实际上还不能做得很准确，现在只能大体做出这样一个基本的估计：居住着多个氏族的大型聚落的经常保持性人口可能有500人之多，而每一氏族的人口则一般在50—100人之间。单一氏族的聚落人口，一般可能不会超过100人，少者则仅为30人左右。

2. 平均寿命和死亡率

仰韶文化大规模墓地发掘较多，人口统计数据也较多，对当时的平均寿命和死亡率的估计比较准确。

姜寨遗址的仰韶文化早期墓葬埋葬死者420人，有婴儿230人，占总数的55%；半坡250座墓中的253人，其中瓮棺埋葬婴儿75人，占总

① 严文明：《横阵墓地试析》，《仰韶文化研究》，文物出版社，1989年。
② 西安半坡博物馆等：《姜寨》，文物出版社，1988年。
③ 朱乃诚：《元君庙仰韶墓地的研究》，《考古学集刊》9期，科学出版社，1995年。
④ 朱乃诚：《人口数量的分析与社会组织的复原》，《华夏考古》1994年4期。
⑤ 王占奎：《王家阴洼墓地婚姻形态初探》，《考古与文物》1996年3期。

数约30%。有的研究者将两地的情况合并统计，认为当时婴儿死亡率不会低于40%，可知仰韶早期儿童成活率非常之低，所有出生者中只有约一半的人能有幸活到成年①。

研究者根据横阵墓地人骨年龄鉴定结果，推算居民平均寿命为20.3—20.8岁，死亡率为4.59%或4.93%②。华县元君庙墓地已确定性别、年龄14岁以上的成年人数为134人，其中14至30岁者占45.55%，31至45岁者占38.06%，46至50岁以上者占16.41%。在14岁以上的成年人中，将近一半的人活不过30岁，绝大多数人均在45岁以前死亡，能活到50岁以上者很少，没有一个人活到了60岁。有的研究者认为元君庙墓地可以划分为若干个墓组，其中第1组死者为19人，平均死亡年龄为30.3岁；第2组死者为41人，平均死亡年龄为27.9岁；第3组死者为17人，平均死亡年龄为31.4岁；第4组死者为38人，平均死亡年龄为30.4岁；第6组死者为34人，平均死亡年龄为30.6岁。整个墓地有统计意义的死者为215人，平均死亡年龄为28.6岁③。由于元君庙没有发现儿童瓮棺葬，所以统计有一定误差，这个墓地所见的人口平均寿命相对要高一些。如果计入死亡率可能为40%的儿童在内，则元君庙的人口平均寿命有可能在22岁以下。

史家村墓地死者年龄统计结果，665个成年人中青年为33人，占5%，中年为614人，占92%，老年为18人，仅占2.7%；另有儿童52人。由于鉴定中没有明确死者的具体年龄跨度，史家人的平均寿命还不能有准确的了解。

综合对仰韶文化几处墓地的统计，可知仰韶居民的死亡率为4%—5%，成年人平均寿命为30岁上下。如果将未成年的死亡人口计算在

---

① 严文明：《横阵墓地试析》，《仰韶文化研究》，文物出版社，1989年。
② 严文明：《横阵墓地试析》，《仰韶文化研究》，文物出版社，1989年。
③ 朱乃诚：《元君庙仰韶墓地的研究》，《考古学集刊》9期，科学出版社，1995年。

内，则仰韶人的平均寿命只有20岁多一点。

在男女两性中，女性的平均寿命又低于男性。史家村墓地人骨“青年”“中年”“老年”各年龄段中，男、女比例依次为0.57∶1、2.07∶1、3∶1；元君庙的15—30岁、31—45岁和46—50岁以上三个年龄级的男、女比例先后是0.97∶1、1.83∶1和2.66∶1。统计说明死于青年段中女性和男性的比例，远高于当时成年男女的比例，史家为1.97∶1，元君庙是1.43∶1；死于中年段的男女比例，史家略低于当时成年男女比例，元君庙则略高；死于老年段的女性和男性的比例，两地均大大低于当时成年男女比例。当时女性可能多半死于儿童时期，其次是青、中年时期，尤其是青年时期，而能活到老年者，远少于男性，说明女性寿命比男性更为短促。仰韶文化早期的妇女劳动繁重、生活艰难和医疗水平低下，又加上生育和抚养子女更是损害了她们的健康，甚至夺去了生命，她们多死亡于15—30岁的青年时期①。

3. 性别构成

性别构成是人口结构中的一个重要部分，通过对墓葬中出土人骨性别的鉴定，可以为研究仰韶文化居民人口的性别结构，提供可靠的资料。

20世纪80年代初已有一些研究者开始关注仰韶文化人口的性别构成，近些年来大体形成了这样一种共识：半坡文化的女性过多地少于男性的成年人，是当时人口性别结构的一个重要特点②。有人就人骨鉴定数在50例以上新石器时代的墓地作为筛选标准，制作了一份统计表。这份统计表包括的仰韶文化墓地已有11处，人骨通过性别鉴定的总数已达到4000例以上。在人骨鉴定个体超过50例的11处仰韶文化

① 张忠培：《史家村墓地的研究》，《考古学报》1981年2期；又收入《中国北方考古文集》，文物出版社，1990年。

② 陈铁梅：《中国新石器墓葬成年人骨性比异常的问题》，《考古学报》1990年4期。

墓地中，除少部分性比正常和可疑的墓地外，异常性比值一般都在1.33—2.39之间，最高可达6.94，性比异常的平均值为1.69：1。如史家能确定性别的成年人为665，男性441，女性224。男性占66.32%，女性占33.68%，性别比例为1.97：1。元君庙已鉴定性别的成年人为151人，男性91人，女性60人，男性占60.3%，女性占39.7%，性别比例为1.52：1。何家湾鉴定的111人中，男性66人，女性45人，男性占59.5%，女性占40.5%，性别比例为1.47：1。姜寨一期的119人中，男性68人，女性51人，男性占57.14%，女性占42.86%，性别比例为1.33：1。姜寨二期的1853人中，男性1170人，女性683人，男性占63.14%，女性占36.86%，性别比例为1.71：1。

根据统计进行分析，新石器时代性比异常并不仅只出现在仰韶文化中，在整个黄河流域都有反映。黄河上游甘青地区性比稍低，平均值为1.35：1；黄河中游附近地区（仰韶文化）性比稍高，性比值为1.74：1；黄河下游山东地区（大汶口文化）性比更高，性比值为2.0：1。史前人口异常的性别构成，有可能对婚姻形式与社会结构产生过重要影响，对此还有专文讨论[①]。

4. 健康状况

对于仰韶居民健康状况和所患疾患的了解，主要也是通过骨骼上获得的。

史家村人见到股骨变形弯曲，腰椎椎体间形成骨桥、骨刺等现象，元君庙人牙齿普遍遭到严重磨损，也有压缩性骨折、骨刺的现象，表明半坡文化居民生活的艰难和劳动的繁重。由当时平均寿命判

---

① 王仁湘：《我国新石器时代人口性别构成再研究》，《考古求知集》，中国社会科学出版社，1997年。

断，仰韶文化居民健康水平是相当低下的。下王岗文化居民人骨材料表明，当时所患的疾病有佝偻病、骨折和龋齿等。大河村文化青台居民则普遍患有增生性脊椎炎、龋齿，还有化脓性骨髓炎和骨巨细胞瘤等病例，表明当时劳动强度之大和口腔卫生之差①。

在艰难环境中，为了维护生存，仰韶文化居民也逐渐积累了一些医疗知识，掌握了一些疗病的方法。元君庙居民人骨见到桡骨及颅骨陈旧性骨折，有研究者据此认为当时可能已具有一定的医疗护理知识。

二、氏族、家庭、婚姻方式和社会发展阶段

仰韶文化由于时代跨度较大，它的氏族社会、婚姻形态、家庭模式都发生过变化，许多研究者都通过聚落址和墓地探讨了这些变化的方方面面，对仰韶文化的社会结构形态和社会发展阶段开展了充分的讨论。

人们首先由聚落的布局，探讨了存在于其中的多级社会结构。如在姜寨遗址，居址都环绕中心广场，全部居址又相对集合为5个组群，各组群中基本都有一座较大的居址，还有几座中型居址和10多座小型居址。整个聚落为一个层次清晰的四级结构，全村为第一级结构，大型和中型居址分别为第二、第三级结构，小型居址为第四级结构。最新的研究认为，姜寨的聚落分组不是5个，而是4个，4个分组与中心广场4片墓区相对应②。也有人认为姜寨聚落分组是6个，而且与6片墓地及窑址与制陶作坊相对应③。

姜寨小型居址面积一般都在20平方米以下，最小的只有5平方米左

---

① 杜百廉等：《河南青台原始社会人骨的研究》，《解剖学通报》1982年5期增刊；《河南青台原始社会人骨腰骶椎病的观察》，《解剖学通报》1984年7期增刊。

② 陈雍：《姜寨聚落再检讨》，《华夏考古》1996年4期。

③ 李新伟、贾笑冰：《探讨姜寨一期聚落的重新分组》，《考古》1995年9期。

右，设有火塘，可供2—4人居住，这是一个独立的小家庭的住所，为最小的社会单位。中型居址面积为20平方米—40平方米，也有火塘，可供10多人居住与活动，它是周围小型居址的高一级社会单位，它的附近有一些窖穴，说明食物的贮藏与分配权利掌握在这一级单位内，而不是在最小的家庭范围内。大型居址面积一般在70平方米以上，最大的约有130平方米，室内也建有火塘，这里既是起居之所，也是举行集会和特别仪式的场所，代表的是次于全村落的第二级社会单位。有的大型居址附近还有牲畜圈栏和牲畜夜宿场，表明畜养归这一级单位所掌握。全村为第一级社会单位，中央大广场是全村的活动中心，大型居址都朝着这个中心。全村还有共同的防御设施壕沟，是一个独立封闭的聚落。人们分析姜寨遗址这几级组织代表的应是家庭、家族、氏族和胞族这四个级别，氏族有公共经济，它是仰韶文化的一个典型聚落①。

墓葬资料在研究新石器时代社会结构与家庭形态方面，也具有非常重要的意义。墓地分片和分坑埋葬，表现的应是同一种观念或意识，如姜寨第一期墓葬分片埋葬的现象说明，这可能是包括几个氏族的部落墓地②。当然近年的研究又有新认识，姜寨墓群分区的原则有可能是死者的年龄与性别，而不是氏族或家族③。

陕西华县元君庙仰韶文化墓地，50多座墓葬多数为多人二次合葬，一墓中葬有6—10人左右，多的达25人。同一墓中死者的年龄差距，表明了彼此具有的祖孙三代的关系。元君庙墓地的墓葬排列有序，被认为是部落墓地，该墓地被划分为两个墓区，分属于该部落的两个氏族，每个合葬墓属氏族之下的家族单位。整个墓地实际上体现

---

① 苏秉琦主编：《中国通史》第二卷《远古时代》，上海出版社，1994年，第152—153页。

② 严文明：《姜寨早期的村落布局》，《仰韶文化研究》，文物出版社，1989年。

③ 赵春青：《姜寨一期墓地初探》，《考古》1996年9期。

了一种三级结构，比起村落显示的四级结构来，只是少了家庭一级结构而已①。也有人认为元君庙墓地可分为若干墓组，墓地所代表的社会单位，可能就是氏族，墓组则属于低一个级别的家族②。

对横阵村墓地也可以做类似的解释。墓地大量发现的二次合葬，它们都分别归入三个大葬坑中。对这种以多人二次合葬为主要葬式的墓地，有人认为横阵村墓地是氏族墓地，三个集体葬坑是该氏族先后实行三次集体葬仪的结果，各大坑中所套的小坑，分属各家族，小坑内死者分层分排的安葬反映着死者间辈分的差别③。有人则认为三个大集体葬坑分属母系家族，各小葬坑属于对偶家庭④。有人认为集体葬坑属于氏族的葬坑，三个大葬坑分属于三个女儿氏族，横阵墓地则是胞族墓地或部落墓地⑤。不论如何理解，横阵墓地所体现的也是明显的家族—氏族—胞族三级社会结构，与元君庙类同⑥。

关于仰韶文化居民的婚姻方式，就半坡文化早期而言，许多研究者都认为是母系氏族的对偶婚，建立的家庭则是从妻居的对偶家庭⑦。到半坡文化的晚期，这种婚姻方式有了明显改变，有的研究者根据多人合葬的流行，判断当时已开始向父系氏族阶段转变，家庭形式主要

---

① 张忠培：《元君庙墓地反映的社会组织》，《中国北方考古文集》，文物出版社，1986年。

② 朱乃诚：《元君庙仰韶墓地的研究》，《考古学集刊》9期，科学出版社，1995年。

③ 邵望平：《横阵仰韶文化墓地的性质与葬俗》，《考古》1976年3期；李文杰：《华阴横阵母系氏族墓地剖析》，《考古》1976年3期。

④ 方扬：《仰韶文化合葬习俗的几点补充解释》，《考古》1962年3期。

⑤ 张忠培：《关于根据半坡类型的埋葬制度探讨仰韶文化社会制度的问题商榷》，《考古》1962年7期；宋兆麟：《云南永宁纳西族的葬俗——兼谈对仰韶文化葬俗的看法》，《考古》1964年4期。

⑥ 严文明：《横阵墓地试析》《半坡类型的埋葬制度和社会制度》，《仰韶文化研究》，文物出版社，1989年。

⑦ 王珍：《略论仰韶文化的群婚和对偶婚》，《考古》1962年7期。

为父系大家族，婚姻形式则可能转变为从夫居的对偶婚①。还有的研究者根据王家阴洼的墓葬资料，认为当时的婚姻方式既有一夫多妻制，也有一妻多夫制，用以说明仰韶文化婚姻方式的多样性②。

从一些仰韶文化中晚期和时代相近遗址分间房屋的出现，可以看到家庭形态开始发生的变化。庙底沟文化开始出现了套间房址，虽然不普遍，却透露出了家庭形态变化的信息。又如郑州大河村遗址，发掘到多座分间房址，有分为4间的，也有分为2间的。其中19、20号房址就是相连的同一座房，20号为西间，面积约15平方米，中部有灶台；19号为东间，面积7.6平方米，西北角有灶台。另外分为4间的房子，也应是2间的扩建而成，可以明确判断为家庭分化的结果。居住在同一栋房子里的人，应是属于同一祖先的家族，而在各小间的人则属于一个独立的小家庭，有独立的门户，有独立的经济生活。类似大河村的分间房址，在湖北枣阳雕龙碑等遗址也有发现，属于下王岗文化。

中国史前居民建立的个体家庭，被认为大体出现在仰韶文化晚期，这应当就是私有制在中国出现的时代。

仰韶文化所处社会发展阶段的讨论，受到许多研究者的关注。仰韶文化典型遗址大规模发掘获得了丰富资料，自20世纪60年代初起，考古界就开展了对仰韶文化所处社会发展阶段的讨论。大致有三种不同的观点：1. “母系说”，认为仰韶文化处于母系氏族社会发展阶段；2. “父系说”，认为仰韶文化已经处于父系氏族社会发展阶段；3. “母系向父系转化说”，认为仰韶文化早期尚处在母系氏族社会，

---

① 郭沫若主编：《中国史稿》第一册，人民出版社，1977年，第47页；王仁湘：《我国新石器时代的二次合葬及其社会性质》，《考古与文物》1982年3期；曹桂岑：《论仰韶文化的“二次葬”》，《论仰韶文化——纪念仰韶村遗址发现六十五周年学术讨论会论文集》，《中原文物》1986年特刊。

② 王占奎：《王家阴洼墓地婚姻形态初探》，《考古与文物》1996年3期。

中、晚期则进入到父系氏族社会。

起先作为主流的“母系说”，认为仰韶文化以原始锄耕农业为基础，民族学的材料证明锄耕农业主要由妇女承担，还认为手制陶器也是妇女所从事的专业，仰韶文化时期妇女在社会经济中起着主导作用。在这样的社会经济条件下，人们以血缘纽带联结为氏族，过着原始共产制的经济生活，妇女有着崇高的地位，世系以母系计算。仰韶文化墓葬中的男、女分别合葬，子女随母亲埋葬，横阵等地点那种二次集体埋葬以及对妇女、幼女的厚葬，都明显地体现了以女性为中心的母系氏族社会的特点。半坡、姜寨的那种村落布局也体现着母系氏族特点的社会结构，它是一种向心布局的典型聚落形态，在这种格局下又明确区分出次一级的相对独立的居住单元——氏族，意味着有牢固的血缘纽带维系着氏族的团结①。许多研究者曾认为仰韶文化处于母系氏族社会的繁荣阶段，也有的认为半坡时期后段合葬墓的出现，说明仰韶文化已处于母系氏族社会的晚期阶段②。

“父系说”提出三条理由进行论证：1. 认为仰韶时期已达到锄耕农业的中期，处于第一次社会大分工之后，根据恩格斯《家庭、私有制和国家的起源》认为第一次社会大分工是父系氏族社会的基础，仰韶时期应该是父系氏族社会；2. 认为仰韶文化墓葬中随葬品及葬具有极大的差别，说明私有制已经产生，而私有制的产生便是父系氏族社会的标志；3. 仰韶文化末期已出现象征父权崇拜的陶祖③。其他研究者或以轮制陶器和多间房屋的出现，论证仰韶文化中晚期进入了父系氏

① 吴汝祚：《从墓葬发掘来看仰韶文化的社会性质》，《考古》1961年12期；杨建芳：《仰韶时期已进入父系氏族社会了吗》，《考古》1962年11期。

② 夏之乾：《对仰韶文化多人合葬墓的一点看法》，《考古》1976年6期；张忠培：《元君庙反映的社会组织初探》，《中国考古学会第一次年会论文集》，文物出版社，1980年。

③ 许顺湛：《“仰韶”时期已进入父系氏族社会》，《考古》1962年5期。

族社会[①]。

关于仰韶文化社会性质的论争，已经持续了数十年，20世纪80年代以后父系说者有明显增加，论据也似乎充实了一些。有的研究者对这个论争进行了比较全面的回顾，认为第二次社会分工已经萌芽，氏族内部人与人之间关系产生了深刻变化，已出现掠夺战争，由此提出仰韶文化时期不仅已是父系氏族社会，而且带有军事民主主义性质[②]。有的研究者认定裴李岗文化时期就已经开始向父系制转化，由半坡文化各住房拥有火塘、生产工具和生活用具分析，当时盛行典型的火塘分居制，对偶家庭已成为生产和生活单位，私有制已产生，社会已进入到从夫居的父系氏族和家族公社阶段[③]。近年来，还有的研究者通过对庙底沟时期汝州洪山庙男根彩绘的研究，认定半坡时期的临潼姜寨遗址76号墓中的8号尖底彩陶罐上也有同样的图像，联系大地湾的陶祖、福临堡的石祖和陶祖、铜川李家沟的陶祖、汝州北刘庄和中山寨的陶祖，表明仰韶自半坡文化晚期开始已有了明确的男性生殖崇拜[④]。

由下列5个方面的证据分析，仰韶文化的社会性质应当有过一个转型的时期，这些证据是：1. 陶器轮制技术开始发明；2. 房屋建筑分间或套间形式的出现；3. 多人二次合葬的出现和消失；4. 成年异性二人合葬的出现（元君庙M425为一对成年男女与一小孩的合葬）；5. 以男根崇拜为标志的男性生殖崇拜的出现。这几个非常重大的变化都发生

---

① 郑州市博物馆：《郑州大河村遗址发掘报告》，《考古学报》1979年3期。

② 丁清贤、曹静波：《仰韶文化社会性质的讨论及我见》，《论仰韶文化——纪念仰韶村遗址发现六十五周年学术讨论会论文集》，《中原文物》1986年特刊。

③ 黄崇岳：《从少数民族的火塘分居制看仰韶早期半坡类型的社会性质》，《中原文物》1983年4期。

④ 袁广阔：《试析姜寨出土的一幅彩陶图案——兼谈半坡类型鱼纹消失的原因》，《中原文物》1995年2期；郎树德：《大地湾考古对仰韶文化研究的贡献》，《论仰韶文化——纪念仰韶村遗址发现六十五周年学术讨论会论文集》，《中原文物》1986年特刊。

在半坡文化的晚期及后来的一段时期内，恐怕不是偶然的，应当是体现父权和夫权的社会现象。至于男性在生产经济中的主导地位，其实在前仰韶时期就已确立，从随葬品看，主要的农业和狩猎生产工具都属男子所有，这在仰韶时期并没有改变。

仰韶文化社会性质的讨论取得了一定的成果，不过现在还不是评价各种说法正确与否的最后时刻。近些年来，有些研究者对通过居址和埋葬制度研究史前社会性质在方法论上提出了批评，而且对人类社会是否是由母系发展到父系这一点都产生了怀疑，问题更加复杂化了[①]。关于仰韶文化社会性质的讨论有待于更深入认真的分析研究，有待于更多的资料发现。

① 汪宁生：《中国考古发现中的“大房子”》，《考古学报》1983年3期；汪宇生：《仰韶文化葬俗和社会组织的研究——对仰韶母系社会说及其方法论的商榷》，《民族考古学论文集》，文物出版社，1989年。

归属难定："母系与父系"之争

仰韶文化由于时代跨度较大，它的氏族社会、婚姻形态、家庭模式都发生过变化，许多研究者都通过聚落址和墓地探讨了这些变化的方方面面，对仰韶文化的社会结构形态和社会发展阶段开展了充分的讨论。

人们再次热衷于讨论古代文明问题是在20世纪50年代末到20世纪60年代初。

由于从20世纪50年代初期开始，一批重要的仰韶文化遗址和墓地的发掘，如西安半坡、陕县庙底沟、洛阳王湾、华县元君庙等，人们对仰韶文化的知识急剧增多。远古居民的生活状况和习俗不再限于古书上抽象的揣测，而成为活生生的直观图画。大家兴奋之余，不满足于对古人物质生活状况的一般性了解，很想借此机会进一步揭示当时的社会组织，探索文明起源的机制。史学和考古学界开展了一场关于仰韶文化社会性质的大讨论。

当时主要讨论的问题是仰韶文化究竟是母系还是父系氏族社会。这也是很自然的，因为当时的学者们都怀着把放之四海而皆准的理论与中国古史实际相结合的强烈激情和责任感，认为首要任务应当把仰韶文化放在标准社会发展史框架中的适当位置。

据《庙底沟和三里桥》中的推论："当时的社会组织是属于母系氏族社会的繁荣时期，氏族成员在生产资料公有的基础上，共同生产，平均分配，而当时的对偶家族还没有形成独立的经济单位，家庭经济是以数个家庭以共产制的基础来经营的。"

20世纪60年代初，许顺湛首次提出仰韶时期已进入父系氏族社会的观点，他逐条批驳了"仰韶文化母系说"的八条论据，提出三条理由论证"仰韶文化父系说"。三条理由是：仰韶时期处于第一次社会大分工以后，农业已成为独立的生产部门，第一次社会大分工是父系氏族社会的基础；仰韶时期已产生私有制，它是父系氏族社会的标志；仰韶末期已出现象征父权崇拜的陶祖[①]。

杨建芳和其他一些研究者不同意这个说法，认为在中原地区可能并没有发生过第一次社会大分工，而且第一次社会大分工也不看作是人类社会由母系进入父系的唯一途径；仰韶居民拥有私人占有的日常用具和装饰品，这是人类社会很早就有的现象，不能作为私有制出现的证据；陶祖的出现并不在仰韶时期，最早只能早到龙山文化早期[②]。

苏秉琦《关于仰韶文化的若干问题》也谈到仰韶社会性质，认为整个仰韶文化可分为前后两个时期，两期之间联系密切，阶段性明显，应属于两个不同的社会发展阶段，"它的前期似乎还处在母系氏族制的繁荣阶段，它的后期则似乎是已经达到了它的顶峰——最后阶段，并孕育着新的变化"，他还指出："我们从它们后期全部材料中，还看不到足以说明它业已进入父系氏族制的任何社会迹象，还看不到它业已具备进入父系氏族制的经济发展水平。"他举例说明仰韶后期在社会关系上发生的深刻变化，说元君庙和横阵村的多人合葬，

① 许顺湛：《"仰韶"时期已进入父系氏族社会》，《考古》1962年5期。

② 杨建芳：《仰韶时期已进入父系氏族社会了吗》，《考古》1962年11期；周庆基：《对"仰韶"时期已进入父系氏族社会一文的意见》，《考古》1962年11期。

“一方面人们把同氏族的人按死去的顺序整齐地埋葬在同一个墓地上，这是符合传统习俗的；另一方面人们却又把近亲血缘的不同辈分、不同性别、成年和幼童埋在一起，这又说明旧的传统习俗已经突破，酝酿着新的社会变革”[①]。

20世纪70年代后期开始，仰韶父系说又有了许多支持者。首先是许顺湛重申了他的论点，他认为半坡遗址的小房子，是一个个经济独立的小家庭的居室，而大房子是权势者居住的地方，这表明财富的私有化和政治不平等已经出现[②]。

大河村的发掘者认为发现的连间房址，“是以适应个体家庭为社会经济单位的需要而建筑的”，当时可能出现了私有制和一夫一妻制的婚姻关系。

到20世纪80年代，又见到丁清贤和曹静波的新论点，认为“仰韶文化时期，不仅已经进入父系氏族社会，而且还带有军事民主主义性质”，仰韶所处的时代已进入向文明社会过渡的阶段[③]。

汪宁生曾就居址与葬俗对仰韶文化的社会组织形式提出了许多不同的看法，他显然是不同意“母系说”的，而且对以往的研究方法提出了尖锐的批评。他在《仰韶文化葬俗和社会组织的研究——对仰韶母系社会说及其方法论的商榷》[④]一文中，他从民族志资料出发进行论证，结论是：1. 多人合葬墓不是母系家族的缩影，许多原始民族的多人合葬并不是按亲属为单位进行的；2. 仰韶墓葬的“女性本位”之说不能成立，所谓母子合葬、二次合葬中的女性一次葬、女性厚葬都不

① 苏秉琦：《关于仰韶文化的若干问题》，《考古学报》1965年1期。
② 许顺湛：《再论仰韶时期的社会性质》，《学术研究辑刊》1977年1期。
③ 丁清贤、曹静波：《仰韶文化社会性质的讨论及我见》，《论仰韶文化——纪念仰韶村遗址发现六十五周年学术讨论会论文集》，《中原文物》1986年特刊。
④ 汪宇生：《仰韶文化葬俗和社会组织与研究——对仰韶母系社会及其方法论的商榷》，《文物》1987年4期。

是合理的论据；3. 男女分别埋葬并不是普遍现象，仰韶文化的多人合葬主要是混合埋葬。他认为“我们至今还没有一套利用葬俗复原社会组织的有效方法。这除了墓葬材料本身的局限外，还由于原始社会并非简单地分为母系和父系两个阶段或两种类型，情况要复杂得多”。

到了20世纪90年代，许顺湛又提出了仰韶时期已出现“酋邦王国”的新说，认为仰韶时期父系为主导，“仰韶时期各个类型文化，实际上都有一个或几个酋邦王国”，都是向国家过渡的组织形式，相当于历史上的炎黄时代[①]。

讨论所共同遵循的主要的理论根据，也就是现成的社会发展史框架，是恩格斯和美国民族学者摩尔根关于原始社会的理论。影响特别大的，还有苏联学者柯斯文在《原始文化史纲》中阐述的理论。他们明确地规定了母系氏族社会——父系氏族社会——部落联盟——国家，这一人类社会发展的必由之路。当时大家对于这个基本定理没有发表任何分歧意见，一致表示同意作为讨论的前提和标准。

讨论所援引的主要的考古证据也差不多，是通过发掘揭示的仰韶文化村落的布局、房间的大小、女性或孩子在墓葬中的地位等，以及有没有发现男性崇拜物——祖（陶或石制的男性生殖器模型）等。

在同样的理论指导下，以及同样的考古资料基础上，两种说法争论得很激烈。绝大多数学者经过把考古资料与经典著作相对照，认为仰韶文化毫无疑问属于母系氏族社会，而且是繁荣发达母系氏族社会。但对于在母系氏族社会中所处的具体发展阶段，和对社会生活结构的解释有不同看法。最后只有一位学者明确坚持仰韶文化已经进入父系氏族社会，显然大势已去，孤掌难鸣。

这样，仰韶文化属于母系氏族社会，龙山文化进入父系氏族社

① 许顺湛：《黄河文明的曙光》，中州古籍出版社，1993年。

会，作为结论性意见，郑重写进了中国通史和历史教科书。

但是，后来考古发掘表明，仰韶文化本身经历了很长的历史过程，其发展水平比最初估计的也高得多，于是近些年也有不少人予以重新检讨。有人提出应当对延续存在了一千多年的仰韶文化分期研究，仰韶文化早期无疑是母系氏族社会，但很多考古证据表明晚期已进入了父系社会。更激进一些的学者则说仰韶文化不仅是父系氏族社会，而且已经进入军事民主制，也就是文明前夜了。

到了20世纪70年代，随着山东大汶口文化大批墓地的发掘，对文明起源讨论沉寂了一些年的学术界，又开展了一场围绕大汶口文化社会性质的大讨论。

这次讨论与20世纪50年代对仰韶文化的讨论相比，虽然遵循的主要理论根据没有改变，还是那些经典论著，但对考古证据的研究手段更加深入。大家通过对当时男性和女性埋葬状况的差别，通过不同墓葬随葬品的差别，去把握当时社会悄悄发生的深刻变化。

比如，有的学者详细阐述了大汶口文化特别是中晚期墓葬出现了前所未有的男女合葬和多人合葬。随葬品的数量和质量分布也明显不均衡。再进一步对一片墓地各个墓葬的随葬品数量进行数理统计和归纳，从而划分出不同的等差级别，再论证当时的社会已开始剧烈分化，父权制家族已经产生。这种定量分析的方法显然比单凭估计的定性分析的说服力大一些。

但这次讨论的主要注意力还是在于考虑把大汶口文化放在经典论著划定的原始社会发展框架的哪个格子里合适。

多数学者认为大汶口文化早期可能还是母系氏族社会，中晚期以后手工业可能已从农业中独立出来，贫富分化已很明显，私有制和父权制已得到社会承认，应当进入了父系氏族社会。

一些学者把考古材料比来比去，总觉得无论母系还是父系氏族社会都难以完全对号入座，那么大概处于二者之间的过渡期吧。

也有学者认为早期的男女合葬墓就是夫妻，一夫一妻制家庭已经产生。各墓随葬品也不一般多，自然已经进入父系氏族社会。

甘肃宁县董庄半坡文化墓地发现有两座异性合葬，M10为成年二女一男的合葬，M11为成年二男一女的合葬，均为仰身直肢。让人不放心的是，人骨性别年龄的鉴定还不具备权威性，削弱了资料的可靠性[①]。

王占奎根据甘肃秦安王家阴洼墓地的材料，认为当时的人在15岁时即进入婚龄，墓地显示是两个对婚氏族组成的胞族，胞族实行一夫多妻和一妻多夫制，很可能为姊妹共夫与兄弟共妻，子女归舅方，其社会性质表现出母系与父系的双重特征。

> 该墓地年代大约在5500—5800B.C之间某一短暂的时段之中，大体相当于关中的史家类型，庙底沟文化的因素也有少量出现。关于仰韶时代的婚姻形态，过去多据横阵墓地中的同性合葬认为属母系社会，后来的讨论似乎以从母系到父系的转变阶段一说占上风。王家阴洼墓地兼居母系与父系的特点与这种观点大体相一致，也提供了一个更扎实的证据。当然，这并不是说该墓地的婚姻形态遍布于仰韶文化各个族群之中，也不意味着对它种婚姻形态的排斥。但是，这一实例至少提醒人们应该给一夫多妻与一妻多夫制在仰韶文化研究中以更多的注意[②]。

张忠培等在《黄河流域史前葬俗与社会制度》中，坚持认为半坡

---

① 甘肃庆阳地区博物馆：《甘肃宁县董庄新石器时代遗址试掘简报》，《史前研究》1987年4期。

② 王占奎：《王家阴洼墓地婚姻形态初探》，《考古与文物》1996年3期。

文化处在母系氏族社会[1]。

李季的评价是：现在回过头来看这两场大讨论，显然是中国考古学家为用考古发掘成果重新构筑中国文明史的积极尝试。用地下的实物证据重写史前史，一直是中国考古学家的宏大抱负。并不完全像有人批评的那样，中国考古学家一向只见物不见人，见微不知著，擅长技术比较而缺乏理论研究。

问题在于利用考古资料去复原社会生活状况是相当复杂的，并不像有些报道那么简单，某个考古新发现就揭开了千年的历史之谜。对于同一个考古现象，十个学者可能会做出十种以上的不同解释，而且可能听起来都挺有道理的。

比如说，发掘出来一座原始社会房屋基址，有效面积不足10平方米，估计仅容二人。这种小房子是否就一定表示里面住的是一个对偶家庭，不会是其他可能？又比如说墓葬，一男一女葬在一起是不是就必定说明建立了一夫一妻制？那个女的不会是殉葬的奴婢什么的？许多尸骨埋在一起的二次葬，是不是就一定说明大家都迁葬到氏族或家族首领的身边，是否弄清楚究竟是谁先死谁后死，也就是说到底谁是中心？等等。对于同样的已知条件，作为合乎情理的逻辑推理演绎，都可以是多解的。

陶祖的问题，似乎不容过多争辩了。袁广阔认为至少在庙底沟和西王村时期，以陶祖作标志的男性崇拜已经成为事实。秦安大地湾，宝鸡福临堡，铜川李家沟，汝州洪山庙、北刘庄、中山寨的仰韶文化遗址中，都见到陶祖或石祖实物，或是彩绘图像，“说明在这一时期，男性生殖崇拜的现象已在较广的地域出现了”[2]。

① 张忠培等：《黄河流域史前葬俗与社会制度》，《文物季刊》1994年1、2期。

② 袁广阔：《洪山庙一号墓男性生殖器图像试析》，《文物》1995年4期。

性比：两性在倾斜中的平衡

中国新石器时代人口性别构成的研究，是我15年以前就开始探讨的一个课题。当时我以为注意到中国新石器时代人口性别的异常构成状况，应当是一个比较重要的发现。最近几年以来，有一些研究者又陆续对这一课题开展了研究，有了一些突破性进展，取得了一些重要成果。

我想首先准备对研究的现状做出基本的估价，还要提出一些不新不旧的看法。特别要对史前“高性比”构成现象与当时社会婚姻形式的联系进行初步探讨，这是本课题研究的根本意义所在。我以为，性比的高低与婚姻形态的关系相当密切，史前社会两性比例的不均衡状态，是原始婚姻制度形成的重要基础之一。

一、研究现状评介

还是在1980年，我在《化石》杂志上发表了一篇短文，题为《原始社会人口控制之谜》，对黄河流域若干新石器时代墓地发现的高性比现象进行了初步观察，同时提出了在史前时代形成这种性别构成现象的可能的解释。文中对仰韶文化、大汶口文化和龙山文化的8处墓地出土人骨性别鉴定结果进行统计后认为：新石器时代的黄河中下游地区，男女两性比例相差悬殊，男性有时超过女性几倍之多；随着时间的推移，女性数目渐有增加，男女两性的比例有下降的变化趋势。

我当时认为造成史前时代男性远多于女性的原因，主要是人为控制的结果。我援引了民族学材料中许多杀女婴的证据，推测史前时代主要采用的是杀女婴的方法，造成女性明显减少，以达到控制人口增长的目的。我进一步指出，通过控制性别比例的方式达到控制人口的目的，是史前社会适应低速发展经济的必由之路，是许多原始民族都曾经历过的事实①。

那篇短文发表后，我收到了一些资深人口学家的来信，认为我的论点涉及一个重要的人口学理论问题，比较赞赏。其实当初我的本心，还仅仅只是提出问题而已，至于初步的解释，确实还不足以透彻地回答我想回答的问题。汤池不赞成我的说法，很快在《化石》杂志上刊出题为《半坡人杀女婴吗》的文章，反驳我的观点。他首先否定了新石器时代性比异常现象的存在，认为仰韶文化尚处于“母系氏族社会”时期，女性地位至高无上，绝不会发生残杀女婴的现象，他以为杀婴现象只能出现在“父权制时代”。他还列举仰韶文化中发现的对夭折女童进行厚葬的例子，用于说明在那个时代不可能出现杀女婴的事，所以他的那篇文字就有了“半坡人杀女婴吗”的题名②。

其实汤池列举的半坡人三个显示出“格外疼爱女孩的社会习俗”的厚葬的例子，一例为临潼姜寨M7，墓主为女性，但年龄为16—17岁，已属成年；另一例为华县元君庙M429，墓主年龄在10—15岁之间，可能已举行过成丁礼，习惯上不再作儿童对待。这三个例子中，真正属于女童的墓，只有一座。其实同是在姜寨墓地，还见到只有一件随葬品的女童

---

① 王仁湘：《原始社会人口控制之谜》，《化石》1980年4期。

② 汤池：《半坡人杀女婴吗》，《化石》1981年4期。

墓（M28）和有十多件随葬品的男孩墓（M22）。所以用个别女孩厚葬的例子来论证母权时代格外疼爱女孩的社会习俗，理由是不充分的。

将近十年以后，陈铁梅在1990年第4期的《考古学报》上发表了《中国新石器墓葬成年人骨性比异常的问题》一文，对中国新石器时代的性比例资料进行了比较深入的研究。他对32处主要是新石器时代墓地成年人骨鉴定结果进行统计后，得出的结论是："我国新石器墓葬中经鉴定为男性的人骨显著多于女性人骨数，性比高度异常"，异常值整体统计为1.75：1。他讨论了人骨性别鉴定的准确率、两性人骨在长期埋藏过程中是否能同样程度地得到保存、两性个体是否以等同机率被埋葬三个问题，认为在这三个过程中都有发生"性比歧变"的可能，所以不能将墓地人骨性比鉴定结果简单地等同于当时人群的实际性比。不过他还是承认，至少在中原地区，"从仰韶早期起，延续了相当长的一段时期，某些地域的人口性比可能有某种程度的异常，男性成年人口比成年女性多些"。

在解释高性比形成的原因时，他大体赞成溺杀女婴为一个最重要的可能原因，认为"似不应排除溺女婴习俗对控制社会人口过速增长客观上是起作用的"。他就此特别对汤池先生"母系社会女性得到尊重，因此不可能溺杀女婴"的观点提出了批评，认为"母系与母权并未被证明是完全等同的概念，个别女童享受厚葬并不排除溺女婴习俗的可能性。生物界属'母系社会'的蜂群，每个新蜂后孵化出来后，首先做的是咬死皇台中自己全部的亲姐妹。在集中体现夫权的皇宫里，受到阉割的竟全是男子。主要依据字面联系的推理论证，不大可能告诉我们什么新的知识"。他又指出，"某些地区原始社会成年人口性比异常的另一个可能原因，是女性在青年初期和少年期夭折的比率高"[①]。

① 陈铁梅：《中国新石器墓葬成年人骨性比异常的问题》，《考古学报》1990年4期。

这个结论应当说是比较公允的。他通过各种数据的统计比较确定地证实，高性比现象在新石器时代黄河流域的一定范围内是存在的。这对深化这一课题的研究具有重要意义，这种基于统计学方法确定的结论，肯定比由概念的推理演绎出的说法更有说服力，也更为可靠。他对新石器时代异常性比形成原因的解释，虽然没有更新太多的内容，但讨论更为深入，论证也更为有力。

此外，近年来还有一些学者对商代人口的性别构成进行了研究，间接涉及史前时代人口性比例失调问题，存在一些争议。如宋镇豪的《夏商人口初探》，梁晴的《从殷墟发掘的墓葬看殷都的人口问题》，杨升南的《商代经济史》，罗琨的《试论商代殷都人口的自然构成》等[①]，都涉及古代人口的性比问题，讨论还比较热烈。由于殷商时代的人口学实证材料尚欠充实，目前的讨论有较大的难度，不大容易深入下去，还得等待发掘更多的新鲜资料。

古代人口构成中的性别构成问题，不仅是人口学研究的一个重要课题，现在也成为考古学和历史学研究的一个重要课题，这本身就说明这一课题所具有的特别意义。深化这一课题的研究，考古学所具备的优势最为明显，考古工作者的责任也更为重大。随着考古技术的改进和人骨鉴定水平的提高，我们相信古代，尤其是史前人口性别构成问题的研究，必定会取得更多更新的成果。

---

① 宋镇豪：《夏商人口初探》，《历史研究》1991年4期；梁晴：《从殷墟发掘的墓葬看殷都的人口问题》，《殷都学刊》1991年1期；杨升南：《商代经济史》，贵州人民出版社，1992年；罗琨：《试论商代殷都人口的自然构成》，《考古》1995年4期。

二、中国新石器时代性比例资料的最新统计

中国新石器时代的人口构成表现出一些非常明显的特点，性别构成也很有特点，以特高的性比例最为引人注意。我在1980年进行中国新石器时代人口性比例初步统计时，只开列了8处墓地的鉴定数据，虽然当时发表的材料还很有限，但那些资料基本可以说明：至少在黄河中下游地区的新石器时代，存在过异常性比现象，异常性比的平均值为2.20。

到了1990年，陈铁梅先生统计的新石器时代墓地材料已经达31处，资料大大丰富了，结论依旧，又一次提出新石器时代中晚期的中原地区成年人口的性比存在异常的问题。陈先生的统计包括了一些人骨鉴定个体较少的墓地，如果剔除这一部分材料，只计鉴定个体在50例以上的墓地，则这样的墓地有16处。16处墓地中，性比正常的有4处，异常的有11处，可疑的有1处，异常的墓地性比平均值为2.05，16处墓地性比异常的总体值可由陈先生计算的1.75改变为1.89。

最近几年以来，又有一些新资料陆续发表，中国新石器时代典型墓地性比例统计表又可以得到进一步充实了，研究史前人口性别构成又有了不少新的论据。为了使所得的资料更具有统计学意义，我们就以人骨鉴定数在50例以上新石器时代的墓地作为筛选标准，重新制作了一份统计表（表4.1）。这份统计表包括的新石器时代墓地已有26处，人骨通过性别鉴定的总数已达到5000例以上，数量应当说是非常可观了。

出现在这个统计表内的性比值，可以划分为三种情况：异常、正常、可疑。根据这个最新统计，在人骨鉴定个体超过50例的26处新石器时代墓地中，除了少部分性比正常和可疑的墓地外，异常性比值一般都在1.30—2.40上下，最低为1.17，最高可达6.94，性比异常的平均值为1.70∶1。

表 4.1　中国新石器时代典型墓地性比例统计表

序号	年代（BC）	文化类型	墓地名称	死者总数	鉴定数	男性	女性	性比（男：女）
1	5000—3000	仰韶文化	陕西西安半坡		75	52	10	5.2：1
2		仰韶文化	陕西宝鸡北首岭		136	55	23	2.39：1
3		仰韶文化	陕西西乡何家湾		157	66	45	1.47：1
4		仰韶文化	陕西华县元君庙		203	91	60	1.52：1
5		仰韶文化	陕西南郑龙岗寺			72	73	0.99：1
6		仰韶文化	陕西南郑龙岗寺			75	91	0.82：1
7		仰韶文化	陕西临潼姜寨	154	138	68	51	1.33：1
8		仰韶文化	陕西临潼姜寨	2194	2087	1170	683	1.71：1
9		仰韶文化	陕西渭南史家村	730	678	441	224	1.97：1
10		仰韶文化	陕西华阴横阵村	130	102	37	53	0.70：1
11		仰韶文化	河南淅川下王岗		199	125	18	6.94：1
	小计					2252	1331	1.69：1
12	4300—2400	大汶口文化	山东兖州王因	990	885	547	233	2.35：1
13		大汶口文化	江苏邳县大墩子	两次发掘	266	149	98	1.52：1
14		大汶口文化	山东胶县三里河			31	19	1.63：1
15		大汶口文化	山东诸城呈子		113	26	14	1.86：1

续表：

序号	年代（BC）	文化类型	墓地名称	死者总数	鉴定数	男性	女性	性比（男：女）
16		大汶口文化	山东泰安大汶口		139	19	20	0.95：1
17		大汶口文化	山东邹县野店		97	18	17	1.06：1
	小计					790	401	1.97：1
18	2400—2000	龙山文化	山东胶县三里河			48	36	1.33：1
19		龙山文化	山东泗水尹家城		63	37	6	6.17：1
	小计					85	42	2.02：1
20	3000—2000	半山文化	青海民和阳山		164	61	67	0.91：1
21		半山文化	甘肃兰州花寨子		48	14	12	1.17：1
22		半山—马厂	甘肃兰州土谷台		119	21	21	1.00：1
23		半山—马厂	甘肃永登鸳鸯池		194	29	24	1.21：1
24		马厂文化	青海乐都柳湾		228	105	88	1.19：1
25	2000	齐家文化	青海乐都柳湾		86	42	18	2.33：1
	小计					272	230	1.18：1
26	4000—3200	崧泽文化	江苏海安青墩中层		56	31	15	2.07：1
	总计					3430	2019	1.70：1

注：本表统计的单位，限于人骨鉴定数量在50例以上的新石器时代墓地。资料来源见备注。

备注：

［1］中国社会科学院考古研究所：《宝鸡北首岭》，文物出版社，1983年。

［2］中国科学院考古研究所：《西安半坡》，文物出版社，1963年。

［3］北京大学历史系考古专业：《元君庙仰韶墓地》，文物出版社，1983年。

［4］西安半坡博物馆等：《陕西渭南史家新石器时代遗址》，《考古》1978年1期。

［5］中国社会科学院考古研究所陕西队：《陕西华阴横阵遗址发掘报告》，《考古学集刊》4期，中国社会科学出版社，1984年；考古研究所体质人类学组：《陕西华阴横阵的仰韶文化人骨》，《考古》1977年4期。

［6］西安半坡博物馆等：《姜寨》，文物出版社，1988年。

［7］中国社会科学院考古研究所：《青海柳湾》，文物出版社，1984年。

［8］河南省文物研究所：《淅川下王岗》，文物出版社，1989年。

［9］陕西省考古研究所：《龙冈寺》，文物出版社，1990年。

［10］陕西省考古研究所等：《陕南考古报告集》，三秦出版社，1994年。

［11］韩康信等：《江苏邳县大墩子新石器时代人骨的研究》，《考古学报》1974年2期；《江苏邳县大墩子遗址第一次发掘》，《考古学报》1964年2期。

［12］昌潍地区文物管理组：《山东诸城呈子遗址发掘报告》，《考古学报》1980年3期。

［13］中国社会科学院考古研究所：《胶县三里河》，文物出版社，1988年。

［14］中国社会科学院考古研究所山东队等：《山东兖州王因新石器时代遗址发掘报告》，《考古》1979年1期。

［15］山东省文物管理处等：《大汶口》，文物出版社，1974年。

［16］山东省博物馆等：《邹县野店》，文物出版社，1985年。

［17］甘肃省博物馆文物工作队、武威地区文物普查队：《甘肃永昌鸳鸯池新石器时代墓地》，《考古学报》1982年2期。

［18］甘肃省博物馆等：《兰州土谷半山—马厂文化墓地》，《考古学报》1983年2期。

［19］青海省文物考古研究所：《民和阳山》，文物出版社，1990年。

［20］甘肃省博物馆等：《兰州花寨子“半山类型”墓地》，《考古学报》1980年2期。

［21］山东大学考古教研室：《泗水尹家城》，文物出版社，1990年。

［22］南京博物院：《江苏海安青墩遗址》，《考古学报》1983年2期。

在26处墓地中，性比大体正常的有7处，所占比例为27%。另外有1处墓地（华阴横阵）的性比有点可疑，比值仅为0.7，是个例外，可能与大量人骨性别没有确定有关。不计正常与可疑的例证，异常性比的墓地有18处，性比平均值为1.87：1。就一般情形而言，正常的性比值为1.0上下，我们将性比值在1.19以上的墓地视为异常高性比，将明显表现为高性比的墓地再排列一下，又可以得到下面这一张新的表格（表4.2）。

表4.2　中国新石器时代典型墓地异常性比统计表

序号	文化类型	墓地名称	男性	女性	性比（男：女）
1	仰韶文化	陕西西安半坡	52	10	5.20：1
2	仰韶文化	陕西宝鸡北首岭	55	23	2.39：1
3	仰韶文化	陕西西乡何家湾	66	45	1.47：1
4	仰韶文化	陕西华县元君庙	91	60	1.52：1
5	仰韶文化早	陕西临潼姜寨	68	51	1.33：1
6	仰韶文化中	陕西临潼姜寨	1170	683	1.71：1
7	仰韶文化中	陕西渭南史家村	441	224	1.97：1
8	仰韶文化	河南淅川下王岗	125	18	6.94：1
	小计		2068	1114	1.86：1
9	大汶口文化	山东兖州王因村	547	233	2.35：1
10	大汶口文化	江苏邳县大墩子	149	98	1.52：1
11	大汶口文化	山东胶县三里河	31	19	1.63：1
12	大汶口文化	山东诸城呈子	26	14	1.86：1
	小计		753	364	2.07：1

续表：

序号	文化类型	墓地名称	男性	女性	性比（男：女）
13	龙山文化	山东胶县三里河	48	36	1.33：1
14	龙山文化	山东泗水尹家城	37	6	6.17：1
	小计		85	42	2.02：1
15	半山—马厂文化	甘肃永登鸳鸯池	29	24	1.21：1
16	马厂文化	青海乐都柳湾	105	88	1.19：1
17	齐家文化	青海乐都柳湾	42	18	2.33：1
	小计		176	130	1.35：1
18	崧泽文化	江苏海安青墩中层	31	15	2.07：1
	合计		3113	1665	1.87：1

注：本表所列异常性比范围为1.19：1以上的单位。

另外，考虑到还有性比过高的两处墓地（下王岗、尹家城）可能也没有反映真实性别构成，我们在计算性比平均值时也将它们排除在外，剩下的16处墓地的性比平均值计算为1.80，这个数字应当是比较接近真实的了。

我们在这里确定的最低异常值是1.19，但这个标准稍嫌低了一点。性比最低异常值的确定，我们没有现成的标准，可以考虑将标准提高一些，姑且定在1.33，这个比值的意义是4：3的男女两性之比。统计表中在这个标准以上的异常性比有15处墓地，再除开两处性比特高的墓地，能最后确定异常性比的墓地有13处，占表1统计的26处墓地的50%。这也即是说，能大体确定性比异常的墓地，至少也占到统计范围的一半，异常性比平均值为1.82：1（表4.3）。我们现在得到的这个数字，可以看作是中国新石器时代异常性比值的一个代表性数字。

表4.3　中国新石器时代异常性比统计表

序号	文化类型	墓地名称	男性	女性	性比（男：女）
1	仰韶文化	陕西宝鸡北首岭	55	23	2.39：1
2	仰韶文化	陕西西乡何家湾	66	45	1.47：1
3	仰韶文化	陕西华县元君庙	91	60	1.52：1
4	仰韶文化早	陕西临潼姜寨	68	51	1.33：1
5	仰韶文化中	陕西临潼姜寨	1170	683	1.71：1
6	仰韶文化中	陕西渭南史家村	441	224	1.97：1
	小计		1891	1086	1.74：1
7	大汶口文化	山东兖州王因	547	233	2.35：1
8	大汶口文化	江苏邳县大墩子	149	98	1.52：1
9	大汶口文化	山东胶县三里河	31	19	1.63：1
10	大汶口文化	山东诸城呈子	26	14	1.86：1
11	龙山文化	山东胶县三里河	48	36	1.33：1
	小计		801	400	2.00：1
12	齐家文化	青海乐都柳湾	42	18	2.33：1
13	崧泽文化	江苏海安青墩中层	31	15	2.07：1
	合计		2765	1519	1.82：1

注：本表所列异常性比范围为1.33—2.39之间的单位。

陈铁梅教授认为，新石器时代墓地人骨性比与实际性比之间可能存在一定的距离，我们无法否认这一点。不过这个距离大小的确定，并不十分容易，实际性比究竟是低一些还是更高一点，现下恐怕只能略而不计了。本文姑且认定墓地人骨性比大体反映了实际性比，我们以为就一般情形而言，两者之间的距离应当不会太大。

根据我们的统计进行分析，性比异常还反映出地区性特征。新石器时代黄河上游甘青地区性比稍低，平均值为1.35：1；黄河中游附近地区（仰韶文化）性比稍高，性比值为1.74：1；黄河下游山东地区（大汶口文化）性比更高，性比值为2.00：1。

本文列入统计表内的性比资料，绝大部分限于黄河流域范围以内，其他地区的资料非常缺乏，还没有办法进行统计。长江流域有极少的新石器时代墓地性比统计资料，有的鉴定的可靠性程度还不够，所以列入本文统计表内的只有一处。因此，对于黄河流域以外地区不同文化在性比方面表现的差异，现在还说不清楚，还无法进行比较研究。

通过上面的统计分析，我们完全可以得出这样的结论：黄河流域的新石器时代，在公元前4500—前2000年这样一个时段范围内，人口中的性别构成明显表现出男性多出女性的特点，性比在有的地点高达2.30：1以上（不计性比特高在5.0：1以上的例证），性比异常的平均值可达1.82：1。新石器时代异常性比还表现有地区性特点，黄河上游甘青地区性比稍低，中游附近地区性比稍高，黄河下游山东地区性比更高。

三、新石器时代高性比形成原因再探

到了现在，我们说中国新石器时代存在性比异常现象，应当说是没有什么疑问的了。在认定这种性别构成事实这个基础上，我们有必要重新冷静地讨论中国新石器时代异常高性比形成的原因。十几年前，我试图回答这个问题时，初步找到了几个论据，限于篇幅，未及进行充分论证。今天看来，那些回答尽管非常简略，也不怎么完善，但也并非一无是处。我想在此重提一下我在《化石》杂志上的说法，一是因为自以为那些说法多少有点道理，二是因为知道我做过此课题研究的多数人都没有可能读到那篇文字。

当时我对新石器时代高性比形成原因的解释，认为是多方面的因素造成的，是原始经济和宗教带来的人口控制的结果。我那时列举的论据主要有以下几点：

1. 原始经济方面的原因。史前由于生产力低下，尤其是遭遇水旱灾害时，收获物不足以养活所有的氏族成员，氏族内可能会出现杀死一部分人以维持另一部分人生存的事，这时被杀死的多是老人和儿童一类非生产人员。南美洲火地岛的野蛮人饥饿时要杀死老太太食用，非洲土人则流行杀子，如纳里那耶里族三分之一的新生儿都被杀死。原始人类在杀死同氏族非生产人员时，自以为是在尽一种合乎道德的责任。考古学也曾发现一些食人的证据，如在广西桂林甑皮岩和江西万年仙人洞洞穴遗址，就发现过一些扔在篝火灰烬与石块近旁的人头骨，有的颅顶已经敲破，这便是敲骨吸髓的结果。

2. 杀婴风俗。许多当代的原始部族都有杀婴风俗，以此作为控制人口过快增殖的有效办法。在19世纪，波利尼西亚群岛有的妇女一人杀婴多达十个，在爱利斯要想找到一个未曾杀婴的妇女十分难得，在印度有的村庄竟杀到连一个女婴也找不到的地步。杀婴风俗中最常见的是杀女婴，这样就直接造成了男女性比例悬殊的结果。

3. 宗教与巫术。在原始宗教和巫术行为中，常以人作为牺牲献祭神灵，这是许多原始部族经历过的事实。作为献祭的礼品往往是儿童，而且常以女童为贵。腓尼基人和迦太基人都有以初生子女作祭品的习俗，古代犹太人和迦南人也是如此。考古学也发现过这样的证据，如法国费拉西洞穴遗址的灶坑下奠有女童的尸骨，在黄河流域史前居址的灶坑、墙基、墙壁乃至柱底都见到过为奠祭而杀殉的幼童尸骨。

4. 自然控制。原始人群中的育龄妇女由于乱交和哺乳期较长，影响到生育率，胎幼儿成活率也不高。19世纪夏威夷土人每个妇女平均只生半个子女，其他地点有的部族则有土法避孕。

影响史前时代人口性别构成的因素，实际上比我在上面列举的这些可能还要复杂得多，我们还可以进一步再做些研究探讨。

就一般情形而言，影响性别构成的因素不外乎两个方面，一是自然的因素，一是人为的因素，过去许多人口学家乃至生物学家都就此进行过研究。达尔文在他的《人类原始及其类择》一书中，对人类非正常性比例的构成原因也有过讨论。他说，“就人类言，男子产生前或产生时，以及婴儿最初数年死亡之数，远大过女子，是乃一种确定事实。雄绵羊类亦确如此，在其他数动物当亦然。少数哺乳动物、许多鸟类及数鱼类昆虫类，其雄类皆多过雌类甚远”。他还提到，在许多地区“诸国民所取境遇与气候皆不相当，而产男多过产女之比例数”[①]。生活环境以至于气候都能影响人口的性别构成，这可以作为解释性比表现有明显地域特征的一个重要依据。

对出生异常性比的存在原因，人口学家们不仅由生物学的角度，同时也从社会学的角度进行过分析。吴泽霖在《一个出生性比例的调查》一文中说，“高的性比例，是用生物学解释，还是用社会环境解释？主张环境说的人，吴景超认为中国为农业国，农民生产的男子多。据欧美的经验，战争以后，产男较多。Littleh 和 Pearl 证明异族互婚的结果为男多于女。有人认为性别受食物的影响，Mary Freat 将许多虫类置于不良的环境里，给不足的食料，所产生的卵雄的较多。以后有人以同样方法试蝌蚪，也得到同样结果”[②]。

根据相关方面的研究，饮食确实是左右性比构成的一个重要因素。许仕廉在《中国人口问题》一书中说，“饮食充足，常多生女

---

①［英］达尔文著、马君武译：《人类原始及其类择》，商务印书馆，1932年。

② 吴泽霖：《一个出生性比例的调查》，《中国人口问题》，世界书局，1932年。

孩，若改良生活程度，性比例或者可以降低”①。现代科学研究证实，食物对男女性别构成有一定程度的影响，我们读到科学工作者这方面研究成果的报道。由于男子的精子中包含有形成男孩的Y精子和形成女孩的X精子，其中Y精子不耐酸性，而X精子抗酸性，可以通过食物的选择修正精子的特性。实验表明，多食碱性食物生男孩的可能性比较大，反之多食酸性食物则生女孩的可能性比较大。碱性食物一般包括各类蔬菜、水果、茶叶和海藻类，酸性食物一般包括鱼类、肉类、虾蟹、鸡蛋、谷物和豆类。这么说来，人类的蔬食群体较肉食群体生男孩的比率可能性要大得多。

食物性状影响性别的研究结果非常重要，它可以用来解释为什么在艰难环境中生活的种族产男多、农业人口产男多。在史前时代一定的时空范围内，也可能因为食物的因素造成偏高的异常性比，在将来系统进行史前人种的食谱分析研究之后，这个论据相信会更加充实。

社会成年人口异常性比的形成，既有出生性比异常的影响，也有死亡性比异常的影响。如果出生性比本来就比较高，男性多于女性，加上在青少年时段低性比（女性多于男性）的死亡结果，就会造成特高的异常性比。在艰难环境中生活的史前人类，女性在青年期的自然死亡率高于男性，这也是高性比形成的一个自然原因。陈铁梅先生对我国新石器时代7个墓地的人骨鉴定材料进行分年龄段统计后认为：“人骨年龄鉴定材料表明我国新石器时代女性在二十四五岁、完全性成熟之前的相对死亡率显著高于同年龄段的男性”②。史前时期青年女性的高死亡率，一定是怀孕和生育的意外造成的，这是不可避免的。

史前时代人为造成异常性比的因素中，杀女婴应当是最重要的

① 许仕廉：《中国人口问题》，商务印书馆，1930年。

② 陈铁梅：《中国新石器墓葬成年人骨性比异常的问题》，《考古学报》1990年第4期。

因素之一。杀婴问题，据民族学的研究，它是史前社会普遍存在的现象。学者们在他们的有关著作中，经常会描述原始民族中发生的杀婴事实。

达尔文曾经注意到原始部族中异常性比例问题，他进行调查统计后发现，南太平洋纽西兰人男女性比为1.4：1，印度特达人为1.3：1，夏威夷考爱岛和瓦胡岛人为1.2：1。达尔文认为杀婴可能是异常性比形成的一个重要原因，他在《人类原始及类择》中说："谋杀婴儿之事，通世界以极大规模通行之，不受非难，就中尤以杀女婴竟认为于部族有益，或至少亦无害"。杀婴"习惯之所由起，似因野蛮人有识所育一切小儿之给养甚困难，或不可能"。"就人类言，一部族中男子众多所得利益，盖为杀女婴恶习之一种主要原因。"[①]

对杀婴动机的解释，可以是多方面的，有经济上的原因，也有观念上的原因。法国学者列维–布留尔在他所著的《原始思维》一书中列举了这样一些杀婴的理由：长久形成的风俗，母亲只能喂养一个孩子，澳大利亚土著人曾经以这个理由"到处实行着杀婴"；由于迁徙的辛劳，一些游牧民族的妇女，例如南美巴拉圭的伦瓜族（Lengua）印第安人"母亲绝对不能有一个以上的孩子，她不能背着并照顾两个孩子"；对印度的宏达人（Khonds）而言，"他们杀死新生女婴，是要阻止新的女魂加入属于部族的魂的数目中，并把它在部族的魂中的位置让给新的男魂或者使女魂由于多次再生而推迟了它返回部族的时间"[②]。

弗雷泽在他的名著《金枝》中，还这样揭示了引发杀婴的一些奇怪的动机：

---

① ［英］达尔文著、马君武译：《人类原始及其类择》，商务印书馆，1932年。

② ［法］列维–布留尔著、丁由译：《原始思维》，商务印书馆，1981年。

有许多种族，和许多人一样，总沉溺于最后必定毁灭他们的某些做法。波利尼西亚人通常似乎要杀掉他们三分之二的孩子。据说在东非的某些地方，孩子出生时被杀的比例也是一样的大。只有经过某些仪式受胎而出生的婴儿才允许活着。据报道，安哥拉的一个常打胜仗的部落贾加人，他们毫无例外地杀掉他们所有的婴儿，为的是使妇女们在行军中不受牵挂……在南美洲的姆巴亚印第安人中，妇女通常杀掉她们所有的孩子，只留最后一个，或者她们认为是最后的一个①。

人们会提出这样的问题，即民族学中证实的杀婴风俗，未必在考古学文化中能得到印证。具体来说，在仰韶文化中就不大容易找到杀婴的证据，而且被认为处于母系氏族社会的仰韶人更不会产生杀女婴的动机。

我在《化石》上的那篇文字中已经提及，考古学上能明确认定的杀婴证据并非没有。除了龙山文化中见到的杀祭现象外，我还怀疑仰韶文化中见到的大量瓮棺葬可能包括了杀祭的幼童。只要看看半坡遗址出土最精美的彩陶盆大都是瓮棺葬具而不作成人墓的随葬品这个事实，我们对瓮棺中的儿童是否全属自然死亡就会产生怀疑，仰韶文化居民很可能有杀婴祭奠的风俗，只是不能认定杀死的女婴是否更多一些。

关于仰韶文化是否绝对定性为母系氏族时代，学术界尚有激烈的争论，这一点姑且不论。我们要特别指出的是，即便是在母系氏族社会，杀害女婴的事未必不会发生。首先，女婴并没有取得成人资格，没有氏族成员资格，应当不会享有什么特别的权利，她们的社会地位也就不可能一定会高于自己的兄弟们。正如布留尔在《原始思维》中所写的那样，“新生儿也只是在行了成年礼的最后一套仪式以后并只是由于这套仪式才成为‘完全的’生……呱呱坠地的新生儿与其说是

① ［英］弗雷泽、许育新等译：《金枝》，中国民间文学出版社，1987年。

个活人，还不如说是个进入社会集体的生活的补充者……假如，有不容许新生儿存在的任何理由，即便是微弱的理由，它们也会毫不踌躇地把他除掉”①。

根据以上粗略的引证，简而言之，中国新石器时代高性比形成的原因当不出以下诸条：

1. 男性食物季节性或区域性酸碱失衡，碱性过重，生男性的Y精子形成机会较多。

2. 食物匮乏、生活艰难导致妇女妊娠性比例偏高。

3. 出生性比例偏高，男性明显多于女性。

4. 青年女性由于怀孕和生育的艰难，自然死亡率偏高。

5. 为保持部落内男性人口的数目而残杀新生女婴。

6. 为控制人口的再生产而残杀女婴。

7. 因为经济的和宗教的原因残杀女婴。

如果要指出其中造成高性比的最重要的原因，则主要是男性出生率偏高和残杀女婴两条，既表现有自然因素，也表现有人为的因素。

四、新石器时代性别构成与婚姻形式

我在《化石》杂志发表那篇小文后，本来还准备续写一文，对中国新石器时代性别构成与婚姻形式的关系进行讨论。这篇文字没有作成，因为这个课题在当时很快被宣布为“禁区”，不得已我停止了这方面的研究。我以为性别构成状况与婚姻形态之间，一定存在着一些必然的联系，特定的性比还很可能是某种婚姻制度存在的重要基础之一。

很多学者都曾经指出过：人类一夫一妻制的存在，是以两性分

① ［法］列维-布留尔著，丁由译：《原始思维》，商务印书馆，1981年。

派的大体均衡为前提条件的。李剑华在20世纪30年代著《由中国男多于女所发生的失婚问题及其影响的假设》一文，论及婚姻制度与性比的关系。他说："一夫一妻制度，是以男女的性的分派的平衡为基础的。"他还认为，一妻多夫制度的来源，"主要是因为男女的性的分派的不平衡，换句话说，就是因为男子比女子多"。他举例说，"印度某一种族及西藏某一部分的住民中，实行一妻多夫制，它的来源，主要是因为男女的性的分派的不平衡，男子多于女子"[①]。

乔治·彼得·穆达克在《我们当代的原始民族》一书中述及当代原始民族不同的婚姻制度，他注意到性比对婚姻形态产生的影响。他在叙述生活在印度南部的游牧部落托达人时，说他们有普遍的一夫一妻制，但最流行的是兄弟共妻的多夫制。实行多夫制的主要原因，是婚龄妇女人数太少，造成这个结果的直接因素是普遍实行的杀女婴风俗。托达人在总数为800人的人口中，男子要多出100人左右，性比高达1.29：1。穆达克说："托达人的多夫制无疑是和杀女婴的习惯以及因此而造成的妇女缺少的结果相联系的，但在杀婴之风渐减时，这种风俗似乎并没随之消失。"[②]

不仅异常的高性比会给人类的婚姻制度产生决定性的作用，穆达克还提及异常的低性比也会对婚姻形式带来决定性的影响，那就是多妻制的流行。他所列举的例子是生活在中非东部乌干达的干达人（Ganda），干达人盛行多妻制。穆达克说："没有众多的妇女，这样广泛的多妻制是不可能存在的。但是由于酋长家庭里杀男婴的习惯，国王对男子的专横屠杀，太子们的遭杀害，战场上的伤亡，用无数的

① 李剑华：《由中国男多于女所发生的失婚问题及其影响的假设》，《中国人口问题》，世界书局，1932年。

② ［美］乔治·彼得·穆达克著、童恩正译：《我们当代的原始民族》，四川民族研究所，1980年。

男子作祭神的牺牲以及从敌国俘获众多妇女的结果，使人口中成年妇女的数目与男子成三比一之比。”[①]性比低达0.33：1，流行多妻制是必然的了。

著有《人类婚姻简史》的芬兰学者韦斯特马克（E.Westermarck），在考察决定婚姻形式的因素时，他这样写道：“在对婚姻形式产生影响的诸多因素中，男女人口的比例显然是一个重大因素。有人曾经断言，一夫一妻制是一种自然的婚姻形式，其理由是男女人数几乎相等。但是，这种论断是靠不住的。两性的比例在不同民族中有所不同，甚至相差悬殊。有时男女人数大体相等，有时男多于女，有时女多于男。可以肯定地讲，实行一夫多妻制的原因之一，往往是由于达到结婚年龄的女子过多；而实行一夫一妻制（当为一妻多夫制）的原因之一，则往往在于婚龄女子的相对缺少。”[②]

达尔文在《人类原始及其类择》中言及印度托达人，“其男与女之比例为133.3：100，托达人之婚姻为一妻多夫制”。他还说，“由残杀女婴所致之妇人之缺乏，复引起他一种习惯，及世界上数部分今尚盛行之一妻多夫，麦克伦南以为前此几乎全世界盛行”[③]。很多相关著述都提及托达人的性比资料，虽然统计存在一定的误差，但托达人异常的高性比是没有疑问的，性比值在1.30上下，这是托达人曾经流行一妻多夫制的根本原因。

性比影响婚姻形态的例证，在我国的民族学资料中也可以找到。生活在云南宁蒗的纳西族，婚姻形式过去普遍流行“阿注”婚，同时也交错出现有包括一夫一妻制在内的其他婚姻形式。纳西族的阿注婚，是一

① ［美］乔治·彼得·穆达克著、童恩正译：《我们当代的原始民族》，四川民族研究所，1980年。

② ［芬］韦斯特马克著、李小幸等译：《人类婚姻史》，商务印书馆，1992年。

③ ［英］达尔文著、马君武译：《人类原始及其类择》，商务印书馆，1932年。

种走访婚的形式，男女之间建立的婚姻关系比较松散，有人认为是群婚的残余，表现有对偶婚的明显特点。这种婚姻制度建立的基础，可以从多方面进行解释，既可以由经济的角度解释，也可以由婚姻发展阶段这个角度解释。还有一个可能的解释，那就是性比失衡，男女两性在比例上差距太大，不可能实行稳固的一夫一妻的婚姻制度。

根据20世纪50年代的调查，纳西族社会人口性别构成表现有明显的低性比特点，女性在比率上远远多于男性①。例如宁蒗永宁区忠实乡的6个村子，总人口544人中，男性256人，女性288人，性比例为0.89：1；364个成年人中，男性161人，女性203人，性比例为0.79：1（表4.4）。也就是说，成年人中男性与女性之比差不多接近3：4。调查统计表明，在有婚姻生活的成年人中，婚姻形式为“阿注”婚的，男性为111人，女性为142人，性比例为0.78：1。

又据云南宁蒗永宁区开坪乡6个村子1956年的调查，在总人口664人中，男性295人，女性369人，性比例为0.80：1；18岁以上成年人461人，其中男性202人，女性259人，性比例为0.78：1（表4.5），这个性比与忠实乡接近。成年人中婚姻形式均为“阿注”婚的，男性为130人，女性191人，性比例为0.68：1。

表4.4　云南宁蒗永宁区忠实乡6村人口性别构成统计

	巴奇	阿布瓦	黑吉古	尤米瓦	忠实	忠克	合计	性比
女	32	17	28	23	26	77	203	
男	30	11	30	15	23	52	161	0.79：1

注：表中男女人数，均为18岁以上已有婚姻行为的人。

① 王承权等：《云南省宁蒗县彝族自治县永宁纳西族社会及其母权制的调查报告》，中国社会科学院民族研究所、云南省历史研究所编，1977年。

表4.5　云南宁蒗永宁区开坪乡6村人口性别构成统计

	开基格瓦	开基木瓦	纳哈瓦	嘎拉	甲布瓦	格沙瓦	合计	性比
女	82	52	50	24	28	23	259	
男	61	42	31	20	23	25	202	0.78：1

注：表中男女人数，均为18岁以上已有婚姻行为的人。

由纳西族的性别构成影响婚姻形态的事实，我们可以得到一些启发。有必要对新石器时代的性比资料做进一步的分析，着重看看青年和壮年期的人口性别构成，看高性比能否高到影响婚姻形态的程度。

我们对4个地点的性比资料进行了列表分析（表4.6—4.9），可以得到这样的一些印象：

1. 在30—50岁的成年人中，各地点的性比普遍都比较高，有的异常的高。一般性比都在1.5：1以上，有的地点性比高过3.0：1。这一年龄段的成年人要实行单偶的一夫一妻制婚姻，就普遍意义上讲，显然是完全不可能的。

2. 在有的地点，性比变化还有一个明显的幅度，表现出愈来愈高的趋势。如华县元君庙墓地，成年人综合性比为1.52：1，性比在20岁前为0.5：1，20—30岁为1.07：1，30—40岁为1.67：1，40—50岁为3.17：1。这明显表明，在20岁以上成年人的各年龄段，女性越来越少，它可以用于证明当时没有建立稳固婚姻关系的基础。

3. 在这不多的几个地点的统计中，还有未列入统计范围的若干地点中，我们得知最高性比所处的年龄段，一般是在35岁前后。这个年龄段的妇女，是婚姻、家庭所最需要的，可为数最少，缺乏她们必定对婚姻形态乃至家庭形态造成重大影响。

表4.6　陕西华县元君庙仰韶文化墓地死者性别年龄构成统计

	儿童	成年—20岁以前	20—30岁	30—40岁	40—50岁	小计
男		（11）1	30	30	19	91
女		（6）2	28	18	6	60
?	37	（5）1				
性比		0.5∶1	1.07∶1	1.67∶1	3.17∶1	1.52∶1

表4.7　陕西西乡县何家湾仰韶文化墓地死者性别年龄构成统计

	儿童	成年—24岁以前	25—35岁	36—55岁	小计
男	2	（7）7	17	33	66
女	4	（8）3	5	23	45
?	33	（3）			
性比		2.33∶1	3.40∶1	1.43∶1	1.47∶1

表4.8　青海柳湾马厂文化墓地死者性别年龄构成统计

	儿童	成年—23岁以前	24—34岁	35—55岁	56岁以上	小计
男	4	（8）5	30	43	15	105
女	2	（9）13	20	35	9	88
?	14	（4）5	4	7	1	35
性比	2.0∶1	0.38∶1	1.50∶1	1.23∶1	1.67∶1	1.19∶1

表4.9 青海柳湾齐家文化墓地死者性别年龄构成统计

	儿童	成年—23岁以前	24—34岁	35—55岁	56岁以上	小计
男		（3）3	11	21	4	42
女		（4）4	4	4	2	18
?	15	（2）2	2	4	1	26
性比		0.75：1	2.75：1	5.25：1	2.0：1	2.33：1

注：括号内为不明年龄的成年人数。

在一个社会，在一个群体，作为婚姻生活自然分派的两性对象，非常的不均衡，完全不可能出现一夫一妻制稳固的婚姻形式。婚姻对象之间保持的只可能是较为短暂的、松散的关系，这恐怕应当是一夫一妻制以外的那些婚姻制度存在的最根本的物质基础。

普那路亚被认为是族外婚的最高发展阶段，是群婚发展的最高形式。普那路亚婚的主要特征是在一定的婚姻集团范围内相互的共夫共妻，是一种伙伴婚姻关系。由普那路亚婚发展到对偶婚，婚姻对象之间的关系在一定时间内较为确定，但这种关系并不稳固。我们可以做出这样的推测，在遥远的人类社会之初，包括普那路亚婚在内的群婚的出现与存在，与人类与生俱来的异常性比有不可分割的联系。

性比异常，不论是高还是低，都会影响婚姻形态的改变。我们在研究史前时代的婚姻制度时，如果离开了对性比的深入观察，恐怕是难得其解的。当然还有一个问题也是不能忽略的，就是婚姻形态的改变应是一个漫长的过程，它可能在性比例发生变化后，起初依然还保留着原先的婚姻方式，在经过相当长的时间以后，婚姻形态才会发生根本的改变。更何况性比的变化过程也是缓慢的，所以婚姻形态的改变也是渐进的，在一个社会里甚至会发生几种婚姻形态并存的现象。

性比影响了人类过去的婚姻形态，也影响着当代的婚姻形态。其实我们还可以拿这个观点来解释西方社会的高离婚率问题，尽管存在观念问题，不过性比较低应当是根本原因。这已超出本文研究的范围，暂且不去理论它。

六、余论

人类异常性比出现的历史，可能与人类历史本身同样长久。在一些研究者看来，异常性比是在人类进化之初形成的，它或许可以看作是人类历史上出现的一个最早的社会问题。异常性比不仅造成了那些多变的婚姻模式，也影响了人类社会发展的进程。

前苏联学者Ю.И.谢苗诺夫在他所著的《婚姻和家庭的起源》一书中[①]，论及早期人类的性比失调问题，这也是其他一些学者比较关注的一个问题。谢苗诺夫将最早出现的直立人称为“前人”，他同意有的学者关于前人群里存在高性比的观点，也赞成高性比形成原因的论证。他这样写道：

> 在前人群里，不仅食物本能的满足会比较复杂，而且性本能的满足也会比较复杂。法国著名人类学家H.瓦路思（H.V.Vallois）根据对大量实际材料的分析得出结论，认为在早期和晚期旧石器时代以及中石器时代，女子的寿命比男子的短，因此，在这很长的时期内人类集体中成年男子的数量远远超过了成年女子的数量。瓦路思认为，女子较早死亡的原因是生育时的困难。A.涅米诺夫

① ［苏］Ю.И.谢苗诺夫著、蔡俊生译：《婚姻和家庭的起源》，中国社会科学出版社，1983年，第112—129页。

（А.Немилов）……深刻地阐述了这样一个结论，认为前人转变为直立行走以及与此相联系的机体的重大变化，不可避免地会增加怀孕和生育时的困难，因而造成女子死亡率的增长。

前人是直立行走的生物，不过与人不同，它们的机体还不能完全适应用两足行走的行为方式。因此它们在怀孕、生育上的困难会比早期出现的人所遇到的要多得多，因而雌性中的死亡率也更大。根据这一切又可以推断，在前人群中成年雄性的数量是超过成年雌性数量的。而这种情况又不可能不带来严重的后果。……

谢苗诺夫在这里所说的“严重后果”，指的是在前人群中经常发生的流血冲突，他说：在早期人类社会中，“有理由认为，许多冲突的根由是在性本能行为。要知道，性本能与食物本能不同，食物本能随着原始人群的产生已在颇大程度上纳入了一定的社会范围，而性本能却仍然停留在社会调节的范围之外。因此，在正在形成的社会里，恰恰是性本能成了各种冲突的主要根源”。

这样说来，人口的性别构成不仅会直接影响到婚姻形态，也会影响社会结构的变化，这又是一个值得探讨的问题。决定社会结构的因素固然也会是多方面的，性别构成也会影响到社会结构，这一点对史前时代而言答案应当是肯定的。

第五章

仰韶时代的
生业、信仰与艺术

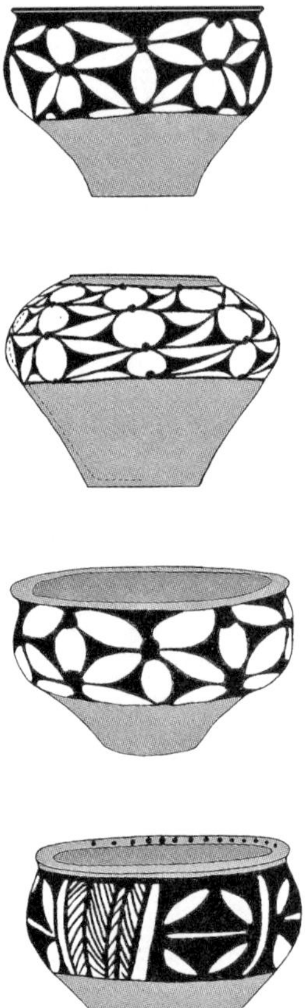

一眼望去，
仰韶人的彩陶是繁花世界，
仔细想来，
原来都全是神灵的标识。

营生：农作与手工业

仰韶文化居民有定居的聚落，他们有较为稳定的经济生活来源。人们已掌握了较高的农业生产技术，同时也饲养家畜，还从事采集渔猎活动，以获取更丰富的生活资料。

一、农业与饲养业

黄河流域原始农业文化的出现，估计可以早到1万年以前。仰韶文化主要分布地带黄土高原，土壤结构均匀松散，富含肥力，有一定的保水性能，有利于耐旱作物的生长。原始农耕技术在黄土地带出现以后，经过3000年以上的发展，到仰韶文化时期已经比较成熟。

仰韶居民用于砍伐林木、开垦耕地的农具，主要有石斧、锛和铲等（图5.1、图5.2）。在半坡遗址出土的700多件农具中，近半数为用于砍伐的磨制石斧和70多件石锛，有30多件石锄和石铲，还有用于收割的150多件石刀和陶刀。姜寨遗址出土的农业生产工具，一期有石斧150件、石铲127件、骨角铲126件、石锛48件、石砍斫器19件，二期有石斧46件、石铲8件、骨角铲11件、石锛17件、石锄9件、石砍斫器5件。北首岭遗址出土石斧63件、石铲33件。何家湾遗址半坡文化早期出土石斧13件、石铲1件、骨铲8件；中期出土石斧44件、骨石铲23

件、石锛12件、石刀4件。龙岗寺遗址半坡文化层出土砍斫器97件、石斧49件、石锛29件、骨石铲39件。庙底沟遗址出土石斧石铲31件、石刀陶刀200件。有的研究者已经注意到，仰韶文化居民很少将砍伐类农具用作死者的随葬品，而较多地使用渔猎工具随葬①。这其实是仰韶文化居民比较重视农业生产工具的一个证据，他们不愿意将用得着、制作又不易的工具放进死者的墓穴里。

庙底沟文化的种植农业较半坡文化的种植农业发达，用于收割的陶刀和石刀，庙底沟文化多于半坡文化。半坡文化半坡遗址发现刀217件，占农具总数的32.78%，而庙底沟文化庙底沟遗址的刀为200件，占农具总数的56%。半坡文化流行的石铲为圆角长方形及矩形，最长的残长也达30厘米，而庙底沟文化石铲均平薄，多数通体磨光。半坡文化用于砍伐的石斧，在数量上远多于翻土用的石铲、锄，而庙底沟文化的石铲数量却远多于石斧。有的研究者认为仰韶文化不同时期这两类工具数量比例的改变，是耕种方式变化的反映，表明庙底沟文化时期已全面进入锄耕农业的耕种方式。

在半坡和北首岭遗址中，发现的石、骨、角及陶质的矛头、镞、弹丸、掷球、鱼叉、鱼钩及网坠等渔猎工具共计近1300件，是石质的斧、铲、锄、刀及陶刀600多件的2倍多，在庙底沟和王家嘴见到的用于农业的石质的斧、铲、刀及陶刀共计167件，则是同址用于渔猎的石，骨，陶质的镞、掷球、弹丸及网坠140多件的1倍多。一些研究者认为生产工具数量比例关系上发生的变化，是庙底沟文化时期的种植农业已有所发展的反映。

仰韶文化居民收割农作物用的工具，主要是石刀和陶刀，刀为长

① 云翔：《新石器时代墓葬中随葬生产工具的考察——以黄河中游地区为例》，《考古求知集》，中国社会科学出版社，1997年。

方形，形体较小，一般两侧带缺口，可用绳索固定在掌中使用。谷物加工工具有石磨盘、磨棒和杵石等。

仰韶文化居民的农作物，主要品种是粟。粟的成熟期短，耐干旱，黄土地带是较为理想的生长环境。在半坡遗址几座房址中的陶器

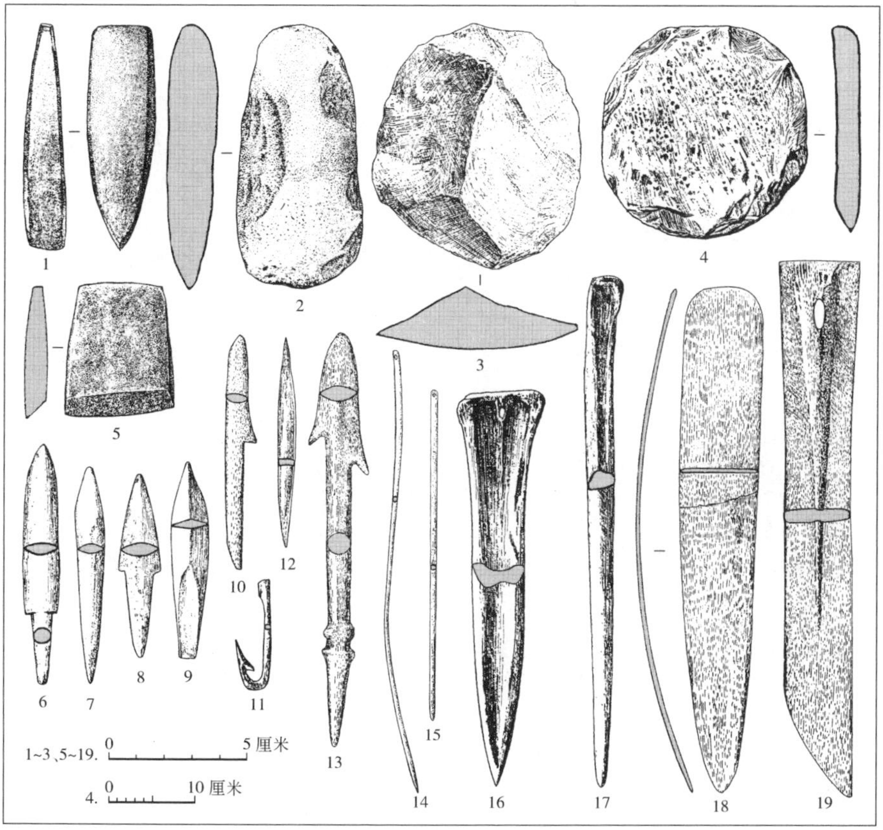

图5.1　仰韶文化的工具

1.石凿（半坡P.6865）　2.石斧（半坡P.6738）　3.石砍砸器（半坡P.5667）　4.石刮削器（半坡P.5956）　5.石锛（半坡P.6335）　6.骨镞（半坡P.12696）　7.骨镞（半坡P.12125）　8.骨镞（半坡P.10092）　9.骨镞（半坡P.11420）　10.骨鱼镖（半坡P.10705）　11.骨鱼钩（半坡P.12194）　12.骨两端器（半坡P.12739）　13.骨鱼镖（半坡P.11639）　14.骨针（半坡P.10704）　15.骨针（半坡P.12726）　16.角锥（半坡P.11620）　17.骨锥（半坡P.12518）　18.骨匕（半坡P.10521）　19.骨刀（半坡P.12681）

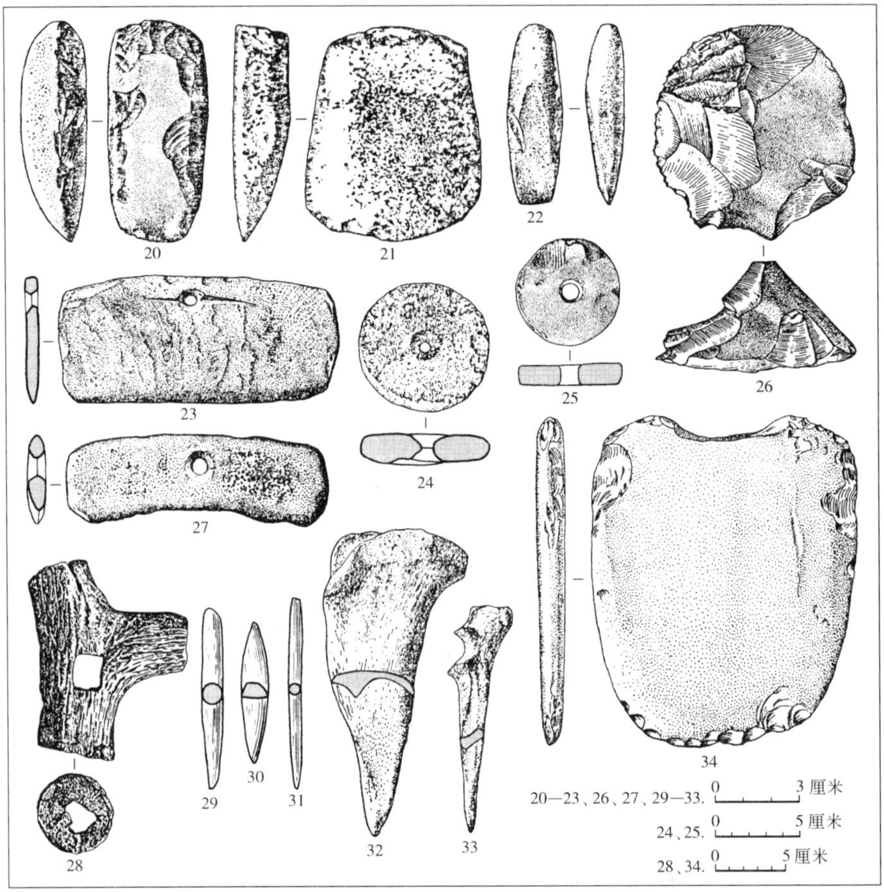

图5.2　仰韶文化的工具

20.石锛（庙底沟H32：19）　21.石锛（庙底沟H322：14）　22.石凿（庙底沟H47：19）　23.石刀（庙底沟H319：04）　24.石纺轮（庙底沟H327：11）　25.陶纺轮（庙底沟T243：03）　26.石盘状器（庙底沟T323：34）　27.石刀（庙底沟H46：94）　28.角柄（庙底沟T97：03）　29.骨镞（庙底沟H313：02）　30.骨镞（庙底沟T70A：09）　31.骨针（庙底沟T248：11）　32.骨锥（庙底沟H32：29）　33.骨锥（庙底沟H79：49）　34.石铲（庙底沟T81：10）

内，都发现过碳化的粟，H115中发现了大量碳化的粟。此外在北首岭、泉护村、下孟村和龙岗寺等遗址都发现了粟类遗存。

仰韶文化时期的农作物还有黍，有蔬菜作物芥菜，可能还有小规模的水稻种植。在姜寨遗址的陶器中，发现了黍的籽实，泉护村则发现过类似稻谷的痕迹。此外在半坡遗址F38的小陶罐内贮存着芥菜或白菜籽一类的种子，说明在大田种植谷物以外，半坡文化居民也栽培园圃蔬菜。

仰韶文化居民已有家畜养殖业，半坡遗址有牲畜圈栏，姜寨遗址发现了牲畜夜宿场，表明家畜饲养有了一定的规模。当时饲养的家畜，由出土的动物骨骼鉴定，主要有猪和狗两种，此外当还有鸡和黄牛。有些研究者认为，仰韶文化居民很可能已开始驯养鹿类，鹿类骨骼在许多遗址都有大量出土。

家猪骨骸发现的数量也不多，个体较小。由姜寨遗址的发现看，家猪半数的死亡年龄在1—1.5岁之间，83%的猪没有能够长到2足岁。元君庙墓地439、442和425号墓中用猪骨随葬，说明猪和人们经济生活的密切联系。有的家狗头骨及下颌较小，面部及鼻吻部较短，可能是一种体格中型的猎狗。北首岭遗址一座墓中随葬的陶罐内装有两只完整的鸡骨架，这应当是当时人们用自己饲养的家畜烹制的一道美味。

二、采集与渔猎

采集活动在仰韶居民的经济生活中占有相当的比重。从各处遗址发掘出土的榛子、栗子、松子、朴树子和螺蛳等遗存，都是当时采集的对象，采集品中可能还包括鸟卵、蜂蜜、昆虫、植物块茎和野麻一类纤维植物。半坡遗址灰坑中发现成堆甚至整坑堆放的螺蛳壳，表明了半坡人采集经济所具有的规模。

渔猎经济在半坡文化时期比较发达。半坡遗址出土的动物骨骼种类很多，它们多数应当是当时渔猎的对象。在半坡文化彩陶中常见的鱼纹、鹿纹、蛙纹、鸟纹、网纹及嘴衔鱼的人头形彩绘图案，也是当时人们渔猎活动的真实写照。

仰韶文化时期人们的猎获物，包括的范围比较广泛。北首岭人的猎获物包括了兽、鸟、鱼、龟鳖和软体动物五大类18个种属，数量较多的有野猪、马鹿和狍，还有狗獾、狐、貉和棕熊，也有数量不多的虎、豹、豺、狼[①]。半坡人的猎获物主要有斑鹿、獐、竹鼠、野兔、狸、貉、短尾兔、羚羊、獾、狐狸、雕及鲤科鱼类，还有大量的贝类水生物[②]。姜寨人的猎获物主要有梅花鹿、鹿和獐，貉、狗獾、麝、软体动物和鱼类[③]。生活在汉水流域的何家湾人，猎获物有岩松鼠、黑熊、犀、野猪、林麝、獐、小鹿、水鹿、马鹿、狍、羚羊、苏门羚和野牛等[④]。龙岗寺人的猎获物，有野猪、猪獾、豪猪、狼、豺、野牛、水鹿、华丽黑鹿、狍、小麂、林麝、岩鸽、白枕鹤、大白鹭、鳖、鲤鱼、蚌和中华圆田螺，以野猪和水鹿为主[⑤]。下王岗人的猎获物有亚洲象、苏门犀、苏门羚、麝、麂、斑鹿、梅花鹿、狍、水鹿、豪猪、野猪、猕猴、黑熊、虎、孔雀、鱼、龟、鳖、水獭、大熊猫、貉、狗獾、豹猫和水牛[⑥]。汉水流域的仰韶文化与同时期的其他居民的猎获物，在种类上与关中地区多少有些区别。

---

① 周本雄：《宝鸡北首岭遗址中的动物骨骼》,《宝鸡北首岭》，文物出版社，1983年。

② 李有恒、韩德芬：《半坡新石器时代遗址中之兽类骨骼》，《西安半坡》，科学出版社，1963年。

③ 祁国琴：《姜寨新石器时代遗址动物群的分析》，《姜寨——新石器时代遗址发掘报告》，文物出版社，1988年。

④ 吴家炎：《何家湾新石器时代遗址动物骨骼鉴定报告》，《陕南考古报告集》，三秦出版社，1994年。

⑤ 陕西省考古研究所：《龙岗寺——新石器时代遗址发掘报告》，文物出版社，1990年。

⑥ 贾兰坡、张振标：《淅川下王岗遗址中的动物群》，《淅川下王岗》，文物出版社，1989年。

仰韶文化的狩猎工具，由半坡遗址出土的情况看，箭镞最多，有近300件，其中半数为骨镞。半坡居民其他用于渔捞的工具有骨鱼钩、鱼叉件和网坠等。姜寨遗址一期出土的渔猎工具有箭镞165件，另有骨叉骨矛46件。姜寨二期出土骨石镞28件、矛叉4件。北首岭遗址出土骨镞80件，庙底沟遗址出土骨镞71件。这些数字表明，射杀类器具是仰韶人惯常使用的狩猎武器，是一种效率较高的轻武器。仰韶文化的箭镞有多种样式，有三角形、圆锥形、柳叶形、有翼形等10多种，质料有角、骨、石三类，可以用于对付不同的猎物。

三、手工业

仰韶文化居民拥有原始的手工业，人们以石、木、骨、角、牙、蚌、陶土制作各种器具，不断发展着工艺技能。

仰韶时期制作石器，打制与磨制技术并用（图5.3）。早期打制石器较多，用直接打击法制作，一般不作太多修整即可使用。早期对部分石器和骨器都使用磨制技术，但不是每一件器物都通体磨光，仅对小型的锛、凿、镞、针、笄等进行精磨，对大量较大的石器和骨器，一般都只磨光刃部。多数器具只是略加粗磨，北首岭遗址出土石斧经细磨的仅占5%，粗磨的占80%，另有打制与琢制的占15%。一般石器都不见明显的棱角，如半坡文化石斧的横截面均呈椭圆形，至庙底沟文化中期还少见横截面呈矩形的石斧。所有石器的穿孔，都是双面对钻成的，多使用琢制方法开孔，说明当时还没有使用锯切石材及管钻的技能。

半坡文化居民的木作技术，据半坡遗址柱子洞的大小和墙壁烧土块上的印痕估计，有2米左右，宽、厚分别仅为10厘米—15厘米和1.5厘米—2厘米，板面比较平整。加工出这样长而薄的板材，表明木作技术水平达到一定的高度。

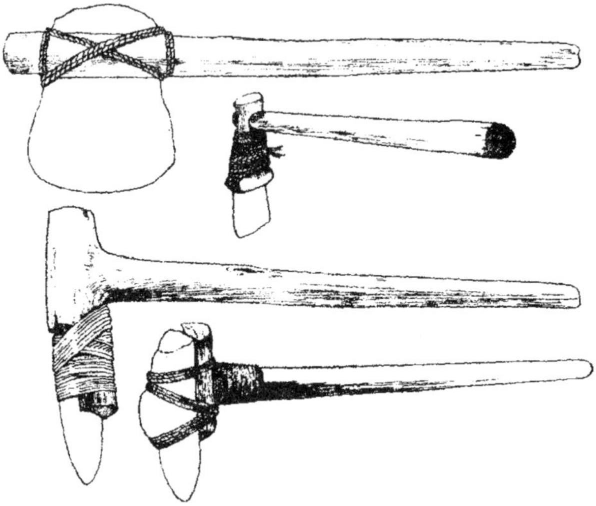

图5.3　仰韶文化石器复原图

仰韶人拥有自己的纺织品和编织物，从陶器上的印痕可以了解到半坡文化的纺织品及编织物情况。元君庙遗址陶器上的布纹印痕，经线清晰，纬线较模糊，每平方厘米经纬线各12根，粗细均匀，线径约0.84毫米。有的资料表明当时纱线细的径仅0.5毫米，粗的则达4毫米。仰韶文化时期可能已掌握了丝织技术，在山西夏县的西阴村遗址发现过被截断的蚕茧，在荥阳青台遗址的一座大河村文化墓葬中，发现过丝织品残块。仰韶文化的纺织品少有发现，织机的构件也没有发现，有研究者推测，仰韶文化居民使用的当是水平式踞织机。

仰韶居民制作编织物的技法多样化，从半坡遗址出土陶器上的编织印痕可以看出，当时制作编织物已使用了斜纹编织法、缠结编织法和棋盘格式编织法，以斜纹纺织法采用最为普遍。纺织和编织所用的其他工具，有骨针、骨锥和纺轮等。

仰韶文化时期有了比较发达的制陶业。仰韶前期的制陶技术，主要采用泥条盘筑的慢轮制作方法，制成粗坯，再作修整。制作大型陶器时，以泥条分别盘成陶器各部位，再拼合成整器。陶坯的修整，采用刮削、拍打和压磨，在轮盘上修整器形或口沿，有的还要装饰纹样进行彩绘。北首岭遗址出土有绘制彩陶的颜料块，经鉴定均为天然赤铁矿矿物颜料。北首岭和姜寨墓葬中都发现了用作随葬品的颜料或研磨颜料的石盘，墓主可能是专门制作彩陶的陶工。在西安半坡、长安马王村、铜川李家沟、宝鸡北首岭等遗址都发现了陶轮盘，当然还有更多的木质轮盘没有能够保存下来（图5.4）。仰韶文化中晚期，在慢轮修整的基础上发明了快轮制陶技术，将陶泥放在轮盘上，在旋转中用双手直接拉成器坯。仰韶人用快轮制成的只有少数杯、碗、盘之类的小型器物，多数大器物仍然要在慢轮上制作[①]。王家阴洼半坡文化的一些陶器底部有偏心圆纹，这是用线绳从陶轮上割离陶器的工艺痕迹，这种工艺产生于快轮制陶之前，它是后来快轮制陶的重要工艺程序之一。

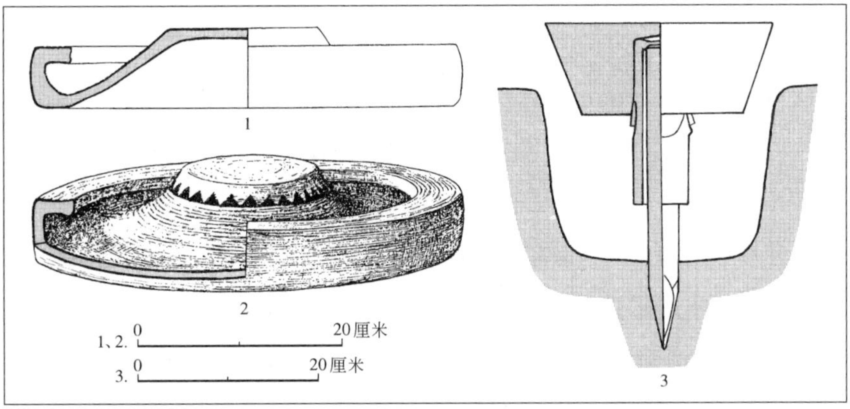

图5.4　半坡文化的陶轮盘与傣族慢轮装置图

1、2. 陶轮盘（半坡P.4736） 3. 云南景洪曼斗寨傣族慢轮制陶装置（引自《考古》1977年4期）

---

① 李仰松：《仰韶文化慢轮制陶技术的研究》，《考古》1990年12期；李文杰：《中国古代制陶工艺研究》，科学出版社，1996年。

仰韶文化用陶窑烧制陶器，半坡文化陶窑一般建在村落附近，发掘所见的陶窑总数已达100多座（图5.5）。陶窑发现最多的地点是大地湾遗址，不同形式的窑址共有30座之多。在姜寨还发现了半坡人的制陶作坊遗址，有制陶工作平台，平台上遗有陶土和未及入窑的陶坯。

仰韶文化陶窑主要分为横穴窑和竖穴窑两种，盛行横穴窑，也有竖穴窑，前者发现较多，结构比较原始。陶窑由火口、火膛、火道、窑箅和窑室组成，火膛的两端分别接连火口和窑室。早期横穴陶窑的火膛和窑室大致处在同一水平面上，火道分中央火道和环行火道两部分，由较长的火膛终端斜上通入窑箅下部，窑室直径在1米左右。由于窑室容量较小，一次只能烧几件陶器。如半坡3号窑址，火膛长约2米，后部分为三条火道，圆形窑室直径约80厘米。横穴窑火膛较长，因为当时还不能有效控制火力，所以采用这种方法以保持窑内火力均匀。仰韶中期烧窑技术提高，陶窑的火膛长度缩短，使火力得到了充分利用。半坡和庙底沟文化陶窑的区别，是前者陶窑的火膛，完全位于窑室的一侧，火口与窑室的距离是庙底沟文化陶窑的4倍左右，这是典型的横穴窑。庙底沟文化的横穴窑在火道上增设了箅子和火眼，使横穴窑在火力的控制上得到了加强。如福临堡遗址的1号窑址，窑室直径约1米，火膛有左右两股极短的火道通向窑室，环窑壁底设7个火眼形成窑箅。西王村文化的横穴窑有进一步改进，设有多股火道，火眼均匀分布在窑底，使窑室各部位的火力均等，如福临堡遗址的2号窑址，窑室直径1.3米，底部均匀排列5条长条形火眼，与5条斜坡形火道相通。

仰韶文化的竖穴窑在半坡时期已经出现，窑室设在火膛上方，有数股火道连接火膛与窑室。如半坡遗址2号窑址，窑室在火膛正上方，两者之间的间隔自然构成窑箅，箅上有两股长0.3米的火道与火眼相通。后来竖穴窑的窑室进一步改进，底部有多股沟状火道，上面设有多火眼的窑箅，使火力更为均匀。

到了仰韶文化晚期，陶窑火膛更短，窑室容量更大。郑州林山砦遗址发现一座大河村文化晚期竖穴陶窑，窑室直径约1.3米，中间有两条主火道，各向一侧伸出两支短火道，火道平面作“北”字形，使窑内火力更趋均匀。

仰韶文化陶窑构造的不断改进，提高了能源利用率，是烧陶技术进步的结果。仰韶文化陶器烧成温度一般高于黄河流域以外其他地区，达到900℃—1050℃。

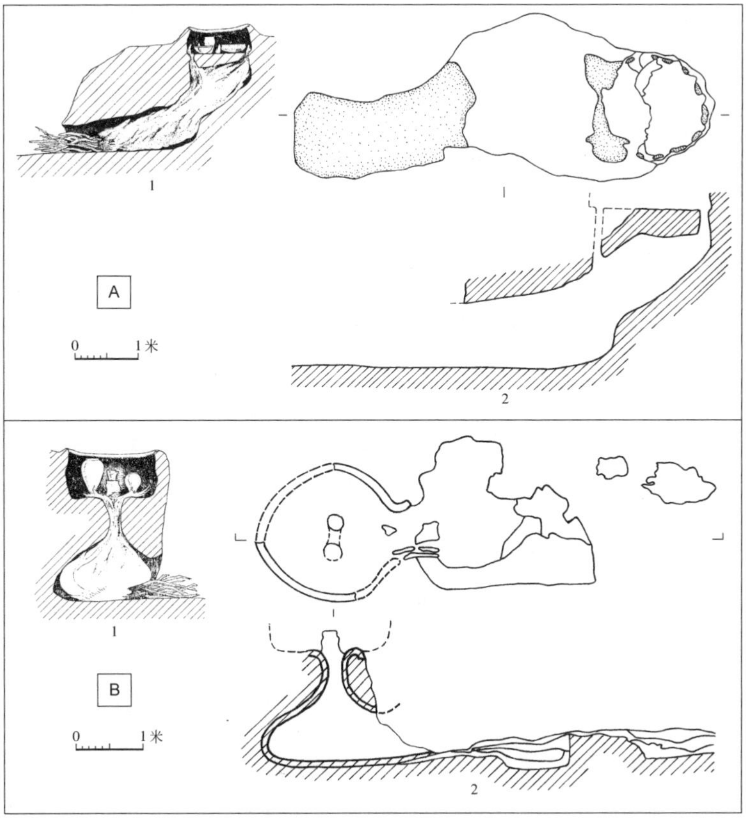

图5.5　仰韶文化陶窑

A.半坡3号陶窑　1.复原图　2.平面、断面图

B.半坡2号陶窑　1.复原图　2.平面、剖视图

仰韶文化居民在烧制高温陶器的过程中，可能已开始了冶铜的尝试。在仰韶文化遗址中发现的铜片和小件铜器，引起了研究者们的广泛注意。在姜寨遗址的半坡类型地层中，发现了圆形和管状残铜片各1件，鉴定表明它们的含锌量分别为25.5%和31.0%，应属黄铜，这是用铜锌共生矿冶炼出的合金[①]。此外，在渭南北刘遗址的庙底沟文化地层中，还发现过1件铜笄。这些证据表明仰韶早期居民已开始了金属冶炼的尝试，由于这种尝试还处于初始阶段，他们还没有真正跨入金属时代。

四、劳动分工

随着生产活动的扩展，仰韶文化居民的劳动分工逐渐细化。在制石、制陶、木作、制骨（角、牙、蚌）、纺织和编织这些手工劳动，以及农业种植、家畜饲养、渔猎和采集这类直接食物生产劳动中，由于需要的体力和技能不同，使得在社会分工上男女两性的性别成为一个很自然的区分标准。

一些研究者通过考察墓葬中两性随葬工具的差异，找到了仰韶文化居民劳动分工上的一些证据。元君庙及北首岭遗址男女两性使用不同生产工具随葬，反映了半坡文化居民性别劳动分工的真实情况。北首岭遗址半坡文化墓葬中的男性墓均随葬石镞和骨镞，有的还有石斧、磨石及石磨盘，女性墓随葬的工具只有骨锥和石研磨盘。在姜寨遗址一期40座随葬工具的墓葬中，石斧全部出自男性墓，石球多数出自女性墓。元君庙墓地只有少数墓葬随葬了工具，男性使用骨镞随葬，女性使用蚌刀、骨针和纺轮随葬。在龙岗寺遗址早期墓葬中，陶

① 北京钢铁学院冶金史组：《中国早期铜器的初步研究》，《考古学报》1981年3期。

锥和骨匕多出自女性墓，而石镞和骨镞多见于男性墓。仰韶文化居民男女两性使用不同工具随葬，表明男子主要从事工具制作、狩猎及农业中的部分重体力劳动，妇女主要从事农业、纺织及缝纫等较轻体力的劳动。有研究者还认为，庙底沟文化时期耕种方式的变化，锄耕农业技术的推广，可能同男性由主要从事渔猎转到主要从事农耕生产活动有关[①]。

---

① 白云翔：《新石器时代墓葬中随葬生产工具的考察——以黄河中游地区为例》，《考古求知集》，中国社会科学出版社，1997年。

信仰：共同的精神家园

仰韶文化居民崇拜的对象和信仰方式，我们不可能了解得十分全面，不过由他们留下的遗迹遗物，特别是他们创作的反映精神世界的艺术品，大体可以了解他们可能奉行图腾崇拜、天体和大地崇拜、生殖崇拜、灵魂和祖先崇拜等。

一、万物有灵信仰

不少研究者都认为仰韶文化时期盛行图腾崇拜，彩陶上见到的各种动物纹很多可能就是图腾标志。如半坡文化大量人面鱼纹彩陶的发现（图5.6），使得许多研究者认为鱼可能为半坡人的图腾[①]。有的研究者进一步认定，姜寨遗址的半坡人氏族至少有3个图腾标志，可能代表着3个以上的氏族，这3个标志绘在彩陶盆内，它们被分别埋入各自的氏族墓地。在这3种标志中，都包含有鱼的图形，表明氏族之间可能存在有特别的关系[②]。

除动物类图腾，一些研究者认为仰韶居民也有植物类图腾，如庙

① 宋兆麟等：《中国原始社会史》，文物出版社，1983年。

② 高强：《姜寨史前居民图腾初探》，《史前研究》1984年1期。

图5.6　半坡文化彩陶

底沟文化中见到的大量花卉彩陶图案，有可能是庙底沟人的图腾[1]。阎村彩陶缸上的鹳鱼石斧图，其中的鹳和斧被有的研究者认作死者氏族的图腾[2]。

还有研究者认为，大地湾901号房址规模宏大，建筑质量考究，应是一处召开头人会议或举行盛大宗教仪式的公共设施。室内的大灶台并非是用于烹饪的，可能是燃烧宗教圣火的处所。室外的12根立柱可能是氏族部落的图腾柱。这样的建筑应是原始殿堂。

二、天体和大地崇拜

天体和大地崇拜在史前时代出现较早，仰韶文化时期的天体崇拜已有了进化，人们崇拜的天体已有了明确的标志物，如庙底沟文化彩陶上的鸟纹和蟾蜍纹，很可能就是日与月的标志，象征太阳神和月亮

① 许顺湛：《中原远古文化》，河南人民出版社，1983年。

② 严文明：《鹳鱼石斧图跋》，《文物》1981年12期；郑杰祥：《鹳鱼石斧图新论》，《中原文物》1982年2期；牛济普：《鹳鱼石斧图考》，《中原文物》1985年1期。

神，它是当时天体崇拜的一种方式①。庙底沟文化彩陶上频繁出现的太阳鸟图像，与大汶口文化和良渚文化所见的同类图形完全相同，说明当时的太阳神观念普遍存在，传播范围很广。

大河村文化居民的天体崇拜，也以日月崇拜为主要表现形式。汝州洪山庙遗址瓮棺上的彩绘纹饰有红日和白月，大河村遗址彩陶上有太阳纹、日晕纹、月牙纹和星座纹，都是当时人们对天体崇拜的证据（图5.7）。

图5.7　郑州大河村遗址彩陶

地母崇拜在仰韶文化中找到的证据不多，半坡遗址1号房址下发现一具人头骨，被认为是为建筑房屋举行的人头祭遗存，它其实也是半坡人对大地进行崇拜的一个表现②。

在濮阳西水坡墓地发现三组大画面的蚌塑图形，是后岗文化的大型艺术作品。第一组蚌图摆塑在45号墓死者的左右两侧，左为龙形，右为虎形（图5.8）。第二组蚌图图形有龙、虎、鹿和蜘蛛。龙背向北，头向南；虎背向东，头朝北。龙虎联为一体，有鹿形卧于虎背。龙前又有蜘蛛形，在蜘蛛和鹿之间放一精致的石斧。第三组蚌图图形

① 严文明：《甘肃彩陶的源流》，《文物》1978年10期。

② 王克林：《试论我国人祭和人牲的起源》，《文物》1982年10期。

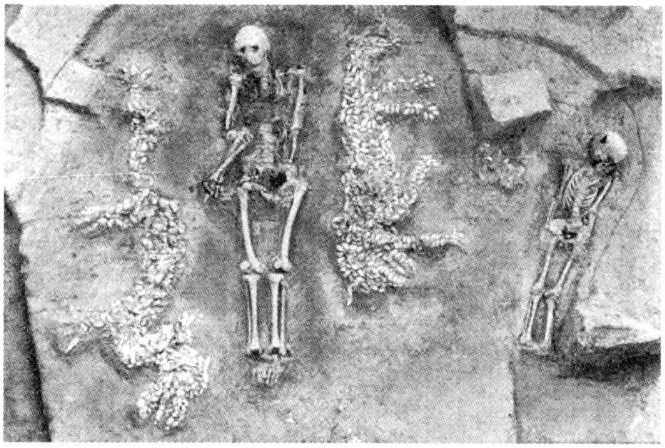

图5.8 濮阳西水坡第45号墓蚌塑龙虎图

有虎和人骑龙等，龙虎以西还有展翅的飞禽形，在龙与飞禽之间还用蚌壳摆有一个圆圈。对这三组蚌图的研究有一些不同的认识，有灵魂崇拜、天文图、巫师役兽、升天诸说，难为定论[①]。如果蚌图的主体真是一些研究者所认定的浑天图，说明西水坡人对天体的认识已有了相当的深度，对天体的崇拜已经有了很隆重的仪式。

天体和大地崇拜的产生，与农耕文化密切相关。仰韶文化、后岗文化和大河村文化居民都拥有比较发达的原始农业耕作技术，农耕文化发展进步的一个重要基础就是天文气象知识，还有对土地的使用，对大地的依赖和对天文的探求，是史前居民形成天体和大地崇拜的必然结果。

三、生殖崇拜

半坡文化彩陶上的人面鱼纹，被一些研究者认为是女性生殖崇拜

① 郝本性：《濮阳仰韶文化蚌图小议》，《中原文物》1996年1期；冯时：《河南濮阳西水坡45号墓的天文学研究》，《文物》1990年3期；张光直：《濮阳三跃与中国古代美术上的人兽母题》，《文物》1988年11期。

的证据。到了半坡文化晚期，女性生殖崇拜可能已转化为男性生殖崇拜，姜寨遗址的彩陶中发现的男根图形便是证明。在仰韶文化晚期的一些遗址发现了陶祖和石祖等，是当时普遍流行男性生殖崇拜的表现。

大河村文化洪山庙遗址瓮棺上的彩绘纹饰有男根图形，与仰韶文化彩陶上的图形相同，揭示了洪山庙人生殖崇拜的具体内容。

四、灵魂和祖先崇拜

仰韶人由灵魂不死观念而形成的灵魂崇拜，应当是更古老年代传统的承续。墓葬制度主要反映的是一种灵魂崇拜观念，仰韶文化各种埋葬方式不仅是对死者尸体的安置，同时也是对死者灵魂的安置，其中尤以二次葬和瓮棺表现的灵魂崇拜最为明确。二次葬是一种待尸体腐烂后的洗骨葬或捡骨葬，被认为是为了让死者顺利进入灵魂世界的一种方式。瓮棺葬具一般在底部和盖上有穿孔，这孔道被认为是供死者灵魂出入的通道①。墓向的选定也是灵魂崇拜观念支配的结果，在很大程度上它可能是为死者灵魂活动指引的一个固定的方向。

仰韶文化居民对各种神灵有不同的崇拜方式。半坡遗址一座房址下埋藏的带盖陶罐和人头骨，可能就是献给地母的祭品。大地湾和案板遗址发现的大型宗教建筑，表明仰韶文化后期已有了专门的宗教活动中心。在案板遗址还发现了一些陶偶像，又表明仰韶文化居民的原始宗教体现有偶像崇拜的特点。

---

① 宋兆麟等：《中国原始社会史》，文物出版社，1983年；李仰松：《谈谈仰韶文化的瓮棺葬》，《考古》1976年6期。

艺术：造神运动中涌起的浪潮

仰韶文化居民进行艺术创造的手段是多方面的，有雕塑，有绘画，艺术的主要载体是陶器，即陶塑和彩陶。

人类发明陶器后，经过反复实践，人们掌握了在陶器坯体表面绘彩后再烧制的技术，逐渐完善了彩陶工艺。黄土地带的土质有较强黏性，色度纯净，用它制成的陶器是彩绘理想的地色，于是在7000多年前拥有黄土资源的渭水流域居民最先在陶器上施用了彩色，而黄河流域成为世界上的彩陶发祥地之一。仰韶文化彩陶在中国新石器时代文化中占有重要地位，研究者认为“仰韶文化的彩陶纹饰构图精巧合理，纹彩绚丽多变，与优美的器物造型相结合，在原始艺术中达到了相当完美的境地，成为中国原始艺术创作的范例”①。

前仰韶时期已经出现的彩陶工艺，到了仰韶文化时期水平又有了很大提高。仰韶文化的彩陶工艺，经历了完善、发达到衰落的发展过程。仰韶早、中期，彩陶以黑色为基调，纹饰较为繁缛复杂。中期以后，色彩丰富多变，纹饰以装饰性很强的图案为主。到了晚期，彩陶艺术明显衰落，陶器上只见到不多的单色彩的线条了。

① 石兴邦：《仰韶文化》,《中国大百科全书·考古学》，中国大百科出版社，1986年。

半坡和庙底沟文化的彩陶都盛行几何图案和象形花纹，总的构图特点是对称性强，发展到庙底沟文化中晚期，图案富于变化，结构有一些不同。

半坡文化彩陶以红地黑彩为主要风格，流行用直线、折线、直边三角组成的直线体几何图案和以鱼纹为主的象形纹饰，线条比较简练，色块凝重，主要绘制在钵、盆、尖底罐和鼓腹罐上，有一定数量的内彩（图5.9）。多数彩陶只是在口沿上画一圈黑色宽带，彩陶盆的口沿除流行彩带外，有时绘重复排列成若干组的一种几何纹，有时将口沿分作四等分，每一等分内绘相同的纹饰。半坡彩陶的象形纹饰有鱼、人面、鹿、蛙、鸟和鱼纹等，鱼纹常绘于盆类陶器上，被研究者视为半坡文化的标志。鱼纹与半坡文化先民祭祀活动的内容有关，一般表现为侧视形象，极少见到正面图像，有嘴边衔鱼的人面鱼纹、单体鱼纹、双体鱼纹、变体鱼纹和鸟啄鱼纹等，早期鱼纹写实性较强。到晚期时部分鱼纹逐渐向图案化演变，有的简化成三角和直线等线条组成的图案。有的器物写实的鱼、鸟图形与三角、圆点等几何纹饰融为一体，纹饰繁复，寓意深刻。如姜寨遗址467号灰坑出土的一件葫芦形彩陶瓶，就是这种鱼鸟图形合璧的作品。在何家湾遗址的一件彩陶盆，盆内中心绘一较大的人面，在它周围绘有4个小人面，与半坡遗址所见的人面彩绘相似，但不见鱼纹装饰。在龙岗寺遗址的一件尖底陶罐上见到的人面彩绘更加精彩。尖底罐腹部上下分两排绘10个神态不同的人面像，是一件非常难得的彩陶艺术珍品。

庙底沟文化彩陶更为发达成熟，被视为仰韶文化彩陶艺术发展的高峰。庙底沟文化彩陶增加了红黑兼施和白衣彩陶等复彩，纹饰更加亮丽。彩绘常见于曲腹盆、钵和泥质罐，一般不见内彩（图5.10）。与半坡文化不同，庙底沟文化彩陶的几何纹以圆点、曲线和弧边三角为主要元素，变半坡文化彩陶简洁的风格，图案显得复杂繁缛，有一种

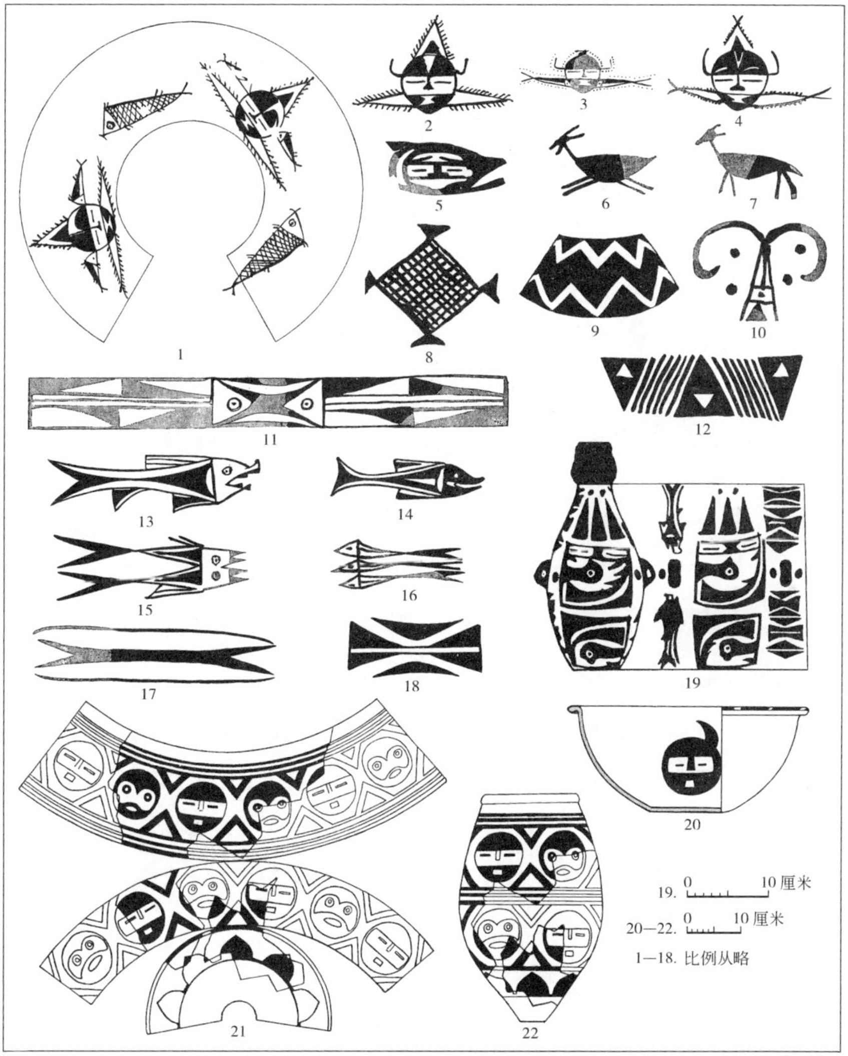

图5.9　半坡文化的彩陶

1.陶盆内壁纹图案展开示意图（半坡P.4691）　2.人面鱼纹（半坡Ala）　3.人面鱼纹（半坡Ale）　4.人面鱼纹（半坡Ala）　5.人面鱼头纹（半坡A3）　6.鹿纹（半坡A4a）　7.鹿纹（半坡A4b）8.网纹（半坡B19b）　9.波折纹（半坡B20）　10.兽面纹（半坡A7a）　11.几何形鱼纹（半坡A2j）　12.几何图案（半披B10c）　13.鱼纹（半坡A2b）　14.鱼纹（半坡A2a）　15.双鱼纹（半坡A2g）　16.三鱼纹（半坡A2k）　17.几何形鱼纹（半坡B17）　18.几何形鱼纹（半坡B14g）　19.彩陶瓶（姜寨H467：1）　20.人面纹彩陶盆（何家湾H242：4）　21.彩陶尖底罐外壁图案展开示意图（龙岗寺H23：1）　22.人面纹彩陶尖底罐（龙岗寺H23：1）

图5.10　庙底沟文化彩陶图案

1—7.彩陶盆外壁图案展开示意图（庙底沟）　8.蟾纹彩陶片（庙底沟H52：48）　9.鸟纹彩陶片（泉护村H1052：05）　10.鸟纹彩陶钵（泉护村H14：180）

研究者所称的“阴阳纹”最具特色。阳纹涂彩，阴纹是底色，阴阳纹都体现有强烈的图案效果，都能显示完整的花纹图案。几何纹彩陶主要表现为花卉图案形式，它被视为庙底沟文化彩陶的一个显著特征。花卉图案常以若干相同的单元重复排列，构成二方连续式的带状纹饰。庙底沟文化象形题材的彩陶主要有鸟、蟾和蜥蜴等，不见半坡文化的鱼纹。鸟纹占象形纹饰中的绝大多数，既有侧视的，也有正视的形象，与半坡文化的鱼纹一样，庙底沟文化的鸟纹也经历了由写实到抽象、简化的发展过程，一部分鸟纹也逐渐演变成一些曲线而融汇到流畅的几何形纹饰中。蟾和蜥蜴一般都作俯视形象，蟾与半坡文化的区别不大，背部密布圆点。

西王村文化时期，彩陶艺术很快就衰落了，除了见到一些零星的简单线条构成的彩陶图案以外，几乎没有成批彩陶作品出土。不过局部地区见到略为丰富的彩陶，如大地湾遗址彩陶比例较大，纹饰也略为复杂。

大河村文化彩陶受庙底沟文化影响很大，除了一部分与庙底沟文化相同的彩陶外，也有独具特色的作品，以精美的白衣彩陶最为出色。出土自河南汝州阎村陶缸上的“鹳鱼石斧图”，是大河村文化发现的最有魅力的作品之一[①]。这幅“鹳鱼石斧图”，绘于陶缸的一侧，画面较大，用白和紫褐等多种色彩绘出。画面左边是一只侧立的白鹳，白鹳衔着一条鱼；画面右边是一柄竖立的斧子，斧柄上还绘有黑叉符号。这是一幅寓意深刻的作品，它谜一样地吸引了许多研究者。这个彩陶缸是墓中的随葬品，所以画面被认为是墓主人生前事功的写

---

① 临汝县文化馆：《临汝阎村新石器时代遗址调查》，《中原文物》1981年1期；张绍文：《原始艺术的珠宝——记仰韶文化彩陶上的〈鹳鱼石斧图〉》，《中原文物》1981年1期。

实画，有研究者据此认定墓主人应当是部落首领之类的人物[①]。

同阎村陶缸彩画具有相似意味的作品，在豫中地区还有一些发现，最值得提到的是汝州洪山庙遗址的一批瓮棺（图5.11）。在一座合葬墓中出土的136件瓮棺上，全都有彩绘纹饰，纹饰的题材有人物、男根、动物、植物、几何形、天象、器具若干类。如在一具瓮棺上同时绘有红色的日和白色的月，在另三具瓮棺上绘有男根图形，它们揭示了洪山庙人精神世界的一个侧面[②]。

仰韶文化居民还有一些陶塑艺术作品，作品一般都是以陶器上的附件出现，少有单体陶塑作品。陶塑可分为人形与动物形两类，以人形作品最为生动（图5.12）[③]。人形陶塑以人首和人面为主，常见将人首塑于瓶类器物的口部，做成人头形陶瓶。如大地湾遗址发现的人头形器口彩陶瓶，人头五官毕具，还有非常整齐的发式，器身满饰弧边三角纹彩绘，有如人身外披上了一件彩衣[④]。又如北首岭遗址出土的一件红陶人面像，口眼镂空，鼻梁隆起，墨绘须眉，为一男子的塑像，十分生动[⑤]。陶器上附塑的动物，有蛇、蜥蜴、鸟、狗、羊、鹰等，如西安南殿村遗址出土的一件大口罐表面，对称地塑有两条盘屈的蛇，蛇首翻过器口，两蛇相视，别有一种情趣[⑥]。又如华县太平庄遗址发现的鹰首塑像和鹗形陶器，也都是非常珍贵的艺术品[⑦]。仰韶陶工制作的这些精致的陶艺作品，是彩陶艺术的一个补充。

---

① 严文明：《鹳鱼石斧图跋》，《文物》1982年12期。
② 河南省文物考古研究所：《汝州洪山庙》，中州古籍出版社，1995年。
③ 张瑞岭：《仰韶文化陶塑艺术浅议》，《中原文物》1989年1期。
④ 张朋川：《甘肃出土的几件仰韶文化陶塑》，《文物》1979年11期。
⑤ 中国社会科学院考古研究所：《宝鸡北首岭》，文物出版社，1983年。
⑥ 西安半坡博物馆：《西安南殿村新石器时代遗址的调查》,《史前研究》1984年1期。
⑦ 黄河水库考古队华县队：《陕西华县柳子镇第二次发掘的主要收获》，《考古》1962年6期。

图5.11 汝州洪山庙瓮棺及彩绘图案

1.人面纹（洪山庙W71：1甲） 2.人面纹（洪山庙W71：1乙） 3.男根纹（洪山庙W10：1） 4.人手纹（洪山庙W104：1） 5.男根纹（洪山庙W116：1） 6.羊角纹（洪山庙W59：1） 7.人物纹（洪山庙W42：1） 8.男根纹（洪山庙W53：1） 9.梳形纹（洪山庙W32：1） 10.羊角纹（洪山庙W59：1） 11.耜形纹（洪山庙W104：1） 12.耒形纹（洪山庙W39：1） 13.梳形纹（洪山庙W69：1） 14.人物纹（洪山庙W39：1） 15.鸟纹、龟纹彩陶瓮棺（洪山庙W84：1） 16.勾叶纹彩陶瓮棺（洪山庙W31：1） 17.梳形纹彩陶瓮棺（洪山庙W32：1） 18.鹳鱼石斧图彩陶瓮棺（缸，同阎村采集） 19.男根纹彩陶瓮棺（洪山庙W10：1）

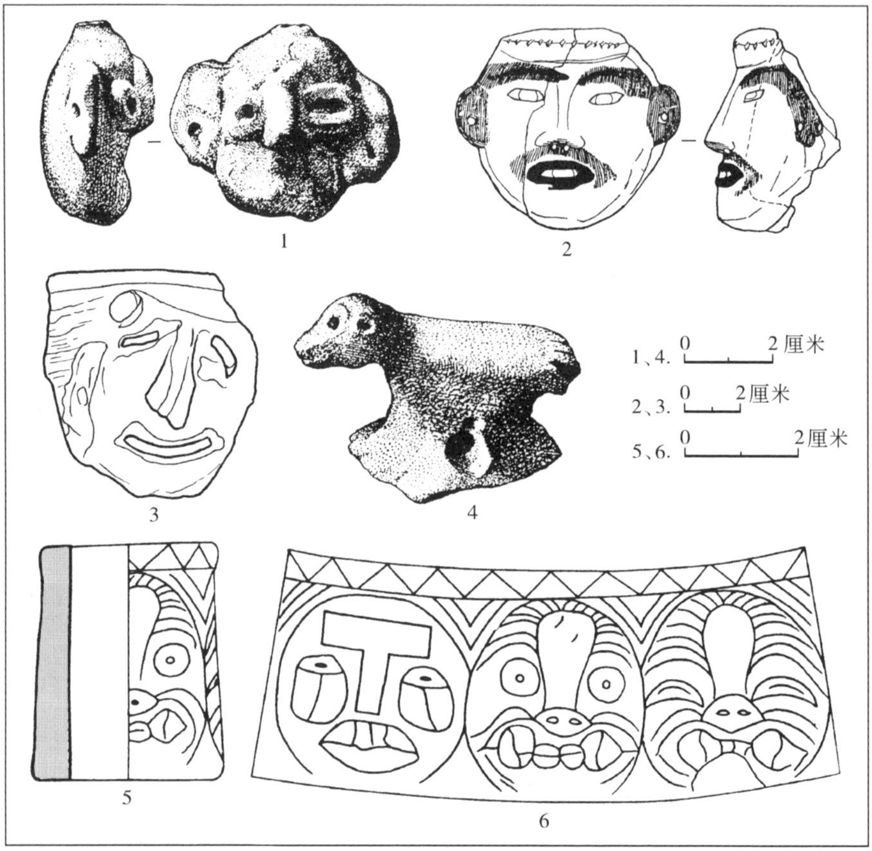

图5.12 仰韶文化雕塑

1.陶塑人头（半坡P.1660） 2.陶塑人头（北首岭T3：3：5） 3.陶塑人头（扶风姜西村采） 4.陶兽形盖钮（半坡P.1662） 5.线刻人面纹骨管（何家湾M168：1） 6.线刻人面纹骨管图案展开示意图（何家湾M168：1）

陶塑艺术以外，仰韶居民还拥有其他一些雕塑艺术珍品。何家湾遗址的一件线刻人面骨雕，用动物肢骨刻成，沿骨管一周刻三个相连的人面像，分别刻画了喜、哀、怒三种表情，夸张生动，是史前罕见的艺术珍品。

仰韶居民还创作了一些绘画作品。绘画的对象主要是陶器，居室的地面有时也是画工们施展才能的地方。秦安大地湾411号房址的地面上，就发现了一幅地画，画面的主体是两个立着的和两个卧着的人形①。这难得一见的地画引起了许多研究者的注意，他们有的认为这是祖先崇拜的证迹，也有说是原始巫术活动的厌胜图画，或者又说是狩猎图画②。由于画面保存不很完整，要找到完满的解释难度很大。

仰韶文化的彩陶、雕塑和其他形式的艺术品，都真切地反映了那个时代的精神。无论是那些象形图案，还是大量由各种线条与色块构成的几何形图案，都是精心设计绘出的，不是随心所欲的涂抹。各种图案都不是现实生活的简单摹写，各种雕塑也不仅是现实事物的再现，而是都经历了一种抽象思维过程，经过了反复的艺术提炼，它们反映了仰韶居民的审美观念和原始宗教观念，具有深刻的文化内涵。

在仰韶文化陶器上，在盆钵类的口沿或底部，发现有一些繁简不一的刻符（图5.13）。如半坡遗址发现这样的刻符有110多件，刻符有20多种，近半数为简单的一竖道，也有不少为带倒钩的竖道。姜寨遗址发现的刻符多达130件，有的与半坡类似，有的结构更复杂一些，有一些具有象形特点的符号。据统计半坡文化陶器上的刻符，已发现不

---

① 甘肃省文物工作队：《大地湾遗址仰韶晚期地画的发现》，《文物》1986年2期。

② 张朋川：《迄今发现的我国最早的绘画》，《美术》1986年11期；尚民杰：《大地湾地画释意》，《中原文物》1989年1期；宋兆麟：《室内地画与丧葬习俗——大地湾地画考释》，《论仰韶文化——纪念仰韶村遗址发现六十五周年学术讨论会论文集》，《中原文物》1986年特刊。

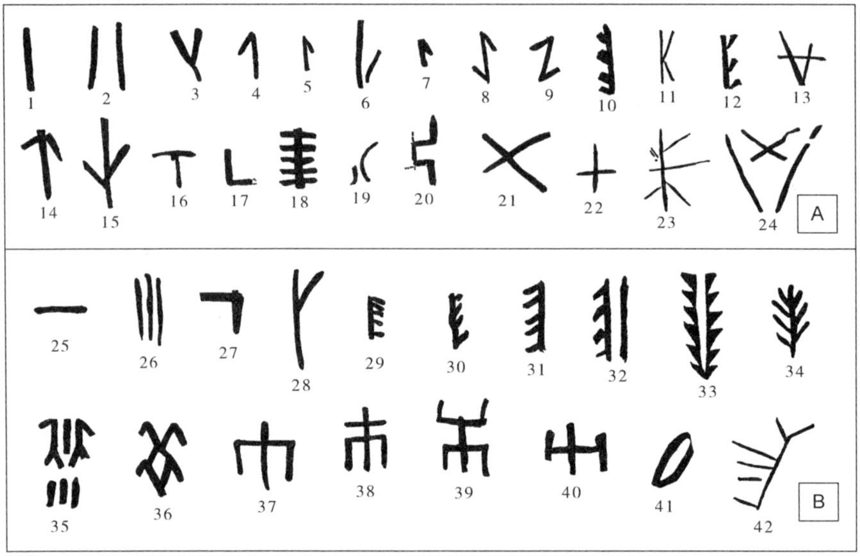

图5.13　半坡文化陶器上的刻划符号

A.半坡出土　1–24.未编号

B.姜寨出土　25.T254③：28　26.T172H188：2　27.T255④：90　28.T109H103：2　29.T147③：9　30.T259H307：5　31.T99③：3　32.T137H170：1　33.T135F41：1　34.T253W166：1　35.159③：5　36.T254W158：1　37.T254W167：1　38.T292M297：1　39.T254W157：1　40.T254W164：1　41.T117③：1　42.T212H246：2

下50种[①]。铜川李家沟遗址也发现类似陶器刻符8种22件，其中划一竖道的有14件[②]。王家阴洼遗址的10件彩陶钵上也见到相似的刻划符号，共有10件5种符号，也是以单竖道为多[③]。这类刻符多数可能是与制陶有关的记事符号，有的学者则认为是陶器所有者的记号，更有认定是

① 王志俊：《关中地区仰韶文化刻划符号综述》，《考古与文物》1980年3期。

② 西安半坡博物馆等：《铜川李家沟新石器时代遗址发掘报告》，《考古与文物》1984年1期。

③ 甘肃省博物馆大地湾发掘小组：《甘肃秦安王家阴洼仰韶文化遗址的发掘》，《考古与文物》1984年2期。

原始文字的。仰韶文化居民有了很明确的数字概念，陶器上彩绘刻纹要用等分方法，从有的陶器上的戳点数目分析，仰韶人可能已有了十进制的知识，陶器上的简单刻画则说明当时有了记数的标记，这些标记与后来的甲骨文一脉相承。

仰韶时期音乐也有一定发展，人们制作的乐器中比较重要的有陶埙和陶号角等。在半坡和姜寨遗址出土半坡文化陶埙5枚，外形为桃形或卵圆形，最大的长5.87厘米，吹孔在一端，有的有1—2个音孔，也有的没有音孔。测音结果表明，单音孔埙可吹出两个乐音，双音孔埙至少可吹出4个乐音，仰韶人已熟练掌握了4声音阶。庙底沟文化时期制成了仿牛角的陶号，华县井家堡遗址发现了一件陶号，全器呈弯角状，长42厘米①。

艺术在史前是表现信仰的方式，而艺术中创作的图像常常就是人们心中的神灵偶像。史前艺术涌起的浪潮，是造神运动的必然结果。

① 戴彤心：《记华县井家堡仰韶文化角状陶号》，《考古与文物》1988年4期。

中国彩陶文化的起源

中国彩陶发现已有一个世纪的历史，关于彩陶起源与发展的研究取得很多成绩，但关于彩陶源头的探索却并没有结束。根据彩陶发展谱系的研究，特别是追溯仰韶文化源头的研究，本文得出一个新的结论，认为彩陶起源于渭河上游的陇山地区。

彩陶，是史前时代编绘的一个梦幻世界。中外许多史前文化中，都发现了史前彩陶，彩陶的世界那么精妙，那么迷幻，深深打动了我们。

在了解彩陶的主要内涵之后，我们会很自然地追踪起彩陶的源头来。中国史前彩陶分布地域很广，南北东西都有发现，彩陶艺术传统从何处起源成为一个必答问题。这也是一个不容易解答的问题，许多学者前后经历了百年的努力，现在也还并没有确定的答案。

我自己也在探索中不留神成为彩陶追踪者，居然与彩陶亲密接触也有了数十年的时间。自以为在彩陶上看到了前人没有看到的景致，觉得似乎向着源头的方向又跨出了一步，为后来者的研究提示了另一个思路。

1998年我往西北从事田野考古工作，主要负责史前遗址的调查与发掘。起初我并不知自己去西北可以做出些什么，结果我在那里发现了一个文化源头，自以为寻到了史前中国彩陶文化的源头，因此得出了与传统认识完全不同的结论。

瑞典学者安特生于1921年发掘河南渑池仰韶村遗址之后，提出了“仰韶文化”的命名，又称之为“彩陶文化”，从此彩陶的研究进入中国学术领域。在中国突然发现的彩陶文化有怎样的发展过程，它又是怎样起源的？在这样的思考中安特生将他的目光转向了西亚，他推测中国彩陶并非本土起源，它的技术与文化传统应当是来自遥远的西方。安特生将自己的研究方向转到中国西北，他推测那里应存在着一条彩陶自西向东传播的通道。

1923—1924年安特生沿黄河西行，去追溯仰韶文化和彩陶文化的源头。他在甘肃和青海一带发现了丰富的古文化遗存，发现了比中原数量更多的彩陶，这使得他流连忘返，一直在那里待了近两个年头。安特生发现了六种考古学文化遗存，在这些文化中都见到了彩陶。他认为这些考古学文化处于新石器时代晚期到向青铜时代过渡的时期，绝对年代约在公元前3500年到公元前1500年之间，包括仰韶在内它们代表了6个发展阶段，它们是齐家期、仰韶期、马厂期、辛店期、寺洼期和沙井期，这便是他创建的“六期说”[①]。将齐家期放在仰韶期之前，齐家期简单而质朴的彩陶纹饰，被认定是彩陶开始出现的证据。

安特生在甘肃地区发现的大量彩陶，现在看来大多不属于中原仰韶文化范畴，内涵与时代都有不同。虽然包括他在内的一些国外的研究者急于将中国彩陶与西亚彩陶相提并论，由此倡导中国文化很早就表现有西来特征的学说，但是他所找到的证据虽然在他看来是那样确凿无疑，当时的提法在后来者看来其实并不能成立。尽管在后来还有一些研究者仍然着力于演绎中国彩陶西来说，但在大量新发现面前，那些论说早已没有了存在的根基，从研究的理论与方法层面上暴露出

① ［瑞典］安特生：《甘肃考古记》，农商部地质调查所，1925年。

许多无法弥合的漏洞。

中国考古学家在大半个世纪以前就纠正了安特生在学术上出现的错误。1937年尹达先生即撰文指出，仰韶村遗址包含有龙山文化遗存，甘肃史前文化的齐家期不一定早于仰韶期[①]。1945年以后，夏鼐先生通过在甘肃的一系列发掘，澄清了安特生在考古发掘过程中所犯的层位颠倒的错误，他指出甘肃地区史前文化正确的时间顺序应当是仰韶文化、马厂文化、齐家文化，后面的辛店、寺洼、沙井文化已进入青铜时代[②]。安特生所说的甘肃古文化六期中的“仰韶期”，主要内涵是20多年后夏鼐命名的马家窑文化，后来的一些研究者常常称之为甘肃仰韶文化，但并不能等同于起先发现于黄河中游的仰韶文化。

在20世纪五六十年代，在甘肃及邻近的青海东部地区新发现大量的马家窑文化遗址，同时也进行了一些发掘工作，为探索马家窑文化及彩陶的来源进行了深入研究。关于马家窑文化与仰韶文化的关系，体现在彩陶上的线索非常明确，石兴邦先生就此进行了探讨。他在1962年发表的一文中认为马家窑文化彩陶受到庙底沟类型彩陶的影响，纹饰母题与演变规律都有相似之处[③]。严文明先生1978年发表的《甘肃彩陶的源流》[④]，论及半坡类型向陇东和庙底沟类型向陇西及青海东部的扩展，认为马家窑文化彩陶的源起与中原地区的仰韶文化有关。

马家窑与仰韶文化的关系，在以后揭示的多处地层证据中得到进一步确认。在临洮马家窑—瓦家坪遗址发现了马家窑文化叠压在仰韶文化庙底沟类型之上的地层关系，在武山石岭下遗址发现了早于马家

---

① 尹达：《龙山文化与仰韶文化之分析》，《新石器时代》，生活·读书·新知三联书店，1979年。

② 夏鼐：《临洮寺洼山发掘记》，《中国考古学报》第四册，1949年；《齐家期墓葬的发现及其年代之改定》，《中国考古学报》第三册，1948年。

③ 石兴邦：《有关马家窑文化的一些问题》，《考古》1962年6期。

④ 严文明：《甘肃彩陶的源流》，《文物》1978年10期。

窑类型的石岭下类型遗存，在天水罗家沟遗址又发现庙底沟类型、石岭下类型与马家窑类型由早到晚的三叠层关系，有关马家窑彩陶来源的研究取得了实质性的进展[①]。特别是后来又发掘了秦安大地湾[②]、天水师赵村与西山坪[③]、武山傅家门[④]等遗址，不仅在地层上确认了仰韶文化与马家窑文化的早晚关系，出土大量彩陶也为追寻彩陶的源头找到了线索（图5.14）。

图5.14　秦安大地湾四期文化双旋纹彩陶

一部分研究者所称的石岭下类型，主要分布于渭河上游的秦安、天水、武山一带。也有一部分研究者将这一内涵的文化直接称为仰韶晚期文化，特别是像秦安大地湾四期文化的面貌，与仰韶时期的庙底沟文化表现有更多的联系。表现在彩陶上，石岭下类型承续了庙底沟文化的一

① 谢端琚：《论石岭下类型文化性质》，《文物》1981年4期。

② 甘肃省文物考古研究所：《秦安大地湾》，文物出版社，2005年。

③ 中国社会科学院考古研究所：《师赵村与西山坪》，中国大百科全书出版社，1999年。

④ 中国社会科学院考古研究所甘青工作队：《武山傅家门遗址的发掘与研究》，《考古学集刊》16期，科学出版社，2006年。

些特点，如圆点、三角、旋纹图案都有相似之处（图5.15）。石岭下类型也孕育了马家窑类型彩陶因素，如较多旋纹，特别是形似变形鸟纹的旋纹与圆圈纹奠定了马家窑类型彩陶纹饰演变的基础。根据大地湾等遗址木炭标本C-14测定结果判断，石岭下类型年代约为公元前3500—前3000年，年代上限大体与庙底沟文化相衔接[①]。先前许多学者认为马家窑文化是仰韶文化的继续与发展，可见证据是越来越充实了。

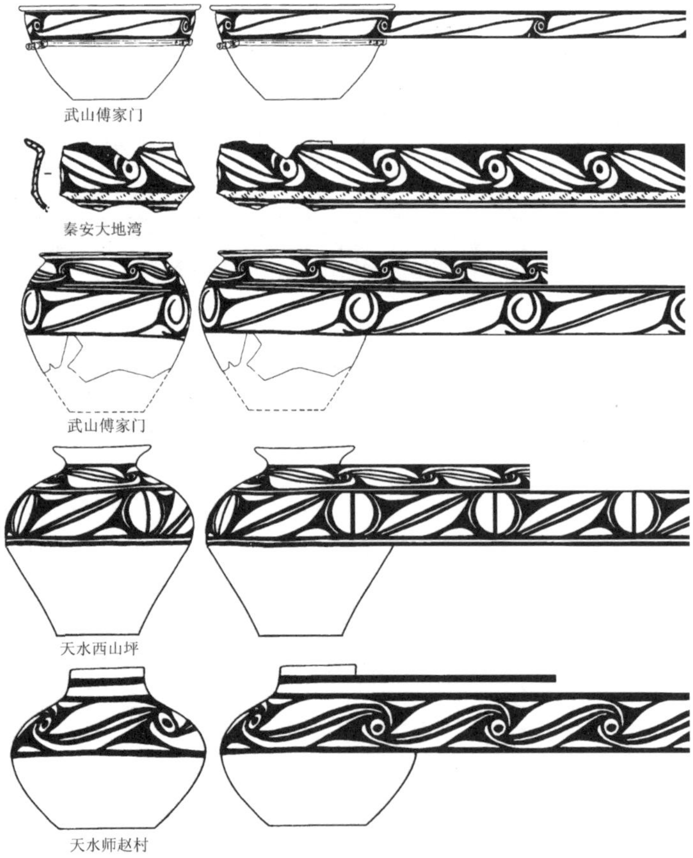

图5.15　石岭下类型旋纹彩陶

① 郎树德、贾建威：《彩陶》，敦煌文艺出版社，2004年。

甘肃境内既有仰韶早中期半坡和庙底沟文化分布，又有仰韶晚期文化发现，在青海东部也有仰韶中晚期文化遗存发现。由这些发现看，我们就可以为甘肃彩陶繁荣时期的兴起做出一个基本的判断，甘肃及青海东部地区在距今6000年前左右，就已经是仰韶文化的分布区域，马家窑文化彩陶的来源应当就在这个本土区域，应当就是仰韶时期的庙底沟文化，与遥远的西方没有什么关系。当然这是安特生当年所没有见到的资料，我们排除他在主观因素和方法论上的原因不论，那时资料的不系统不完善也是出现“西来说”错误的一个重要原因。

随着田野考古的深入，后来又在秦安大地湾、天水师赵村和西山坪遗址发现更早的前仰韶文化彩陶，这些具有初始特征的彩陶将甘肃及以西邻近地区彩陶起源的年代追溯到了距今7000年前的年代。已有的发现完全能证实甘肃史前彩陶具有完整的起源与发展序列，这样的序列不仅在中国其他区域没有见到，在世界其他区域也没有见到，由这一个角度看，这是一个非常值得关注的原始艺术生长的典型区域（图5.16—图5.18）。

甘肃及邻近区域的彩陶，距今7000年以前起源于陇东至关中西部边缘一带，经过半坡和庙底沟文化时期的提升发展，到马家窑文化时期进入繁荣发展阶段。前仰韶和仰韶前期（半坡和庙底沟）的彩陶，

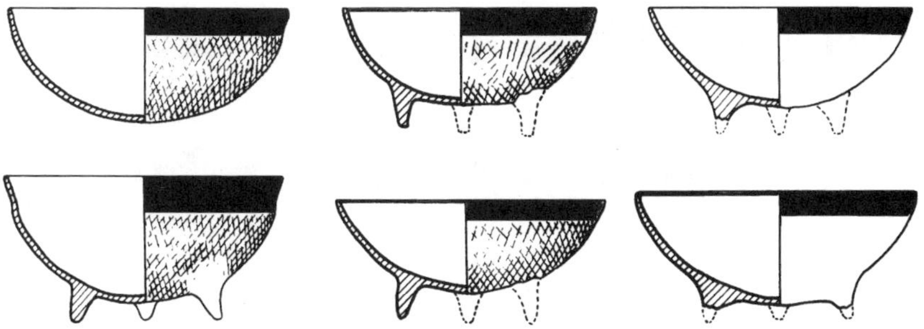

图5.16　大地湾一期彩陶宽带纹

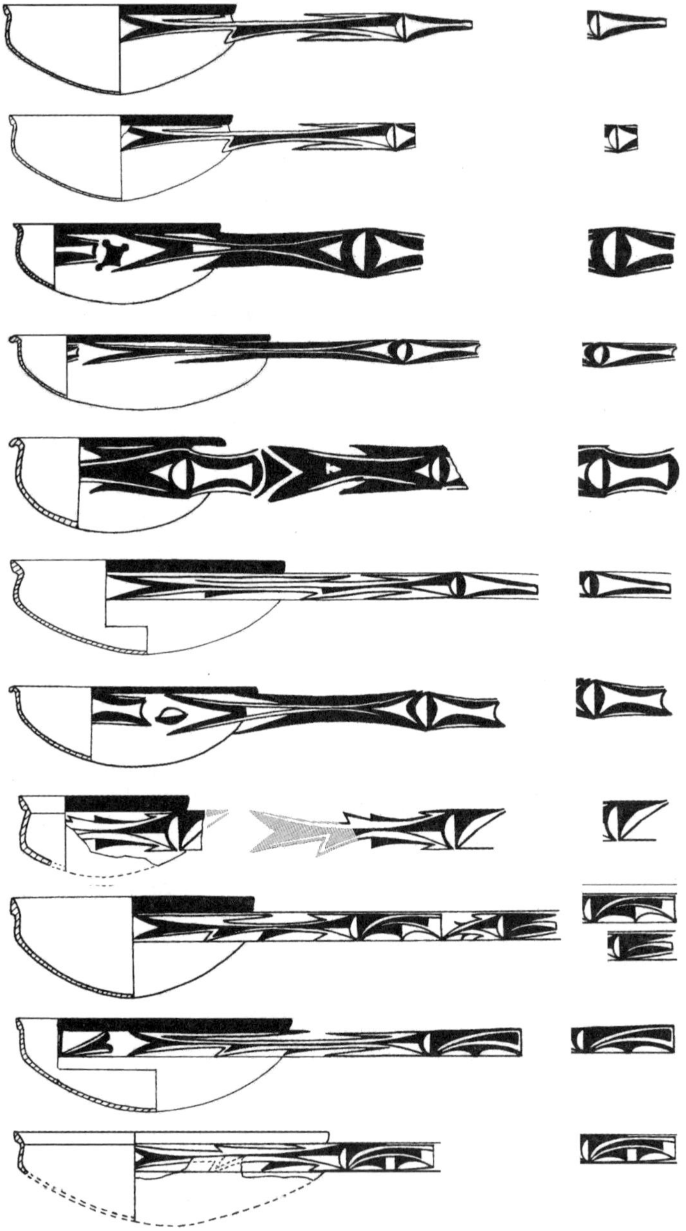

图5.17　大地湾二期（半坡）文化鱼纹彩陶

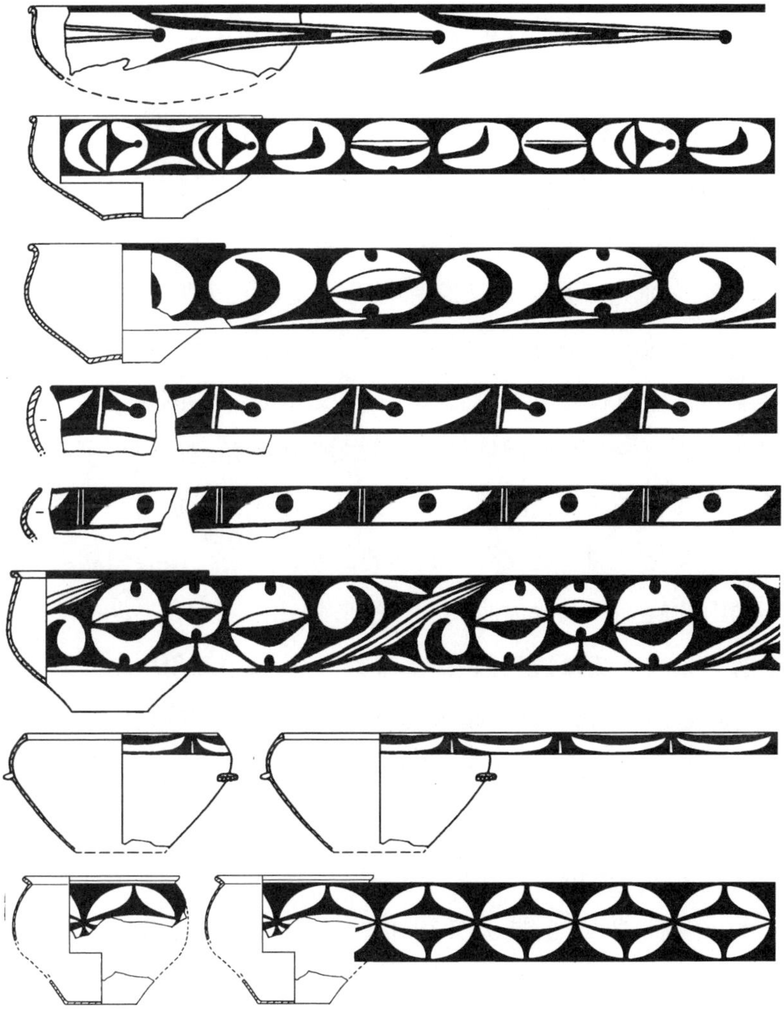

图5.18　大地湾三期（庙底沟）文化彩陶

与关中地区属于同一系统，彼此之间没有明显的传播动能。自仰韶文化晚期即大地湾四期文化（石岭下类型）开始，甘肃彩陶体现出一定的地域特色。进入马家窑文化时期，彩陶的地域特色彰显，形成独特的纹饰发展演变体系（图5.19、图5.20）。

甘青地区彩陶纹饰演变的主线，即由旋纹向四圆圈纹的演变趋势，以往一些研究者已有明察。张朋川先生对于旋纹向四大圆圈纹发展的脉络，曾经有比较明晰的勾勒。他说“以石岭下彩陶的变体鸟纹发展成以圆点纹为旋心的二方连续纹。石岭下彩陶的瓶和罐经常将变体鸟纹列在上层，将变体鱼纹列在下层，而结合成分层的图案”。虽然对于这些与旋纹相关的纹饰究竟是不是鸟纹和鱼纹的变体还需要斟酌，但他对纹饰演变过程的描述却是可取的。他进一步指出：“马家窑类型彩陶这类图案花纹的结构与石岭下类型彩陶相同，以表示头的圆圈为旋心，圆圈两边斜对的弧边三角纹反向地旋动。但在弧边三角纹内出现了小圆点，作为旋心的圆愈来愈大，由圆点纹变为同心圆纹，显示出旋纹的雏形。发展到半山文化时期，旋纹有了成熟的面貌，成为半山类型彩陶的主要花纹。半山的旋纹完全成为脱离了自然形的几何图案，早期的旋纹，实体的弧边三角纹变成弧边三角的线纹，斜对的弧边三角纹之间的距离拉长，旋心圆之间以两或三根旋线连接起来。半山中期旋纹的旋心圆不断扩大，旋心圆中饰以圆点、十字、对三角等简单的花纹，以红色带纹作为连接旋心的旋线……发展到半山晚期，旋纹的旋心圆变为大圆圈，圈内的花纹较复杂，有网纹、叶纹或十字、米字的间隙中再填圆点等各种花纹。”“发展到马厂时期，四大圈之间连接的旋纹消失，这种四大圈纹成为马厂彩陶的代表花纹之一。”圆圈纹内结构多样的填纹，在马厂时期又有了更多变化①。

这样说来，西北地区的马家窑文化是承继庙底沟文化发展起来的，而庙底沟文化及更早的考古学文化已经在西北形成体系且发展有序，那马家窑文化的来源应当是在本土，不存在我们意念中的西源

① 张朋川：《中国彩陶图谱》，文物出版社，1990年。

图5.19　马家窑文化彩陶由旋纹向四大圆圈纹的演变图（依张朋川原图改绘）

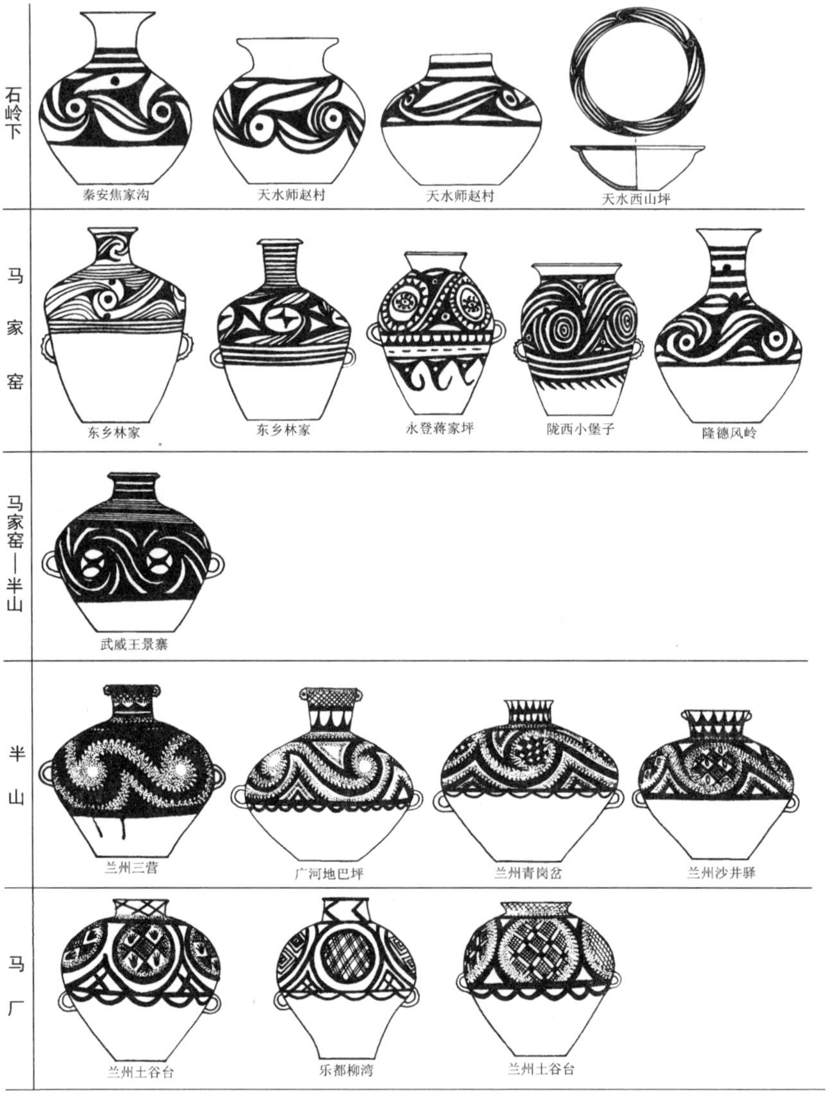

图5.20 马家窑文化彩陶由旋纹向四大圆圈纹的演变（依张朋川原图改绘）

（西亚）与东源（中原）。

与彩陶来源相关的讨论，还有关于庙底沟文化的来源研究，也存有明显疑问。这个问题我们现在并没有真正解决，有说庙底沟文化起自关中的，也有说它起自晋南豫西的，为何不会是起自甘肃？

这个问题涉及半坡与庙底沟文化关系的研究，出现过许多的争论，这争论由完全对立变为大体一致，又由大体一致变为严重分歧。我们面对的是同样的材料，用的又是同样的研究方法，可是结论的距离却很远，甚至完全相反。我们不免要问这样的问题：是地层学与标型学这样的编年学方法不灵便，还是我们自己的头脑中出现了偏差？

最初在缺乏地层资料的时候，研究者急切地为两个类型的早晚年代作了判断，有相当多的人是以彩陶的繁简为出发点的，所依据的材料一样，因为判断的标准不同，所以结论相反。当时的标准，基本是以主观的感受为主，并无客观的标尺。以花纹繁缛为早期特点或是简单为早期特点，其实只能说服论者自己，而不能说服争辩的对方。这也让我们想到最初安特生判断齐家期早于仰韶，就是以为齐家少而简的彩陶一定是彩陶开始出现时的景象。

现在关于半坡与庙底沟文化关系讨论的焦点，是庙底沟文化从何而来，是传统所说的来自半坡文化，还是其他。确定了庙底沟来自半坡之后，自然还要探讨半坡文化的来源。《考古》2003年6期刊发我的论文《仰韶文化渊源研究检视》，文中认为，“半坡人是绝对拒绝使用三足器的，正是由于这个原因，半坡人中断了黄河中游史前居民用鼎的传统。如果从这个角度认识，半坡的这个传统应当来自关中以外的其他地区而不是它的东方，因为东方及关中都有使用三足器的传统，前仰韶时期的白家人、裴李岗、磁山人、北辛人，都大量制作和使用三足器”。“半坡人的传统显然来自干旱的黄土高原，这传统很让人怀疑可能生长在甘肃青海地区，仰韶文化的正源，似乎要从关中以西的地区去寻找。这似乎有点不合常理，这又与安特生当年的想法相似，他在发现仰韶村遗址后不久就去了甘青，指望在那里寻找到仰韶的源头。现在我们旧事重提，与安特生的出发点和立足点有根本性的不同。”

在这里明确提出到甘青寻找仰韶文化的正源，但却不同于安特生当初设定的出发点。也就在这一年，《文物》2003年4期刊出了我另一仰韶文化相关论文《半坡和庙底沟文化关系研究检视》，又一次强调，“我们知道半坡文化中是绝对不见三足器的，正是由于这个原因，半坡人中断了关中本来存在的使用三足器的传统。半坡文化无三足器的传统有可能是来自关中以西而不是它的东方，因为在它之前东方及关中都有使用三足器的传统，前仰韶时期的白家人、裴李岗人、磁山人、北辛人，都大量制作和使用三足器。由前仰韶盛行三足器，到半坡不见三足器，两者之间实在看不到有什么一脉相承的关系”。

后来我又写成《秦安大地湾遗址彩陶研究》，讨论甘青彩陶的序列，也表达了类似观点：“甘肃及青海东部地区在距今6000年前左右，就已经是仰韶文化的分布区域，马家窑文化彩陶的来源应当就在这个本土区域，应当就是仰韶时期的庙底沟文化。从文化的分布与地层堆积关系找到了甘肃地区考古学文化明确的传承关系，由彩陶纹饰演变的考察也能寻找到传承的脉络。”①

应当说秦安大地湾遗址，就地理位置而言，是处在西北与中原文化带的边界，或者说它地处西北，但更邻近中原。在这样一个特别的位置，大地湾及与它邻近的一批遗址显示出了一种纽带作用，它们既联结着中原文化，又发展起本区域特色。由大地湾四期文化彩陶探讨西北彩陶的起源，探讨甘青彩陶与豫陕晋区域的联系，是一个很好的着力点。可以确信至少自前仰韶文化时期开始，邻近中原的西北区域与中原特别

① 王仁湘：《中国史前考古研究论集》（续集），文物出版社，2017年。

是关中地区的考古学文化已经属于同一系统。到了半坡和庙底沟文化时期，这种一体化态势得到延续，只是在庙底沟文化以后，情形才开始有所改变，西北地区迎来了自己更加繁荣的彩陶时代。

过去我们都认为，马家窑彩陶是从仰韶彩陶发展而来的，这个认识没有问题，但是发展演变的路径并不非常准确。提到马家窑的源头，都认为是从豫陕晋传播到这里的，其实并非这样，这里本来就有仰韶分布。甘青地区的彩陶是一脉相承发展下来的，从大地湾出现彩陶，到仰韶、马家窑，是有完整链条的，彩陶传统是本来就有的，它的主体用不着由传播途径得来。基于这个认识基础，我们对甘青地区的文化高度就会有一个新的判断，也就是，它从东西吸收长处，促进自身发展。值得强调的是，彩陶在这里的发展最繁荣，传统延续最久，这里是彩陶的一个重要中心区。中原地区仰韶之后就没有彩陶文化了，衰落了。有了这些认识发展的变化，我们会更加重视对这里的研究，关注其在华夏文化形成过程中有什么样的地位和影响。我认为，甘青从仰韶到马家窑文化，到齐家文化，始终处在一个文化高地。

西北大学的张宏彦先生前些年发表了《从仰韶文化鱼纹的时空演变看庙底沟类型彩陶的来源》一文，他从仰韶文化鱼纹的时空演变入手，探讨庙底沟期彩陶的起源，认为仰韶文化半坡期与庙底沟期是同一文化前后相继的两个发展阶段，庙底沟文化起源于关中西部至渭河上游区域①。将庙底沟文化的起源地域确定到这样一个区域，也为探讨彩陶的起源确立了一个着力点。

这些研究表明，陇原那一块文化高地，是中国黄河流域彩陶文化的源泉。

---

① 张宏彦：《从仰韶文化鱼纹的时空演变看庙底沟类型彩陶的来源》，《考古与文物》2012年5期。

第六章

进展与瞻望：仰韶还在面纱后面

人神之间，
有时感觉距离很远，
有时又近在眼前。
仰韶人造出了心中之神，
他们想要每时每日与神同在。

一、仰韶文化考古新进展

仰韶文化的考古发掘与研究，在沉寂了许多年之后，近些年来有了一系列的重要发现，随之也引出研究者的不少新思考，新的学术动向又唤起了人们关注的热情。

关于仰韶文化最新的考古成果，我这里准备援引前沿学者魏兴涛研究员的概述来说明①。我们知道，为着中国文明探源研究的深入，也为着探索仰韶文化社会复杂化进程，近些年对豫晋陕交界三门峡地区新石器遗址开展全面调查，也进行了一些重点发掘，收获非常丰富。主要的收获，表现在以下几个方面。

河南黄河南岸与渑池相邻的灵宝一带，地处豫陕晋交接带，被认为是中期仰韶文化的核心分布区，发现新石器时代遗址近200处，聚落分布密集，文化内涵丰富。既发现有面积达近百万平方米的特大型聚落，也有四五十万平方米的大型聚落，常见的是20万平方米左右的中型聚落，以及10万平方米以下的小型聚落，可分为区域核心聚落、聚落群中心聚落和一般聚落，呈现为多层级区域聚落结构。

大型聚落内部也有分化，面积达200平方米以上的特大房址、100余平方米精心加工的大型房址，往往和大型高等级墓葬组合在一起。而面积数十平方米的中型房址和中型墓葬组合，小型简陋房址则与小墓甚至灰坑乱葬相邻。如西坡遗址大墓出土玉器、象牙器等高等级随葬品，最大的房址外带回廊，面积超过500平方米，是考古发现的中国

---

① 魏兴涛：《充分认识仰韶文化的丰富内涵》，《人民日报》2020年7月25日。

史前最大单体建筑，分析可能有高耸的重檐大屋顶，建筑具有殿堂性质。分析认为当时社会已分化出平民、显贵与首领甚至王的等级，进入复杂社会发展阶段。

魏兴涛特别提到河南郑州以西至河洛地区，也是仰韶中晚期文化十分重要的分布区，大型中心性聚落呈集群式分布，聚落规模庞大，一般达数十万平方米，有二三周环壕，是中原出现的最早一批城址。郑州大河村遗址面积70万平方米，建筑在地面上的连间套房并排相连。郑州西山的仰韶文化城址，版筑城垣在建筑史上有重要地位。郑州点军台和大河村两地，也发现了同时期城址。

更引人关注的是河南巩义双槐树遗址的发掘，遗址现存面积117万多平方米，确认是最大的仰韶文化遗址。遗址带有三重环壕，核心区是由半围墙和壕沟圈护的多排大型房址区组成宫城性质的居住区，附近是深厚夯土筑成的属于国家层面的大型广场。在郑州青台遗址发现环壕4条，居住区、墓葬区、祭祀区、作坊区划分明确。

在陕西高陵杨官寨发现了面积80余万平方米的仰韶中晚期聚落，有大型环壕和大片墓地和制陶作坊区，这是关中地区少有的新发现。

在对三门峡庙底沟遗址和华县泉护村遗址，还有对晋南临汾桃园等遗址的新发掘中，又出土了大批庙底沟时期的彩陶，又一次丰富了我们对彩陶的认识。

这一系列重要的新发现，更新和深化着我们对仰韶文化的认知。依据现在所获得的资料判断，研究者认为在仰韶中晚期出现社会复杂化现象。而出现社会复杂化的中原地区，正是中原龙山文化和夏商周三代的活动舞台，因此魏兴涛认为是仰韶文化开启了中国早期文明化进程的步伐。

二、文明形成研究中的“中原中心”论

如何研究如何理解中国文明的开端，学者们曾经由“中原中心”角度展开过讨论，讨论中原中心何时出现，也即是中原中心的开端，以及中原中心产生的影响。当然这个讨论绕不开仰韶文化，无论是过去还是现在的讨论，绕开了仰韶的讨论就没有了什么意义。

记忆中安志敏是坚定的中原中心论者，而苏秉琦是满天星斗论者，两论的分歧出现在20世纪80年代。张光直在他的《论中国文明的起源》中[①]，谈到“文明”的界说，他说这个焦点并没有明显地揭露出来，所以他评论争辩的一方采取所谓“满天星斗”的看法，主张中国文明的起源是多元的，中国新石器时代六个区域文化都被看作是中国文明的祖先[②]。对立的另一方是以文字、青铜器与城市为界说文明的标志，指出中国境内最早达到这种标志的是中原的二里头文化，所以中国文明的起源是自中原开始[③]。争辩两方之所以有这样的分歧，张光直认为是因为他们笔下的“中国文明”实际上不是一回事。前者用广义的界说，相当于“中华民族”的文明，在时代上是连续性的；后者用狭义的界说，以最早的文明相当中国文明，亦即把华夏文明当作最早的中国文明的代表。

张光直指出的问题，认为首先是文明的界定出现了偏差，其实他并没有明确讨论中原中心。许宏2012年在山东大学“考古学与文化遗

① 张光直：《论中国文明的起源》，《文物》2004年1期。

② 苏秉琦、殷玮璋：《关于考古学文化的区系类型问题》，《文物》1981年5期；苏秉琦：《建国以来中国考古学的发展》，《史学史研究》1981年4期，收入《苏秉琦考古学论述选集》，文物出版社，1984年。

③ 安志敏：《试论文明的起源》，《考古》1987年5期；邹衡：《中国文明的诞生》，《文物》1987年12期；李先登：《关于中国古代文明起源的若干问题》，《天津师大学报》1988年2期。

产国际学术研讨会”上的发言《“新中原中心论”的学术史解析》[1]，简略评介过中原中心论，有回顾，也有分析。

关于中国文明形成过程，许宏列举近百年的探索中出现的多种认知模式。20世纪后半叶以来有一个讨论高潮，形成了“中原中心说”（如夏鼐、安志敏等，盛行于20世纪50—70年代）、“满天星斗说”（苏秉琦，20世纪70年代以来）、“中国相互作用圈说”（张光直，20世纪80年代以来）、以中原为中心的“重瓣花朵说”或“多元一体说”（严文明，20世纪80年代以来）、“以中原为中心的历史趋势说”（赵辉，2000年以来）、“新中原中心说”（张学海，2002年）等。

许宏特别指出，关于国家形成的路径，只有苏秉琦提出了中原以外起源的“北方原生型—中原次生型”的模式，由于缺乏足够的考古学证据的支持，鲜有呼应者。他认为“满天星斗说”的文明起源观直接建立在区系类型框架的基础上，已毋庸置疑，“相互作用圈说”应也与其有一定的关联。“重瓣花朵说”或“多元一体说”、“以中原为中心的历史趋势说”和“新中原中心说”，显然是“中原中心说”的否定之否定，都可以看作是多元认知视角下的新中原中心论。

相当有影响的严文明的“重瓣花朵说”，将外围史前文化区比作五个花瓣，中原文化区是花心，认为中原文化区更起着联系各文化区的核心作用，而这核心作用在仰韶文化兴盛时期表现特别明显。许宏显然不同意以仰韶文化做一个标尺，他说“从人文地理上看，仰韶文化分布的区域既超出了中原地区，中原地区也不是仰韶文化分布的中心区域。这也从一个侧面说明仰韶文化时期没有形成以中原为中心的文化态势”。之所以研究者对仰韶文化情有独钟，是“仰韶文化因早

① 许宏：《“新中原中心论”的学术史解析》，“考古人许宏”新浪博客，2012年5月。

年发现，考古工作充分，又地处中原，在研究中被抬升到了一个较高的地位，其文化与社会发展程度易被放大”。虽然赵辉也承认“地方文明都处在中原文化区的周边地带，它们几乎在相同的时间里达到很高的发展程度”，却仍然认为中原为史前文明中心，在这一阶段就已“清楚地呈现出（以中原为中心的）三重结构”。

许宏注意到赵辉后来调整了关于中原文化区形成的推论，指出“仰韶文化松散离析的态势持续到大约公元前3000年左右，中原地区进入了一个各种文化重组的复杂阶段”。公元前2500—前2000年，“中原地区在经过庙底沟二期文化的调整之后再度崛起，形成了上述‘以中原为中心的历史趋势’”。可知，他把中原中心形成的时间由公元前3000—前2500年下移到了此后的“中原龙山文化”时期。许宏认为，调整后的这个认识“十分恰切”。

许宏认为“没有东部文化的西渐和东、西文化系统两大板块的碰撞，就没有所谓的中原中心。在中原中心出现前，东部邦国先行一步；随着逐鹿中原、东西碰撞带来的大整合，以二里头为先导的广域王权国家得以崛起”。他说他同意赵辉的意见，“以中原为中心的历史趋势的形成，应不早于公元前2500年”。

赵辉讨论中国的史前基础，讨论的就是以中原为中心的历史趋势[①]。他明确指出，自有夏以来的中国数千年文字记载的历史上，存在一个“以中原为中心”的历史趋势，当然他说的这个历史趋势，“是在新石器时代的最后阶段出现的，即从所谓的龙山时代奠基下来的”。这也即是说，这个中原中心与仰韶没有什么关系。可是他又说，“参与中国史前文明总进程的区域社会的文明化进程并不一致。这个总进程始于约公元前4000年”，这个总进程的“第一阶段（公元

① 赵辉：《中国的史前基础——再论以中原为中心的历史趋势》，《文物》2006年8期。

前4000—前3300年），仰韶文化庙底沟期进入空前繁荣，同时期的长江中下游地区也呈现出同样的态势，其他地区则相对沉寂”。不过接下来的“第二阶段（公元前3300—前2500年），中原地区转入由内部的结构性调整带来的表面沉寂”。而在“第三阶段（公元前2500—前2000年）……中原地区在经过庙底沟二期文化的调整之后再度崛起”，形成“以中原为中心的历史趋势”。

对于中原文化区的形成，或者说中原文化区的起点，赵辉并没有完全排除仰韶主要是庙底沟文化的参与，这一点在2017年他在上海博物馆的一次讲座中也有明确表示，他说“公元前3800—前3300年是将来探索文明起源的关键时期，这一时期出现中心聚落和明确的社会分层”①。

赵辉非常肯定地强调这个起点，不用说是仰韶文化中晚期一系列新发现影响了他的认识。从这个角度说，以往各家讨论中原中心形成的过程时，都刻意避开了仰韶，避开了庙底沟以及后庙底沟文化，这是因为考古发现的局限性造成的。我们以为已经非常了解仰韶了，其实却并不是这样。仰韶的辉煌时期，已经成型了文明的步伐。仰韶的衰落不可避免，仰韶的衰落也并不意味着中原中心的衰落。何况我们时不时还会误读仰韶，那是浮云遮住了望眼。

李新伟在新刊出的《裂变、撞击和熔合——苏秉琦文明起源三种形式的新思考》一文中②，专论苏秉琦为探索中国文明起源所做的努力。他说苏秉琦在1997年出版的《中国文明起源新探》中提出著名的

① 赵辉：《中国考古学对中国文明起源的探索历程》，2017年2月26日在上海博物馆的讲座。

② 李新伟：《裂变、撞击和熔合——苏秉琦文明起源三种形式的新思考》，《南方文物》2020年2期。

文明起源三种形式说[1]，第一种文明起源的类型是裂变，仰韶文化是典型例证。“突破血缘关系的氏族分裂”，“原始公社制的破坏就意味着文明因素的产生”。第二种文明起源的形式是撞击，仰韶文化与红山文化“在河北省的西北部相遇，然后在辽宁大凌河上游重合，产生了以龙纹与花结合的图案彩陶为主要特征的新的文化群体，红山文化坛、庙、冢就是它们相遇后迸发出的‘火花’所导致的社会文化飞跃发展的迹象”。第三种形式是熔合，是不同地域文化的融合，如陶寺、大汶口和良渚文化在中原和北方的交会。

李伯谦认定庙底沟类型西坡、红山文化牛河梁和后来的良渚社会均属“古国”，红山文化古国是重宗教的神权国家，良渚文化古国是神权、军权、王权相结合的以神权为主的神权国家，仰韶文化古国是军权、王权相结合的王权国家[2]。仰韶时期有无神权，神权起到多大作用，似乎留下了很大的疑问。

李新伟认为，如果仅有自我“裂变”而没有相互“撞击”，各地区可能难以同步取得飞跃式的社会发展。在相互“撞击”中，各地区也形成可以称之为“最初的中国”的“相互作用圈”，中国文明初步形成。

仰韶是一个中心，是一个以中原为地理构成的中心，这个中心从庙底沟时期开始形成，这是中原中心论最好的论据。回过头去一看，苏秉琦的满天星斗说，其实是主张中原有个中心的，但不是唯一，却是更加明亮的月光吧。

---

① 苏秉琦：《中国文明起源新探》，香港商务印书馆，1997年。

② 李伯谦：《中国古代文明演进的两种模式：红山、良渚、仰韶大墓随葬玉器观察随想》，《文物》2009年3期。

三、瞻望：面纱后面的仰韶风景

考古对仰韶的了解，经历了约100年的时光。从发现仰韶村，到发现双槐树，我们并不能说考古已经完全得知仰韶文化的所有关键信息，也不能说对已经获得的信息都有了恰当的解释，或者说我们还在误解中反复说道那些不够完善不够成熟的结论。

就考古发现的现状而言，我们远不能说已经对仰韶了如指掌。半个多世纪前大家在讨论半坡和庙底沟的文化特征时，就觉得掌握了可以说明问题的资料。可是后来的发现却不断改变着已有的认知。近些年发现的那些仰韶城址，就已经足以让我们重新评价仰韶的社会进程了。刚刚提出的“河洛古国”概念在很大程度上就颠覆了关于中原中心论的认识。

河南巩义河洛镇的双槐树遗址，是距今5300年前后的仰韶文化中晚期超大型聚落遗址，一些学者建议命名为“河洛古国”。发现仰韶文化三重大型环壕城址，出土大批仰韶文化时期丰富的文化遗物。李伯谦认为“河洛古国的地理位置和所处时代太重要了，伊洛汇流后在这里汇入黄河，遗址呈现出的景象与内涵，契合了《易经》‘河出图，洛出书，圣人则之’的记载”。李伯谦说不排除双槐树遗址是黄帝时代的都邑所在，至少是早期中国的酝酿阶段。他将距今5500年至5000年这一阶段，称为黄帝时代或五帝时代。在这个时代，有了双槐树遗址这样的重大发现，这里就是黄帝文化的核心所在，它是这个时期的都邑遗址。遗址的地理位置、规模、文化内涵及所处时代无不凸显了其在中华文明的中心地位，应是仰韶文化中晚期至少是黄河流域政治文明核心。王巍也认为“双槐树遗址的重要考古发现，实证了河洛地区在5300年前后这一中华文明起源的黄金阶段的代表性和影响力，填补了中华文明起源关键时期、关键地区的关键材料，也表明以双槐树遗址为中心的仰韶文化中晚期文明，的的确确是黄河文化之根”[1]。

由新发现引出的这一番新认识，无异于重返仰韶文化时期的“中原中心”论，无异于是说仰韶文化中期已经开始迈入文明门槛。即便如此，我们依然还不能说仰韶文化再不会有更重大的发现了，以为最重要的中心城邑已经找到了。其实河洛古国的定名本不必如此着急，现在找到的也未必一定就是都城遗址，也不能确定就是唯一的都城遗址。新的发现，仍然可以期待。

在我自己的心里，一直保存着一个大疑问：我们在许多地点已经发现了诸多庙底沟文化大房址，平面为五边形的大房址，面积可以大到200多甚至是500多平方米，可是至今却没有见到与之匹配的大型墓葬。这样的墓葬一定会有，只是暂时还没有线索。设想一当发现了这样的墓葬，一个时代的文化发展高度才可能得到更全面地揭示。试想良渚文化如果不是发现那些大型墓葬，不是发现了那些随葬的精美玉器，我们对良渚文化的了解又怎么会有现在这般清晰？虽然在西坡遗址也发现了一批比较重要的墓葬，但感觉等级还不够高大，随葬品也不够丰厚。相信与大房址相对应的大墓葬，在庙底沟文化时期是一定存在的，我们要耐心等待它面世的时刻。

我们期待仰韶大型墓葬的发现，还有另外一个因由，是希望由此获得仰韶人关于精神生活方面更多的新信息，特别是信仰方面的信息。

关于南北宗教信仰方面的差异，赵辉有过反复探讨，他说，南方环境良好，资源丰富，社会安定，等级分化明显，中间阶级数量最

---

① 新华社：《“河洛古国”掀起盖头，黄帝时代的都邑找到了？》，《新华每日电讯》2020年5月8日。

多，在稳定的状态下，手工业发展得早，水平也高，社会更宗教化。北方资源条件不如南方，社会分化不那么明显，是一种金字塔型的社会，动荡不稳，战争、暴力的现象突出，政治、军事都紧紧围绕生存，更世俗化。两者之间有融合和借鉴，八方辐辏的中原地区尤其具有一种灵活的态度，最后中原在广泛联系、交流的基础上发展起来，成为现今世界整个东方体系的源头。宗教不发达、工商业不发达、血缘为主的家长制等特征构成了中华文明的基因，影响至今[①]。南方自然条件好，社会更宗教化。北方资源不如南方，宗教不发达。这样的比较研究结论还有需要斟酌，一方面是我们获得的资料有局限，另一方面是我们对现有资料的理解也有局限。就北方的红山文化而言，那样的神权现象体现的宗教不可谓不发达，南北分论这个问题可能还存在辩证的空间。

宗教信仰表现的主要形式是神灵崇拜，我们需要由史前艺术的解读获得了解。我曾经说过：史前艺术是信仰飘扬的旗帜。我将史前白陶、彩陶和琢玉艺术，视为史前造神运动中兴起的三次艺术浪潮，艺术在传播中使得信仰获得大范围认同。

南方白陶上频繁出现的飞翔神鸟和獠牙神兽，是8000年前高庙人创造的神灵，是当时高庙人普遍的信仰（图6.1、图6.2）。

东南和长江中游玉器上精致的獠牙神像，是4000多年前良渚人和石家河人分别创造的神灵。虽然这可能只是社会上层的信仰，却也一定是代表了平民的意志（图6.3、图6.4）。

黄河流域及邻近区域的彩陶，也只有彩陶，主要指仰韶彩陶，我们习惯上一般没有将它归入信仰范畴进行研究，或者只是少有选择地

---

① 赵辉：《中国考古学对中国文明起源的探索历程》，2017年2月26日在上海博物馆的讲座。

图6.1　高庙文化白陶纹饰（湖南桂阳千家坪）

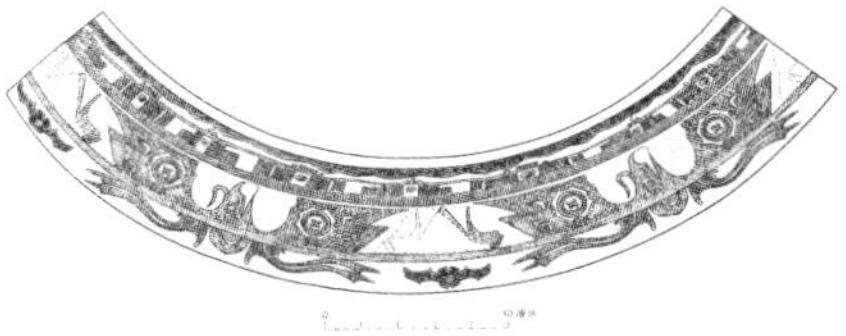

图6.2　高庙文化白陶纹饰（湖南桂阳千家坪）

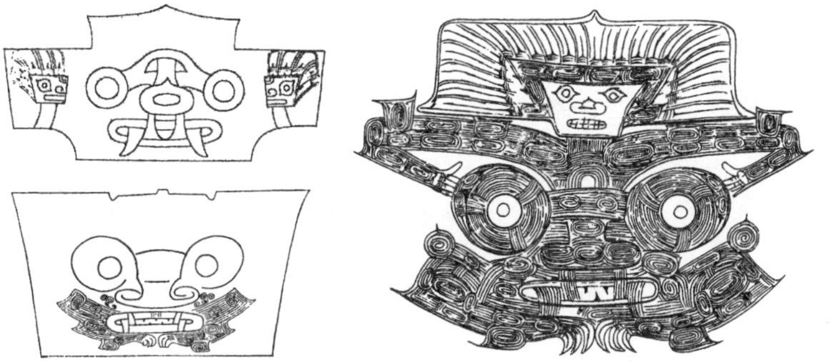

图6.3　良渚文化玉器神面与神像（浙江余杭）

图6.4　石家河文化玉神面（湖北天门石家河）

进行了研究，其实它也全都是造神运动中的艺术作品。最近的研究确认仰韶文化彩陶至少流行鱼纹与鸟纹主题，由于大多数纹饰都是以几何形的象征图形出现，它们远没有被研究者认知，所以人们不易认定仰韶人的主要崇拜对象是鱼神与鸟神（图6.5—图6.7）。

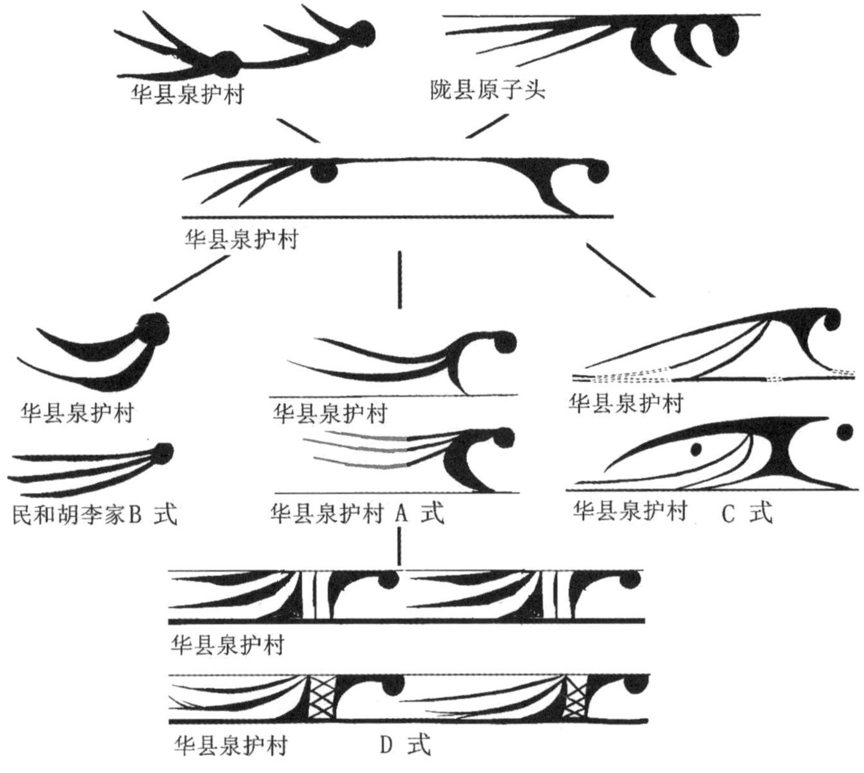

图6.5 仰韶文化彩陶鸟纹几何化轨迹示意图

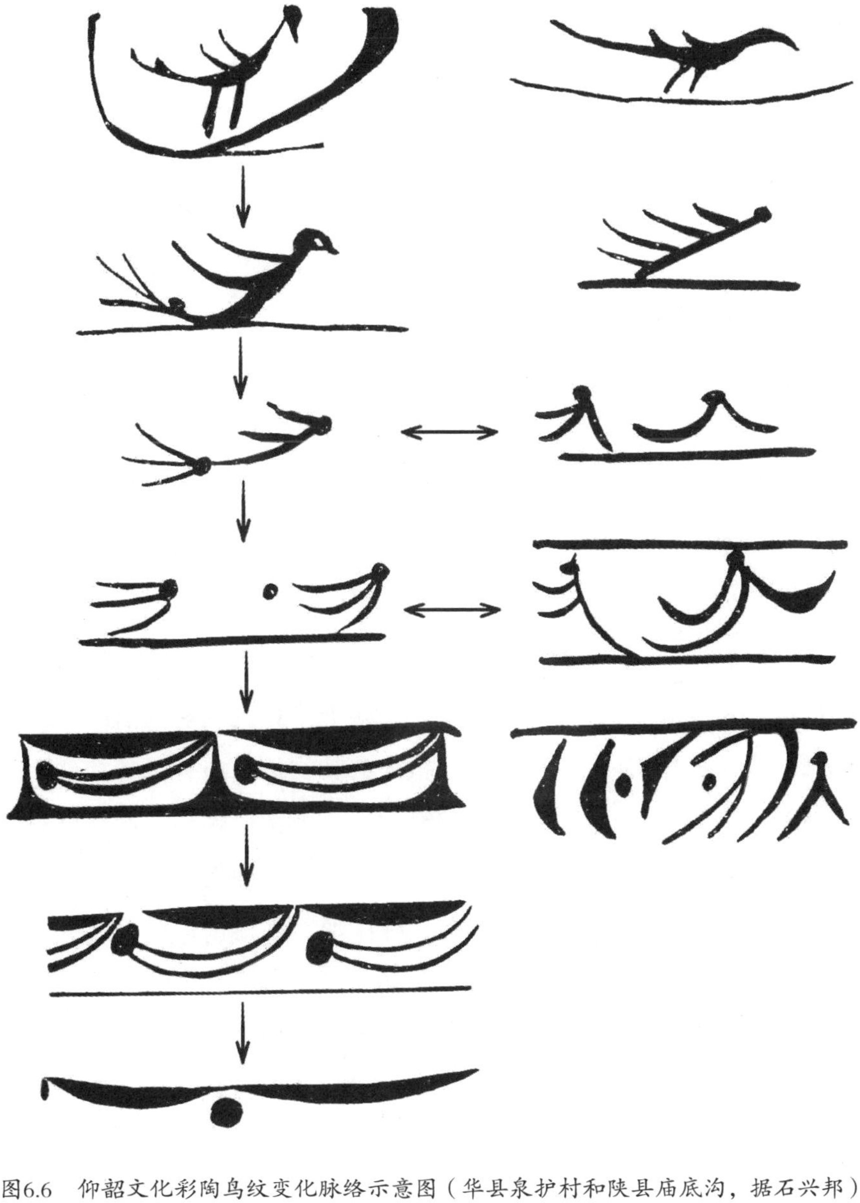

图6.6　仰韶文化彩陶鸟纹变化脉络示意图（华县泉护村和陕县庙底沟，据石兴邦）

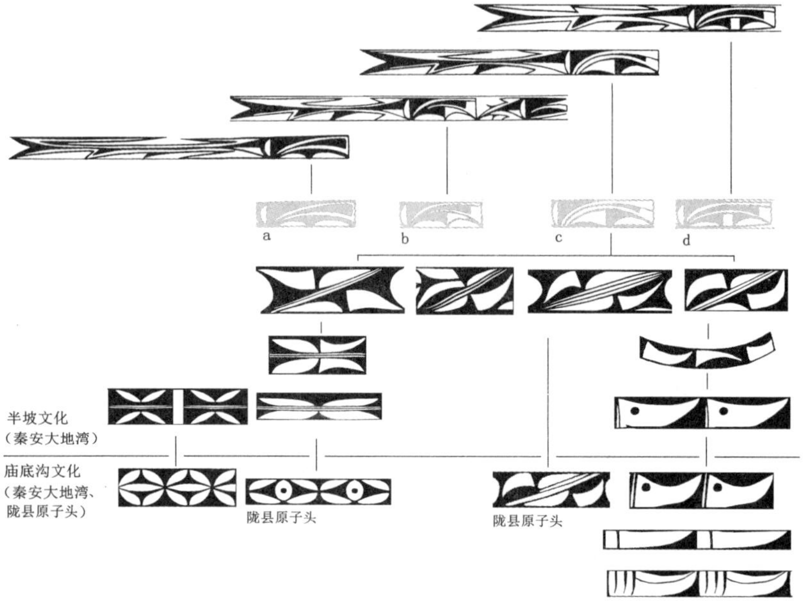

图6.7　仰韶文化彩陶鱼纹头部的扩展示意图（除注明者外均为大地湾出土）

在仰韶人通过彩陶表现的信仰图景中，我们还发现了日神与月神崇拜，日与月的化身是飞鸟和蟾蜍，彩陶上不难见到它们的影子。除了鸟、鱼、蟾蜍之外，仰韶彩陶上拟人的动物神像还有猪。甘肃西和县西峪乡下坪村新出土一件深腹陶罐，属半坡文化晚期，器腹黑彩绘大幅面的四眼神面，也可能表现的是四面神像。神像半睁着眼睛，斜翘着双眉，大张着鼻孔，额面绘花朵样图形，表情肃穆庄重，气场威严神秘。神像眼睛似鱼纹之眼，鼻孔又似猪。由口腔内的痕迹可知，原本应有镶嵌的牙齿，或者带有獠牙。仰韶这种大幅面的神面像是首次发现，感觉非常震撼，这个发现提示我们，现在所能认知的仰韶其实距离真相与全貌可能还很遥远（图6.8、图6.9）。

如果以下坪村发现的神像重新检索旧有彩陶资料，我们又会有一些新发现。神像的鱼纹之眼和猪鼻形陶塑与彩绘过去是见到过的，陕

图6.8　仰韶文化彩陶

图6.9　仰韶文化彩陶神面纹

西临潼姜寨等遗址有半闭式鱼眼（图6.10、图6.11），姜寨等遗址发现有猪面彩陶，高陵杨官寨有猪头陶塑（图6.12），而甘肃天水师赵村遗址（图6.13）也见到猪面形神像陶塑，后者与下坪村神面彩绘创意完全相同。

在黄河下游大汶口文化的彩陶上发现过神面像，山东兖州王因和江苏邳州大墩子遗址都有同类构图的神面彩陶。神面绘双旋眼，眉心绘花朵形，这个花朵形与下坪村的神面像所见非常接近（图6.14）。再看看过去出土的那些残碎的彩陶片，上面留存的局部纹饰，也都包含有神像的影子，其中就有多例类似的花朵形构图（图6.15）。

图6.10　仰韶文化彩陶（陕西临潼姜寨）

图6.11　仰韶文化彩陶鱼眼变化示意图

图6.12　仰韶文化彩绘陶塑
（陕西高陵杨官寨）

图6.13　马家窑文化猪面陶塑
（甘肃天水师赵村）

图6.14　大汶口文化彩陶

图6.15　大汶口文化彩陶纹饰

仰韶文化彩陶上其实并不少见构图简略的神面纹，有时就出现在权杖类器具上。最简略的神面有时只表现眼形，很容易被我们忽略（图6.16—图6.25）。

图6.16　仰韶文化彩陶残存纹饰（甘肃秦安大地湾）

图6.17　仰韶文化彩陶权杖上的神面纹（甘肃西和宁家庄）

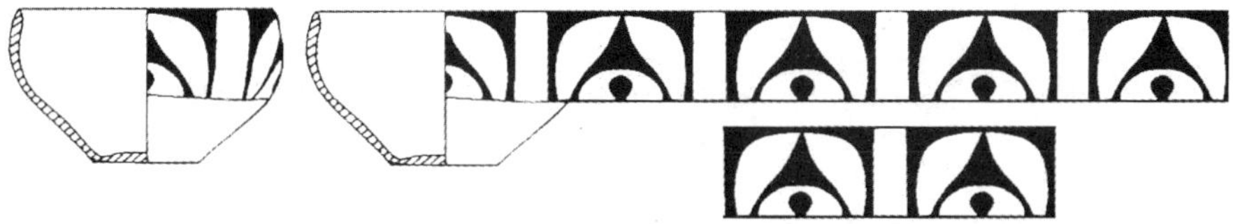

图6.18 仰韶文化彩陶眼形纹（河南陕县庙底沟）

图6.19 仰韶文化彩陶眼形纹（河南陕县庙底沟）

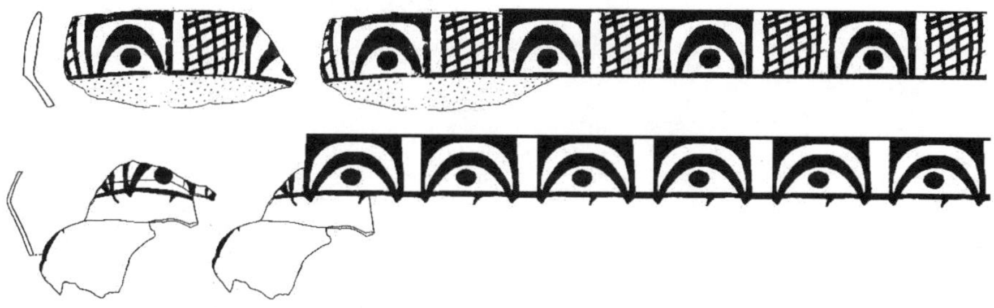

图6.20 仰韶文化彩陶眼形纹（山西夏县西阴村）

图6.21 仰韶文化彩陶眼形纹（陕西华县西关堡）

图6.22　仰韶文化彩陶眼形纹（陕西西安南殿村）

图6.23　仰韶文化彩陶（湖北郧县大寺）

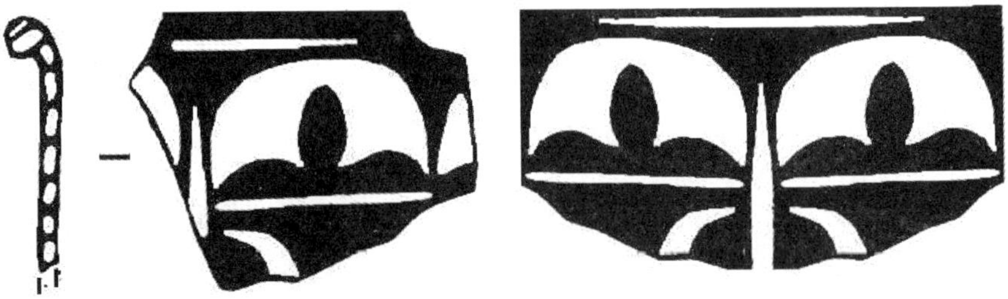

图6.24　仰韶文化彩陶简化神面纹（甘肃秦安大地湾）

图6.25　仰韶文化彩陶猪面纹（陕西临潼姜寨等）

仰韶彩陶上的神面像有时简化为几何纹，或者还会出现猪鼻形构图，这种双重属性的意象也值得研究。鱼和猪被仰韶人取作神灵的造像原型，应当是具有深意的，而鱼和猪之间出现的合体艺术创意也非常值得研究（图6.26）。想起处在淮河之滨的双墩文化中，陶器上见到大量繁简不一的鱼和猪形刻画，有的鱼刻画在十字形上，表明这不只是艺术，而且更是信仰（图6.27）。特别是双墩也见到猪和鱼纹合体刻画，可以想象在不同的考古文化之间，在信仰上也自有相通之处（图6.28）。

现在看来，我们对良渚文化玉器表现的信仰笃信不疑，但对彩陶上的信仰却视而未见。这样一来，自然会明显左右我们对仰韶文化精神文化层面的判断。

与人同行的动物们，天上的飞鸟，水里的游鱼，还有同在屋檐下的猪，被人奉为神灵，都曾经给先人带来无尽的慰藉。

我们注意到赵辉说过，“由于中原社会在性格上是一个务实的

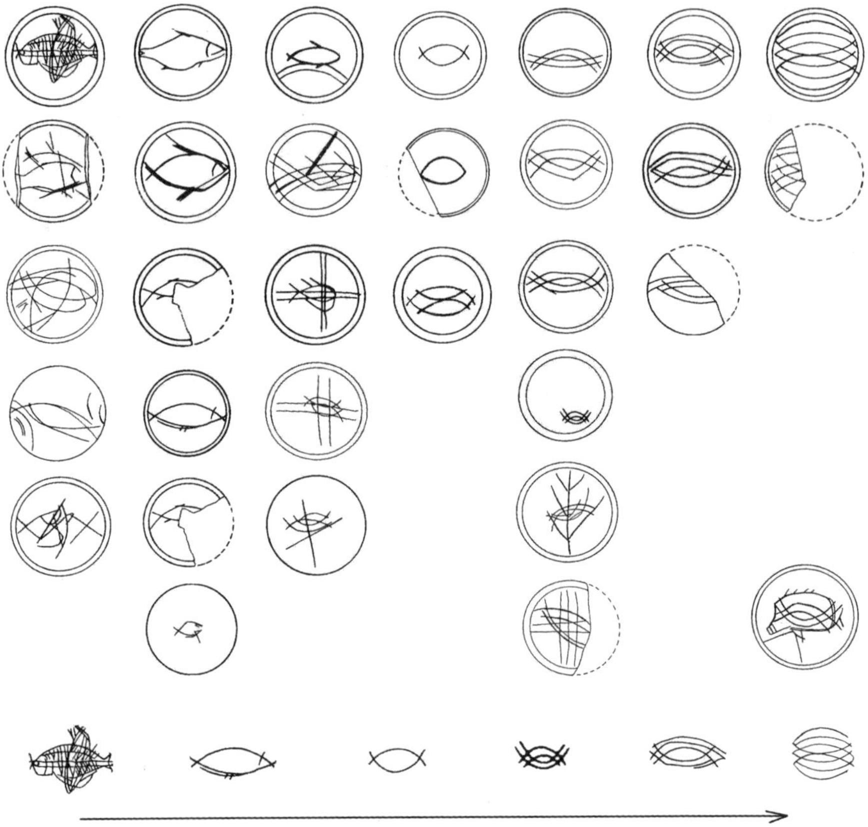

图6.26　双墩文化陶器刻画鱼纹（安徽蚌埠）

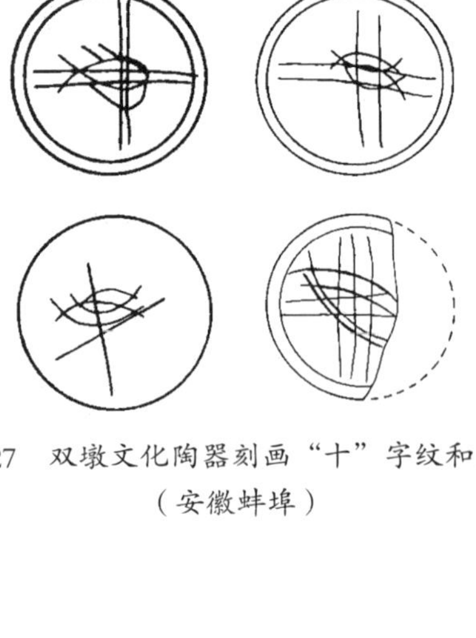

图6.27　双墩文化陶器刻画“十”字纹和鱼纹
（安徽蚌埠）

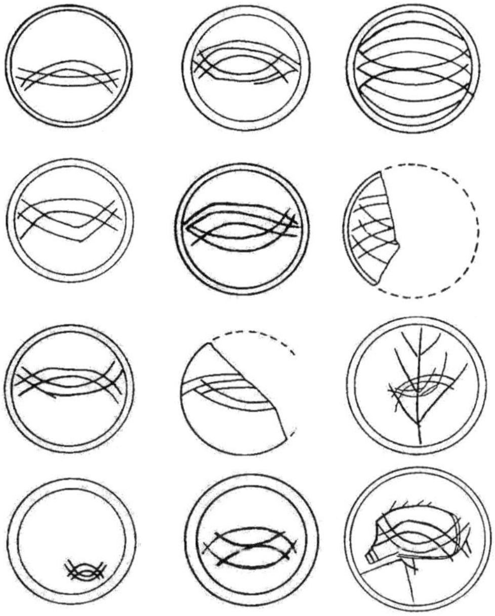

图6.28　双墩文化陶器刻画鱼纹及鱼猪合体纹
（安徽蚌埠）

社会，无论对内还是对外，巩固军事首领的世俗权力都是最直接的目的，所有的政治手段都是围绕这个目的而设。……在对待宗教的态度上，中原社会似乎是仅仅将其作为巩固加强世俗权力的手段之一，却不允许宗教和自己并驾齐驱，出现一个凌驾整个社会之上的神权”①。仰韶社会的神权制度，我们的认知还有提升的空间，如果深化了对彩陶意义的认识，对仰韶整体内涵的认知也一定会有很大改观。

史前，新石器时代，是一个艺术时代。史前艺术的真谛，是信仰认同，艺术是信仰飘扬的旗帜。仰韶时代，仰韶彩陶，没有理由被排除在信仰范畴之外。一些新发现与再发现，让人确信仰韶的真面目，

① 赵辉：《中国的史前基础——再论以中原为中心的历史趋势》，《文物》2006年8期。

部分的还掩藏在面纱之后。这面纱会一点点揭开，仰韶的真相会越来越清晰。

在谈及文明探源的复杂性时，我写过一篇短文发表在《光明日报》①，众多学科的考古学者经过十多年的合作，努力追寻中国文明的源头，但是这个源头似乎还那么遥不可及。

源头在召唤，其实在探源学者的眼中，各自眼里的源头处在并不相同的方位。我在自己的短文里是这样表述的："文明的出现，经过了漫长的孕育过程，放宽一点视野，在中国，这个过程经历了：人类社会产生与发展，由婚姻组成家庭，由氏族社会进入等级社会；发明农业种植和家畜饲养业，从采集游猎经济转入农业和畜牧经济；发明建筑技术，由自然洞穴居所进入人工建筑居所，由时常迁徙进入定居生活；因血缘氏族形成聚落，又因部落联盟筑城而居；城邑居民因生活出现分工，因贫富形成等级，因社会复杂化导致邦国建立；逐渐形成埋葬死者的墓葬制度，信仰祖先神崇拜，这是史前造神运动的开始；发明制陶技术，烹调水准提升；发明煮盐，有了基本的调味品，促进了体格健康；发明酿酒，主要用于信仰祭祀仪式；艺术由萌芽到发展，刻画和雕塑艺术渐趋成熟，彩陶奠定了跨越史前至历史时期的艺术传统，这是由造神运动掀起的艺术浪潮；琢玉由装饰器转向礼器制作，将造神运动推向又一个高潮，这是东方独有的文化传统；中心城邑出现，宏大的治水工程见诸实施，建构起初级国家管理机构；最后发明文字，发明冶金术，人类终于走出混沌，文明诞生，王权与神权结合，国家出现。"

我还表达了这样一种想法："考古学研究的目标，过去关注较多的是物质文化，是陶器、石器之类，讨论的是文化传播、进化和发展

① 王仁湘：《一把手铲让古今没有距离》，《光明日报》2018年5月30日。

模式，后来开始关注经济形态，关注环境、人口、资源与消费，资源影响到消费，影响不平等现象出现，影响到文明与国家的形成。人们因共同利益聚集到一起，又因不同利益分化为阶层，社会结构模式提升，国家与文明出现。关注文明形成，梳理文化传统，成为考古人一个重要的科学课题。”其实这是不够的，有关精神文化的建构，信仰认同的研究，我们多少有些忽略了。我们忽略的恰恰可能是比物质文化更重要的东西，是更能体现文明特质的所在。

附录一

初酿与仰韶尖底瓶

汉代人称酒为“天之美禄”，以为是上天给人类的恩赐，当然不能说是平白由天上掉下来的。从战国起到汉代，人们在狂饮乱醉之后，自然想起了为他们所带来的美好享受的最先造酒者，这初酿者是谁呢？考究的结果，说法不一。

按佚书《世本》的说法是：“仪狄始作酒醪，变五味。少康作秫酒。”又说“杜康造酒，少康作秫酒”。秦始皇时的吕不韦门人所撰《吕氏春秋·勿躬》亦有如是说。

而《战国策·魏策》说仪狄是奉禹帝女儿之命作酒的，言“帝女令仪狄作酒而美，进之禹。禹饮而甘之，遂疏仪狄而绝旨酒”。这样一来，就有了一点分歧，初酿难归功到某一人头上。

东汉许慎在《说文解字》中曾分辨过究竟是仪狄还是杜康造酒，最后按《世本》的折中说法，以为“古者仪狄作酒醪，禹尝而美，遂疏仪狄。杜康作秫酒”。陶渊明先生《集述酒诗序》更有高论，说“仪狄造酒，杜康润色之”。是仪狄初酿，杜康提升了酒的品质。

总之，仪狄是在杜康之前便酿成了酒。创制甘美酒醪的仪狄，不但没得到大禹的赏识，反而被疏远了。既有疏远之举，仪狄原本必是近侍，或者即是帝女的婢仆，但历史上没有留下这个人更多的记载。当然，我们也用不着费更多的心思去查考仪狄的生平，因为一向认定的这位初始造酒的人，恐怕只是酿成了某一个更好的品种而已，并不见得那就是天下的第一杯酒（图1）。

大禹的时代不会是酒的初酿时代，那种保守的说法可能将酿酒的发明拉后了数千年之久。

晋代文人江统作过一篇著名的《酒诰》，以为“酒之所兴，肇自上皇。或曰仪狄，一曰杜康。有饭不尽，委之空桑，郁积成味，久蓄氛芳。本出于此，不由奇方”。他不相信是仪狄或是杜康始酿之说，认为酒的初酿要早到神农时代，这与汉时《淮南子》“清醠之美，始于耒耜”之说，如出一辙。

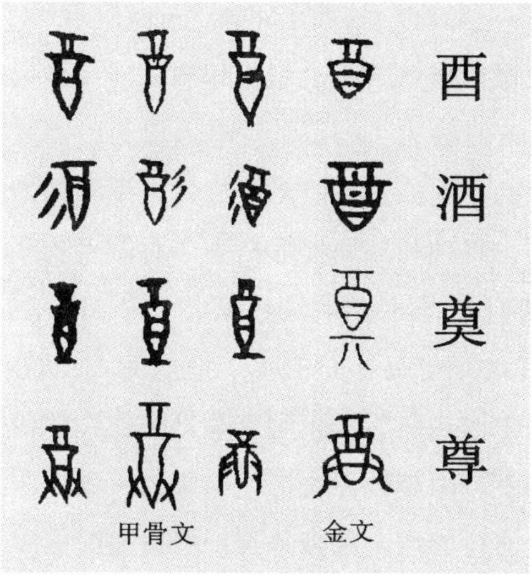

图1 酒字的演变

农耕时代的到来，谷物栽培的成功，是谷物酿酒的特质基础。当然谷物酿酒不像果酒来得那么容易，因为谷物不能与酵母菌直接起作用而生出酒来，淀粉必得经水解变成麦芽糖或葡萄糖后，也就是先经糖化后才可能酒化。

历史上有这样的巧事，一些无可挽回的错误，反而铸成了意外的巨大成功。人类的初酿成功，可能就起因于谷物贮存不善而发芽发霉，这种谷物烹煮后食之不尽，很容易变成酒醪，这便是谷芽酒，正是晋人江统所云“有饭不尽，委之空桑，郁积成味，久蓄氛芳”的立论所在。

许多次的失误，却使人们多次尝到另一种美味，于是有意的酿造活动就开始了。从一些晚近的记载中，我们可以粗略推知初酿发明时代的情形。明人陈继儒《偃曝谈余》说：“琉球造酒，则以水渍米，越宿，令妇人口咀手搓，取汁为之，名曰米奇。”这是用人的唾液来使淀粉糖化而发酵成酒。还有郁永河的《稗海纪游》也说，台湾高山族酿酒时，“聚男女老幼共嚼米，纳筒中，数日成酒，饮时入清泉和之”。这种做法，是将酿酒的糖化和酒化分解进行的。

中原地区大概很早就发明了糖化和酒化同步进行的复式酿法，具体表现在酒麹，古时称为“麹糵”。有人以为中国麹糵的使用是和谷物酿酒同时出现的，这极有可能。不过，人工酒麹的发明不可能是短时间所能完成的，制麹和酿酒实际是一个对微生物接种、选种、培养和应用的复杂过程，需要长期的经验积累。

《尚书·说命》记载着商王武丁把他的大臣比作麹糵的话，叫作“若作酒醴，尔惟麹糵”，表明当时已完成麹糵的发明，这是距今三千多年以前的事。酒麹酿酒是古代中国的一大发明，这比其他古代世界文明地区所流行的用麦芽糖化再加酵母发酵的酿造工艺要先进得多。直到19世纪90年代，法国人卡尔迈特才从中国的酒麹中，分离出糖化力强并能起酒化作用的霉菌菌株，用于酒精生产，突破了西方酿酒非用麦芽做糖化剂不可的古老程式。

有些研究者通过龙山文化和大汶口文化发现的大量与商代类同的酒具，认为谷物酿酒起源于6000多年以前，也有人认为酒的发明时代还要更早，最新的研究将这发明提到了仰韶时代甚至是前仰韶时代。

图2　小口尖底瓶

新石器时代仰韶文化的小口尖底瓶，它的用途让人颇费猜测。尖底瓶造型独特，尖尖的底，紧收的口，圆鼓的腹，对称的耳，无一处不显出它的乖张来（图2）。

在尖底瓶大量出土大半个世纪以来，考古人并没有发表太多的见解，倒是许多的行外人更热衷于要寻找答案，做出了种种推测。有的说它可以煮粥熬汤，还有的说它可以取水烧水。

尖底瓶是一种汲水器具，这在相当长的时间里都是主流观点。不过有人经过试验，证实尖底瓶“虚则倒斜、中则正、满而覆”，因为盛满水的尖底瓶提起来时水会自动倒出，最终认为尖底瓶因满而覆并不能汲水，而且尖底器形与汲水也没有必然的联系。因为双耳位置较低，不可能使尖底瓶汲满水，所以有些研究者怀疑它并不是用于汲水的器具。

我们知道考古学家苏秉琦先生不仅对尖底瓶做过细致的类型学研

究，他同时也论及它可能的用途。他认为甲骨文中的酉字有的就是尖底瓶的象形，由酉字组成的会意字如尊、奠，器具中所盛的不应是日常饮用的水，甚至不是日常饮用的酒，而应是礼仪和祭祀用酒。他由此进一步论定，尖底瓶应是一种祭器或礼器，所谓“无酒不成礼”。

一查证，见甲骨文中“酉”字确是尖底瓶酒器的象形，“尊”字是双手举起尖底瓶的样子，而“奠”则是标示着放置在台座上的尖底瓶。商人好酒，但商代极少用这种尖底酒器，如此看来，像这样的字形会不会在尖底瓶的时代就已经形成概念了，汉字起源的历史应当是可以往那个时代追溯的吧？

还有一些研究者采信古埃及用尖底瓶酿酒的壁画作旁证，进一步认定仰韶的尖底瓶应当也与酿酒有关。近年更有考古学者通过对尖底瓶内残留物淀粉粒和植硅体分析，判定尖底瓶是酿造谷芽酒的器具，酿酒原料包括黍、薏苡、小麦族、稻米、栝楼根、芡实，另外还有其他块根等附加植物原料，确认在仰韶时期黍与稻两种谷物已同时用作酿酒原料，最常用的基本原料为黍。

尖底瓶在黄土地带流行的年代，是6000—7000年前。仰韶人制备了专用的酿酒器具，表明已经掌握了成熟的酿造技术，而真正的初酿一定出现在更早的时代。

附录二——玉器有与无：悬璧的猜想

彩陶图案构图元素有许多，除了一些特定的动物以外，真正模写实物的图像非常少见，不过我们很意外地见到了环璧的图形，十分难得。

古代琮璧文化作为一种成熟文化的形成，在研究者看来，那一定是良渚人的创造。良渚文化中发现了大量的琮与璧，良渚人将琮璧文化提升到了极致，这是没有什么疑问的了。人们还以为，到了历史时期，中原文明所崇尚的琮璧文化，自然在相当大的程度上也是承自良渚人的传统，我们没有理由说中原文化中的琮与璧是中原固有的传统。原本是“礼失求诸野”，若以琮璧文化的传承看，那是一种完全相反的路径。四野之域也有传至中原的礼数，这当然也没什么可奇怪的。

不过，新近的一些发现，又让我们增长出些许的疑惑。在庙底沟二期文化中，居然也发现了不少的璧和琮。最集中的发现，当然是在山西芮城的清凉寺。那是一个在中条山之南黄河以北的处所，在刚刚知道出土玉器的消息时，不少研究者感到很有些意外，还以为那一定是相当了得的一个地方。我曾亲自到清凉寺走了一遭，才知道那是最平常不过的一个地方，出玉之地处在中条山南麓，许多纵横交错的沟壑将那也许原本可能有些齐整的黄土地块切得七零八落。我想，如果这样的地方都埋藏有这些让人吃惊的宝藏，那些膏腴之地，会不会更是了之不得呢？

那会儿站在破败的清凉寺前，让人不自主地往黄河南岸眺望，灰霾之中虽然望之不见，但却是可以想得见的一方宝地，不远处就是灵宝闻名的黄帝铸鼎原。近年那里也有了一些惊世的发现，在庙底沟文化墓葬中发现了一些玉器，虽然现在还没有见到琮璧之类，也许是时间早晚的问题。朦胧之中，觉得庙底沟二期文化中的琮璧似乎不一定是东传过来的，在更早的庙底沟文化中应当可以寻到它们的踪迹。

无论是庙底沟文化还是庙底沟二期文化，有些研究者曾经将它们列入大仰韶范畴，这也即是说，仰韶文化应当也是琮璧文化的覆盖范围。当然多数研究者都将庙底沟二期文化从仰韶体系中分离出来，不过从绝对年代看，它的上限是并不明显晚于良渚文化的。交流一定发生过，东来西往，一定可以探寻到许多的故事。

是否可以反过来想一想，如果良渚的琮璧文化初始时并没有影响到庙底沟二期文化，那后者的琮璧当另有渊源。最大的可能是来自它前世的大仰韶，在庙底沟文化中兴许能寻找到一些线索来。

离开芮城的清凉寺，紧接着就越过黄河西行到了西安，在陕西省考古研究所一座资料还未及整理的文物库房里，我看见了一件熟悉又陌生的彩陶，它让我眼睛发亮。那件彩陶放置在较高的位置，一眼望去，我看到画面上是一只晃动的璧，还绘有两股线绳穿系着，这是极难见到的图像。脑子里浮现出一点模糊的印象，这图像似乎在哪儿见过！这是出自华县泉护村的一件标准的庙底沟文化彩陶器，彩陶绘出了璧的图像，莫非仰韶人真的早已经拥有了璧？

回到京城，赶紧翻检手边的资料，很快在仰韶彩陶上找到了相同的图像。这是出自山西夏县西阴村遗址的庙底沟文化彩陶，是一件已然残破的陶钵，在它的上腹位置，绘出二方连续图案，在斜向的叶片纹之间，是一个圆圈与圆点构成的纹样。以地纹观之，这正是璧的图像！那以黑色作地纹的图案，表现的恰是璧的图像，中间的圆点表现的是璧孔，两根线绳穿系在璧面上，似乎可以听得到它的叮叮当当，可以感觉到它的摇摇荡荡。

这是一个“悬璧纹”图案！

继安特生在河南渑池村及其他遗址发现彩陶之后，李济先生1926年发掘山西夏县西阴村遗址，也发现了一些特征鲜明的彩陶。1994年西阴村遗址经过较大规模的再次发掘，又出土了不少彩陶，其中就有一件庙底沟文化的“悬璧纹”①。这是过去从未见过的画面，也是一个研究者还未及解读的画面（图1）。

图1　彩陶悬璧纹

最近，出土陕西华县泉护村的那件悬璧纹彩陶已经正式发表，所幸这件彩陶保存非常好，纹饰与西阴村的那件完全相同（图2）。

按照过去的认识，仰韶无璧，如果说仰韶文化有璧存在——不

① 山西省考古研究所：《西阴村史前遗存第二次发掘》，《三晋考古》第二辑，山西人民出版社，1996年。

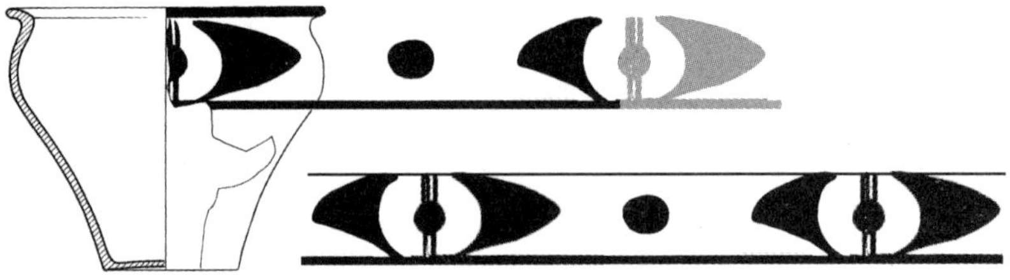

图2　彩陶悬璧纹

论是玉璧还是石璧，那是天方夜谭。以迄今为止的发现而论，中原地区在前仰韶时期还没有流行使用真正的玉器，具有礼器性质的璧类器不会在那个时期出现。到了仰韶时期（约公元前5000—前3000年），中原及附近地区开始出现玉器，在陕西南郑龙岗寺半坡文化早期墓葬当中发现了玉斧、铲、锛、凿和镞等生产工具，均采用绿色或白色半透明状软玉制成。在陕西西乡何家湾遗址出土有碧绿色硬玉斧、锛等，都是实用工具。到了仰韶中期的庙底沟文化时期，开始出现玉环和石璜之类的前所未见的饰品，河南临汝中山寨就出土过一件石璜和玉环。相当于仰韶晚期西王村文化时期的一些遗址中，见到了可能具有礼仪性质的玉器，如河南郑州大河村四期发现了椭圆形玉饰、玉环和玉璜，还有一件玉刀。仰韶之后的庙底沟二期文化时期（约公元前3000—前2500年），玉礼器有了明显增加，见到了钺、琮、璧、圭等，如山西临汾下靳村和芮城清凉寺就有相当多的发现。研究者认为某些玉器可能受到良渚文化的影响，与良渚文化之间有密切的交流。

这样看来，仰韶时期还没有出现璧，半坡文化没有璧，庙底沟文化也没有璧，最早出现在庙底沟二期文化中的琮璧，那只有可能来自远在东南的良渚文化。

不过且慢，庙底沟文化中其实是已经发现了璧的。1997年宝鸡市考古工作队再度发掘陕西扶风案板遗址，在单纯的庙底沟文化地层中，出土了一些包括鸟纹在内的典型庙底沟文化彩陶，也意外发现了数量“较多”的石璧[①]。这些石璧多数都残损了，一般规格是内径5厘米—6厘米，外径10多厘米。较为特别的是，石璧边上开有凹口，由一侧至璧孔还有贯穿的小孔，这显然是穿绳挂系的璧。

扶风案板遗址发现的石璧，虽是孤证，但孤证不孤，出土的数量也不少。时代自然也没有疑问，属于庙底沟文化。也许在其他遗址还有一些我们未及检索到的出土资料，还可以再费力搜寻。

在有些研究者看来，琮与璧的出现与环镯类饰品有关。良渚文化中似乎可以寻到环与璧之间的演变线索。庙底沟文化也有使用镯类饰品的传统，有的遗址出土环镯数量非常可观，虽然发现的多为陶环之类，玉石环也并非没有。这么说来，庙底沟文化同良渚文化一样，也有由环镯制成璧类器的基本条件。

以西阴村发现的悬璧纹彩陶看，以案板发现的石璧看，大仰韶中的庙底沟文化应当有了璧。我们至今虽然没有更多关键材料发现，也许那只是时间问题。再仔细一想，良渚文化的琮璧都是出自一些重要的墓地，而庙底沟文化类似的墓地至今发现绝少，这大概也是一个重要原因。一旦发现了高等级的墓葬，那结果一定是可以期待的。灵宝西坡遗址的大型墓地已经出土了不少玉器，这就是一个很好的兆头。

我们推想在庙底沟文化中，是一定存在璧的，庙底沟人将璧纹绘在彩陶上，传导出一个非常重要的信息。现在考古并没有发现太多的璧，是因为庙底沟文化墓葬发现很少，而且大型墓葬发现更少，我们相信不论石璧还是玉璧一定多是埋葬在墓葬中。有了彩陶画面上的图像，相信庙底沟文化之璧大发现的那一天一定会到来的。

---

① 宝鸡市考古工作队：《陕西扶风案板遗址（下河区）发掘简报》，《考古与文物》2003年5期。

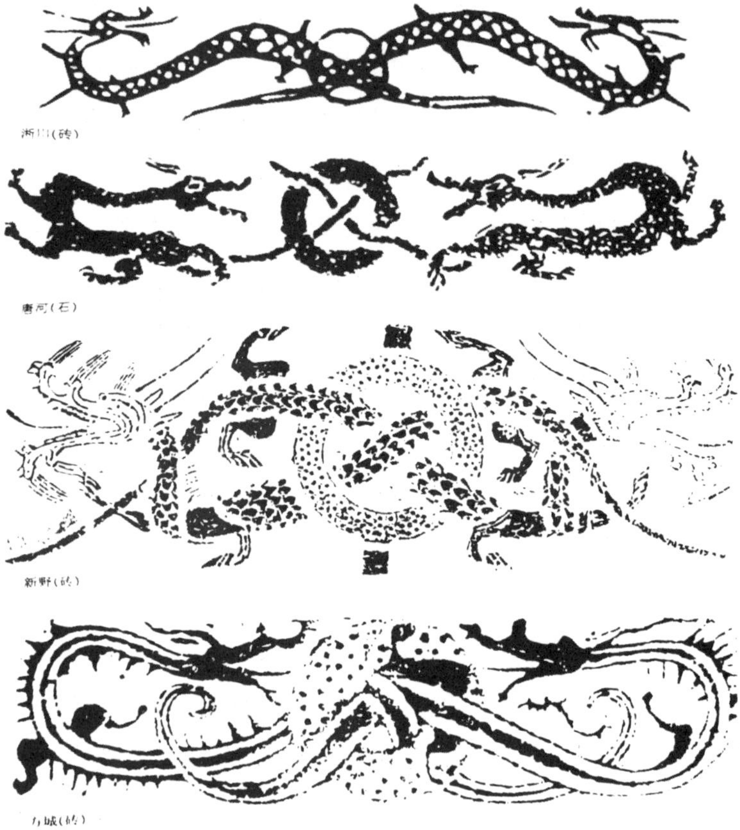

图3　汉画龙壁图

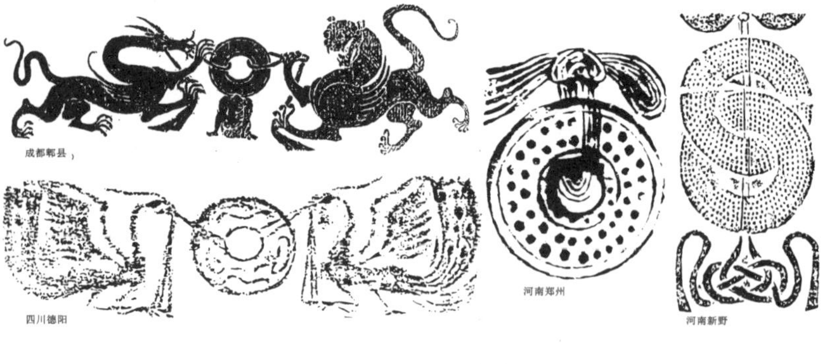

图4　汉画悬壁图

这样的悬璧之象，在后世还能见到。在汉画中见到不少龙交于璧的图像，应当是祥瑞之象。此外汉画中还有四神悬璧的图像，有龙虎合力悬璧图，也有对立朱雀悬璧图，也有梁上悬璧图（图3、图4）。悬璧是一种瑞景，如果只是作为一种礼仪传统来看待，我们也可以将传统的出现上溯到庙底沟文化的时代，彩陶上的纹饰记录了那个时代留下的证据。

后记 永远的仰韶

那是100年前，在一些偶然被发现的古老石器的吸引下，一个外国学者经历远途的崎岖，来到了当时并不知名的黄河中游的小村庄仰韶村。他来自遥远的瑞典，他就是安特生。安特生发现了仰韶村的秘密，是他将这些秘密公诸于世，让全世界知道了仰韶村，知道中国也有新石器文化，这就是他命名的仰韶文化。百年来，仰韶文化的研究不仅成为中国考古学的中心课题，也是一些考古学家治学立业的基础。仰韶文化研究所取得的成就，是20世纪中国史前考古灿烂的篇章。

100年后，我随着一个朝圣的车队，在一阵细雨的滋润中，来到向往已久的仰韶村。村子在渑池城北面8公里许，是一个靠近黄河南岸三面环水的小村庄。因为面对着一座名为韶山的小山，这村庄也就有了“仰韶”这个响亮的名字。仰韶遗址位于仰韶村南和寺沟村北的台地上，面积30多万平方米。这里有厚厚的黄土层，沟壑崖头处处可见房址和灰坑遗迹。虽然见惯了东西南北的许多遗址，但面对着这一方考古圣土，激动之情还是久久不能自已。这终归不是一座普通的考古遗址，它的根须，早已深种在中国考古人的心中。

漫步在仰韶遗址，虽然已经找不到当年安特生竖立“仰韶文化区”木牌的地方了，也听不到他那手摇留声机的洋腔洋调了，但我却能感觉到那位安牧师安蛮子的身影，是深深地印在了这块土地上。我离开朝圣的人流，独自信步走向村外，我感受着安特生当年感受过的气息。当我怀着一种虔诚，双手轻轻打开一扇柴门，蓦然间我看到了一条连接过去、现在和未来的路，这是仰韶之路。也许安特生曾走过我眼前的这条路，他也许就是在这条路上，反复思考了这样的问题：仰韶这样灿烂的彩陶文化，它是怎么出现的呢？它的源头在哪里？

在追寻仰韶文化源头的过程中，包括发现者安特生在内，有不少研究者都曾宣称自己找到了真正的源头，但是他们并没有获得真正的成功，不断有后来者发现新证，否定旧说。探索中不断变更的仰韶文化源头，成了学界一道非常特别的景致。

在仰韶文化刚刚确立不久，安特生根据河南与甘肃发现的彩陶同中亚土库曼的安诺文化彩陶进行比较研究，认为两者有密切的联系，最先提出了仰韶文化西来说的观点，为演绎中国文化西来说做了很大努力。于是安特生把搜索的目光转向中国西北部，他推测那里应存在着一条彩陶传播的通道。安特生沿着古老的黄河西行，去追溯仰韶文化的源头。他本来打算只在西北地区考察几个月就返回北京，但在甘肃和青海一带发现了丰富的古文化遗存，这使得他流连忘返，一直在那里待了近两个年头。

20世纪70年代以后，也就是在安特生发现仰韶文化半个世纪以后，中国考古学家在仰韶文化生长的土地上，找到一系列丰富的前仰韶文化遗存，我们从中可以寻得仰韶文化本土起源的许多证据，这才完全否定了仰韶文化和中国文化西来说的理论，不过安特生已经无法了解这些发现了。

其实我们也明白，找到了前仰韶，并不等于解决了仰韶的起源问题。当裴李岗磁山文化确立，我们便指认仰韶起源于此。当老官台白家大地湾北首岭下层被认识，我们又认定仰韶起源于彼。一时间辩之不明，我们又说仰韶起源于此也起源于彼。近些年又在关中晋南发现了晚于老官台和裴李岗文化的零口、枣园遗存，原来的认识又全都成了过时的东西，这发现使很多人都相信，我们这才找到了仰韶真正的源头。

不可否认，关中和晋南地区零口一类前仰韶文化遗存的发现，让人们看到了仰韶文化探源研究的新希望。但是在这个希望面前，直觉告诉我们，仰韶的源头可能还有疑惑。且不说研究者对零口一类遗存的归属尚有分歧，冷静一点看，这类遗存其实不论与半坡还是与庙底沟之间，距离都很明显。我以为，将它作为半坡或是作为庙底沟文化的源头，都还显得有些为时过早。

直觉让我们认识到，零口文化的出现非常突然，它切断了建立在学者们论著中的仰韶与前仰韶之间的联系。也就是说，我们以前用心探求的前仰韶，它的传统并没有为仰韶文化所继承。这个事实对我们的打击显得太残酷了一些，它致使我们过去精心构筑的仰韶文化源流体系几近瓦解，也似乎让我们过去这方面的所有研究顿时没了什么实际价值。

寻找源头，是个很费力的工作。不要以为是一条大河，源头一定会十分彰明。长江和黄河的源头就不是一下子确定下来的，历史上经历了多次认错源头的事情。对于仰韶文化的研究也是如此，我们似乎已经到了接近破解谜底的最后关头，但是20世纪已经结束，学者们在旧世纪来不及完全解决这个世纪难题。我们寄希望于新世纪之初，曙光应当就在前头。

不仅是源头的寻找还有待努力，我们现在对仰韶的命名、分布范围、社会发展状况等问题的研究，也存有许许多多的争论。但是对于很多学者来说，我们现在还不愿意舍弃“仰韶”，这可以称作几代学者的“仰韶情结”。在安特生的时代，仰韶文化的命名不仅是恰当的、及时的，也是非常必要的。仰韶文化命名伊始，就成了新诞生的中国田野考古学的一面大旗，许多的学者都由这旗下走过，成就了他们的伟业。

我这样想，没有仰韶村的发现，中国新石器时代考古开始的时日可能还会晚一些。没有仰韶村的发现，在大中原最先发现的史前文化就不会是以“仰韶”命名的文化，中国新石器时代的建构或许是通过另外的途径完成的，“仰韶”这个名称也不会出现在中国考古学史上。我们现在完全可以这样说：史前时代的中国，是从仰韶村遗址的发现而开始发现的，仰韶村应当被作为中国新石器时代考古发祥地载入中国考古学史。在中国考古学界，尤其是在中国史前考古学研究领域，我们不能没有仰韶村，也不能没有仰韶文化。

我在仰韶村的朝圣，时间虽是短暂，印象却非常深刻。当仰韶村慢慢消失在背后，我心中还在默念着它。我相信进入21世纪以后，仰韶与仰韶文化，同龙山和龙山时代这样的词汇一样，还将继续是中国考古学中辉煌的名字，还将是中国史前考古学的永恒论题。

大仰韶对于我而言，印象实在太深刻了。学生时代连仰韶村所在的“渑池”也念不真，后来居然去过渑池去过仰韶村N次。在我的经历中，与仰韶相遇，似乎是命中注定。

其实在具体的田野考古与研究中，开始我离仰韶很远，远到遥不可及。突然天上掉下一个机会，一部《中国考古学》的划时代著作要我来承担仰韶一章的写作，其实开始我拒绝了，觉得没有研究积累，承担不起。但这是任务，不干是不行的，那就干吧。

很勉强，很费力，按期交活。活是交了，这仰韶却是放不下了，心想为什么不为仰韶写一本书呢？我大仰韶妇孺皆知，却无一书为它立传，这很不正常呀。于是赶忙列出提纲，为仰韶画出了一个轮廓。

然后就开写，觉得激情满满，并没有花太长的时间，一本书的大模样就成了。只是很快又有了一茬接一茬的事务，我的大仰韶就一年接一年地睡觉了。

这一次有机会让这锁定在计算机里的半成品有了继续长成或者是获得了一个复活的机会。这个稿本毕竟是20多年前的底子，对新发现的资料也未及吸纳，我也不能改动太大，读者也许很容易看出一些过时的论调，那也请大家不要怨我。这是因为考古结论，总会随着新发现有所修正，一步步接近更加确定的终极点。

最后，感谢河南三门峡市人民政府和市文旅局、仰韶村国家考古遗址公园、河南仰韶酒业有限公司与侯建光董事长对本书出版的大力支持。

谢谢你的阅读，谢谢为本书付出辛劳的诸位大“裁缝”。

2020年3月30日于京中寓所